（典藏版）

百部国学传世经典

中华国学经典盛宴／获取先贤核心智

孔子家语

【三国】王　肃／校注
林宇宸／主编

漓江出版社

图书在版编目（CIP）数据

孔子家语 / （三国）王肃校注 ；林宇宸主编. -- 桂林：漓江出版社，2019.4
（百部国学传世经典）
ISBN 978-7-5407-8615-1

Ⅰ. ①孔… Ⅱ. ①王… ②林… Ⅲ. ①孔丘（前551-前479）-生平事迹 Ⅳ. ①B222.2

中国版本图书馆CIP数据核字（2019）第024280号

孔子家语 KONGZI JIAYU

作　　者　【三国】王肃　校注
主　　编　林宇宸

出 版 人　刘迪才
出 品 人　张　谦
策划编辑　陈植武　林晓鸿
责任编辑　李淑娟
装帧设计　林晓鸿　宋双成
责任监印　杨　东

出版发行　漓江出版社有限公司
社　　址　广西桂林市南环路22号
邮　　编　541002
发行电话　010-85893190　0773-2583322
传　　真　010-85890870-814　0773-2582200
网　　址　http://www.lijiangbook.com

印　　制　北京飞达印刷有限责任公司
开　　本　710mm×1000mm　1/16
印　　张　30
字　　数　410千字
版　　次　2019年4月第1版
印　　次　2019年8月第2次印刷
书　　号　ISBN 978-7-5407-8615-1
定　　价　45.00元

前言

中华民族有着数千年的文明历史，创造了光辉灿烂的古代文化，其中中国传统国学是我国辉煌灿烂的文化典籍的核心部分，它博大精深、源远流长，显示出中华文化的深厚根基，给人类留下了丰富的精神财富。它是我们炎黄子孙的文化精髓，它塑造了我们中华民族的民族精神，是培育民族精神的重要资源。它开启心智，滋润生命，陶冶人格，塑造灵魂。

开卷有益，忙碌的人们闲暇之时，应该用传统国学来陶冶自己的情操，开阔自己的心胸，提高自己的人文修养，用先人的哲思来涤荡自己忙碌的心灵。我们应该坚持阅读的爱好，在潮流文化的强大攻势下，让传统文化永驻我们的心田。“复兴国学，从根本上讲，是复兴中华民族的自尊心、自信心。”我们要甄选传世经典著作中最经典的部分来读，要以开放的胸襟和燃烧的激情去承接古人的经典大论与哲思华章，以自豪而不狂妄、执着而不僵化的精神风貌来直面当今社会的竞争与挑战。

为了弘扬中国传统文化，帮助读者深刻了解我们的历史与文化，用经典历史文学知识陶冶情操、提高文化修养，同时使国学得到传承，得以弘扬光大，我们精心编排了本丛书。为了便于读者理解和领会古代先贤的思想与精神，我们在文章中选取了与正文相契合的插画，将插画与正文有机地结合在一起，可大大增加读者的阅读趣味。

本丛书选取了国学经典著作中很多优秀的作品及资料，博采各类经典作品的长处，并有所创新，使得本丛书风格迥异、卓然超群，相信会给读者带来全新感受。

由于时间仓促，书中难免有不尽之处，恳请读者朋友们提出宝贵意见，在此深表谢意。

目录

卷　一

卷　二

卷　三

卷　四

卷　五

卷　六

卷　七

卷　八

卷　九

卷　十

卷一

相鲁第一

原文

孔子初仕，为中都[①]宰[②]。制为养生送死之节，长幼异食，强弱异任，男女别涂，路无拾遗，器不雕伪。为四寸之棺，五寸之椁[③]，因丘陵为坟，不封不树[④]。行之一年，而四方之诸侯则焉。

定公[⑤]谓孔子曰："学子此法以治鲁国，何如?"孔子对曰："虽天下可乎，何但鲁国而已哉!"

于是二年，定公以为司空[⑥]。乃别五土之性，而物各得其所生之宜，咸得厥所。先时，季氏葬昭公于墓道之南，孔子沟[⑦]而合诸墓焉。谓季桓子[⑧]曰："贬君以彰己罪，非礼也。今合之，所以掩夫子之不臣[⑨]。"

由司空为鲁大司寇[⑩]，设法而

不用，无奸民。

定公与齐侯会于夹谷[11]，孔子摄相[12]事，曰："臣闻有文事者必有武备，有武事者必有文备。古者诸侯出疆，必具官以从，请具左右司马[13]。"定公从之。

至会所，为坛位，土阶三等。以遇礼相见，揖让而登。献酢[14]既毕，齐使莱人以兵鼓噪[15]，劫[16]定公。孔子历阶[17]而进，以[18]公退，曰："士，以兵之。吾两君为好，裔夷之俘[19]，敢以兵乱之，非齐君所以命诸侯也！裔不谋夏，夷不乱华，俘不干盟，兵不偪[20]好。于神为不祥，于德为愆义，于人为失礼，君必不然。"齐侯心怍[21]，麾[22]而避之。有顷，齐奏宫中之乐，俳优[23]侏儒戏于前。孔子趋进，历阶而上，不尽一等，曰："匹夫荧侮诸侯者，罪应诛。请右司马速加刑焉！"于是斩侏儒，手足异处。齐侯惧，有惭色。将盟，齐人加载书[24]曰："齐师出境，而不以兵车三百乘从我者，有如此盟。"孔子使兹无还对曰："而[25]不返我汶阳之田，吾以供命[26]者，亦如之。"齐侯将设享礼，孔子谓梁丘据曰："齐鲁之故[27]，吾子何不闻焉？事既成矣，而又享之，是勤[28]执事。且牺象[29]不出门，嘉乐不野合[30]。享而既具[31]，是弃礼；若其不具，是用秕稗也。用秕稗，君辱；弃礼，名恶。子盍图之？夫享，所以昭德也；不昭，不如其已[32]。"乃不果享。

齐侯归，责其群臣曰："鲁以君子道辅其君，而子独以夷狄[33]道教寡人，使得罪。"于是乃归[34]所侵鲁之四邑及汶阳之田。

注释

①中都：指鲁邑，在今山东汶上西。②宰：一邑的长官。③椁：古代的棺木有两层，里面叫棺，外面叫椁。④不树：坟墓边不种植松柏。⑤定公：指鲁国国君，名姬宋，谥号定公。⑥司空：古代主管工程、制造和手工业的官职。⑦沟：挖沟。⑧季桓子：姬姓，季氏，名斯。春秋鲁国大夫。季平子之子。⑨不臣：不守为臣之道。⑩大司寇：古代主管刑狱的官。⑪夹谷：即夹谷山，在今山东莱芜境内。⑫相：司仪。⑬左右：正副。司马：古代掌管军事的官。⑭献酢：主客之间互相献酒。⑮鼓噪：擂鼓，呼叫。⑯劫：威胁，胁迫。⑰历阶：一步一阶地快走。古时礼制规定要双脚登上同一个台阶慢行。⑱以：保护，护卫。⑲裔夷之俘：边远地区少数民族的俘虏。⑳偪：通“逼”，逼迫，威胁。㉑怍：惭愧，愧疚。㉒麾：原指指挥作战用的旗帜，这里用作动词，指挥的意思。㉓俳优：表演舞蹈滑稽戏的人。㉔载书：指盟书，会盟的时候所订的誓约文字。㉕而：通“尔”，你。㉖供命：派遣军队听凭齐国调遣。㉗故：原有的礼节传统。㉘勤：麻烦，劳烦。㉙牺象：牛形和象形的酒器。㉚野合：在野外演奏。㉛具：配备。㉜已：停止，作罢。㉝夷狄：指蛮荒偏僻的少数部族。㉞归：归还。

译文

孔子刚为官时，担任中都邑的邑宰。他制定了使百姓生有保障、死得安葬的制度，按照年龄的长幼吃不同的食物，按照能力的强弱安排不同的任务，男女走路时各走一边，在路上遗失的东西没有人拾取据为己有，所用的器物不求雕饰浮华。收殓死人，棺厚四寸、椁厚五寸，依傍丘陵修建坟墓，不建

高大的坟，不在墓地旁种植松柏。这种制度实行一年之后，西方各诸侯国纷纷效仿。

鲁定公对孔子说："学习您治国施政的方法来治理鲁国，怎么样？"孔子回答："就算是用来治理天下也行，岂止是治理鲁国呢！"

这样实行了两年，鲁定公任命孔子为司空。孔子根据土地的不同性质，把土地分为山林、川泽、丘陵、高地、沼泽五类，各种作物都得以种植在适合的土壤中，都得到了很好的生长。早先，季平子将鲁昭公葬在了鲁国先公王陵墓道的南面（使昭公远离先公，以泄私愤），孔子做了司空后，派人挖沟，将鲁昭王的陵墓和先王的陵墓圈连到一起。孔子对季桓子说："令尊以此来羞辱君王，却因此彰显了自己的罪过，这是有违礼制的行为。现在将陵墓合在一起，可以掩盖令尊不守为臣之道的罪名。"

后来，孔子又从司空升任鲁国的大司寇，虽然制定了法律法规，但根本派不上用场，因为并没有触犯法纪的刁民。

定公和齐侯在夹谷会盟，孔子代理司仪，他对定公说："我听说，举行和平会盟一定要有武力作为后盾，进行军事活动时，也一定要有和平商谈的准备。古代的诸侯离开自己的国家去进行外交活动时，一定要让文武官员一同随行，请您带上正副司马。"定公听从了孔子的建议。

到了会盟的地方，举行盟会仪式的高台已经筑好了，高台设了三层台阶。双方以简略的会遇之礼相见，相互行礼谦让着登上了高台。互相敬酒后，齐国派了莱人的军队擂鼓喊叫，以威胁定公。孔子立即快步登上台阶，保护定公退避，并下令："鲁国的兵士们，你们快去攻击莱人。我们两国的国君在这儿举行和平会盟，那些远方夷狄的俘虏竟敢拿着武器行暴，这绝对不是齐君用来和天下诸侯友好交往的方式。远方的异国不能图谋我华夏，夷狄不能扰乱我中原，俘虏不能扰乱会盟，兵甲不能威胁盟友。否则，不仅是对神灵不敬，在道义上也是不义之举，在为人上更是有违礼法，齐侯一定不会这么做的。”齐侯听后内心深感惭愧，就挥手让莱人退下。过了一会儿，齐国方面奏起了宫廷的舞乐，唱歌的俳优和侏儒小丑在国君面前表演歌舞杂技，调笑嬉戏。孔子快步登上台阶，站在第二个台阶上说：“卑贱的人竟敢戏弄诸侯国君，罪当诛。请右司马赶快对他们施刑！”于是斩杀了那些侏儒，并砍断了手足。齐侯看了内心非常恐惧，面露惭色。当两国要歃血为盟时，齐国在盟书上加了一段话说：“以后齐国的军队出兵征战时，倘若鲁国不派遣三百辆兵车从征，那么就要按照盟约的规定予以惩罚。”孔子命兹无还回应道：“倘若齐国不归还我们鲁国汶河以北的领地，而想让鲁国派兵从征的话，齐国也要按照此盟约的规定接受制裁。”齐侯准备设宴招待鲁定公，孔子就对齐国的大夫梁丘据说：“齐、鲁两国的传统礼节，难道阁下不知道吗？会盟既已结束，贵国君却还要再设宴招待的话，就只是白白劳烦你们的群臣而已。况且按规矩牛形和象形的酒器不应带出宫门，雅乐也不应在野外演奏。倘若在宴席上将所有这些东西都备齐的话，那就等于违背了礼仪；倘若宴会上的东西都十分简陋，那就等于舍弃了五谷而用秕稗。宴席简陋，有辱君王的尊贵；违背礼仪，又会声名狼藉。你们为什么不慎重考虑一下呢？设宴是为了彰显君王的功德；倘若不能够彰显功德，还不如不做更好。”于是齐国就没有设宴。

齐侯回到都城后，责备群臣说：“鲁国的臣子是用君子道义来辅助君王的，而你们却单单用夷狄的行为来误导我，使我招致这些羞辱。”于是，齐国就把侵占的四座城邑以及汶河以北的土地都归还给了鲁国。

原文

孔子言于定公曰：“家不藏甲①，邑②无百雉③之城，古之制也。今三家④过制，请皆损⑤之。”乃使季氏宰仲由隳⑥三都。叔孙不得意于季氏，因费宰⑦公山弗扰⑧率费人以袭鲁。孔子以⑨公与季孙、叔孙、孟孙入于季氏之宫，登武子之台。费人攻之，及台侧，孔子命申句须、乐颀勒⑩士众下伐之，费人北⑪。遂隳三都之城。强公

室，弱私家，尊君卑臣，政化大行。

初，鲁之贩羊有沈犹氏者，常朝饮其羊以诈市人。有公慎氏者，妻淫不制[12]。有慎溃氏，奢侈逾法。鲁之鬻六畜者，饰之以储价[13]。及孔子之为政也，则沈犹氏不敢朝饮其羊，公慎氏出其妻，慎溃氏越境而徙。三月，则鬻牛马者不储价，卖羊豚者不加饰，男女行者别其涂[14]，道不拾遗。男尚忠信，女尚贞顺。四方客至于邑者，不求有司，皆如归焉。

注释

①甲：铠甲，引申为武装。②邑：卿大夫居住的城邑。③雉：古代用来计算城墙面积的计量单位。一雉之墙长三丈，高一丈。④三家：指当时在鲁国权势很大的季叔、叔孙和孟孙三家。⑤损：削减。⑥隳：毁坏。⑦费宰：费城长官。⑧公山弗扰：人名。⑨以：保护。⑩勒：指挥。⑪北：败北。⑫制：管制。⑬储价：哄抬价格。⑭涂：通“途”，路途。

译文

孔子对鲁定公说：“卿大夫的家里不能私自藏有兵器铠甲，封邑内不能建造规模超过一百雉的都城，这都是古代的礼制。如今季孙氏、孟孙氏、叔孙氏三家大夫都逾越了礼制，请您削减他们的势力。”于是鲁定公就派季孙氏家臣仲由拆毁了三家大夫的城池。叔孙辄因无法得到季孙氏的器重，就联合费城的长官公山弗扰率费人进攻鲁国都城曲阜。孔子保护鲁定公，和季孙氏、叔孙氏、孟孙氏三位大夫躲进季氏的住宅，登上武子台。费人便开始攻击武子台，攻到鲁定公所处之台的一侧时，孔子命令申句须、乐颀两位大夫带领士卒前去抵挡，费人败退。于是拆毁了三座都邑的城池。这使鲁国国君的权力得以增强，大夫的势力被削弱，国君得到尊崇，臣子的地位下降，政治教化措施得以全面施行。

从前，鲁国有一个羊贩子叫沈犹氏，他常常在早上把羊喂饱了水，以欺骗买主。有一个叫公慎氏的人，妻子行为不端他却不加管制。有一个叫慎溃氏的人，生活奢侈，常做不法之事。鲁国那些贩卖牲畜的人，在牲畜身上做手脚，以高价卖出。到了孔子在鲁国任大司寇时，沈犹氏再也不敢在早上把他的羊灌上水卖了，公慎氏把他的妻子送回了娘家，慎溃氏越过边境而逃往别国。孔子任职的三个月，贩卖牛马的人不再哄抬价格，贩卖猪羊的人不再对牲畜做手脚。男人和女人在路上各走一边，丢在路上的东西没有人捡走据为己有。男子追求忠诚、守信，女子崇尚贞节、孝顺，四方来客到了城里，根本不必再请求官府帮助，就像回到自己家一样。

始诛第二

原文

孔子为鲁司寇①，摄②行相事，有喜色。仲由问曰："由闻君子祸至不惧，福至不喜。今夫子得位而喜，何也?"孔子曰："然，有是言也。不曰'乐以贵下人'乎?"于是，朝政③七日而诛乱政大夫少正卯，戮之于两观④之下，尸于朝三日。

子贡⑤进曰："夫少正卯，鲁之闻人⑥。今夫子为政而始诛之，或者为失乎?"孔子曰："居⑦，吾语汝以其故。天下有大恶者五，而窃盗不与⑧焉。一曰心逆而险⑨，二曰行僻而坚⑩，三曰言伪而辩⑪，四曰记丑⑫而博，五曰顺非而泽⑬。此五者，有一于人，则不免君子之诛，而少正卯皆兼有之。其居处足以撮徒成党，其谈说足以饰裦莹众，其强御足以反是独立⑭。此乃人之奸雄，有不可以不

除。夫殷汤诛尹谐，文王诛潘正，周公诛管蔡，太公诛华士，管仲诛付乙，子产诛史何，凡此七子皆异世而同诛者，以七子异世而同恶，故不可赦也。《诗》云：'忧心悄悄，愠于群小。'小人成群，斯足忧矣。"

注释

①司寇：古代主管刑狱的官职。②摄：代理。③朝政：执政。④两观：宫殿门外的两座高台。⑤子贡：即端木赐，字自贡，孔子弟子。⑥闻人：有名望之人。⑦居：坐下。⑧不与：不在其中。⑨险：险恶。⑩行僻而坚：行为怪僻又一味固执。⑪辩：善辩。⑫丑：不义的事情。⑬泽：润色。这里指理直气壮。⑭反是独立：叛逆礼制，违背常理而自成一家。

译文

孔子担任鲁国的大司寇，并代理行使宰相的职务，脸上流露出高兴的神色。仲由问孔子："我听说德行高尚的君子，祸患来临时不会畏惧，幸运降临时也不会面露喜色。但现在您得到高位却流露出高兴的神色，这是为什么呢？"孔子回答："对，的确有这样的说法。但不是也有'显贵了却仍然以谦恭待人为乐事'的说法吗？"就这样，孔子执政七天就诛杀了扰乱朝政的大夫少正卯，在宫殿门外的两座高台下面杀了他，并在朝廷之上暴尸三日。

子贡向孔子进言说："少正卯是鲁国有名望的人。现今，老师您刚刚执政就首先杀了他，可能有些失策吧？"孔子回答说："你坐下来，我告诉你为什么杀他。天下有五大恶行，连盗窃都不在其中。一是通达了世事却用心险恶，二是行为怪僻又一味固执，三是言语诡诈又能言善辩，四是知道太多不义之事，五是言论错误又善于诡辩。这五种恶行，只要人犯了其中一项，就免不了被正人君子诛杀，况且少正卯五种恶行无一不缺。他身处高位就足以聚集势力，结党营私，他的言论也足以蛊惑众人且获得声望，他积蓄的强大力量足以违背礼制自成异端。他就是人们所说的奸雄啊，不能不及早除掉。殷汤杀掉尹谐，文王杀掉潘正，周公杀掉管叔和蔡叔，姜太公杀掉华士，管仲杀掉付乙，子产杀掉史何，这七人所生时代不同却都被杀，是因为这七人虽然生于不同的时代，但他们的罪行却是相同的，因此不能放掉他们。《诗经》上说：‘忧心如焚，为群小所憎恨。’倘若小人成群出现，这就足以令我们担忧了。”

原文

孔子为鲁大司寇，有父子讼[①]者，夫子同狴[②]执[③]之，三月不别[④]。其父请止，夫子赦之焉。季孙闻之不悦，曰：“司寇欺余，曩[⑤]告余曰：‘国家必先以孝。’余今戮一不孝以教民孝，不亦可乎？而又赦，何哉？”

冉有以告孔子，子喟然叹曰：“呜呼！上失其道[⑥]而杀其下，非理也。不教以孝而听[⑦]其狱[⑧]，是杀不辜。三军大败，不可斩也；狱犴不治，不可刑也。何者？上教之不行，罪不在民故也。夫慢[⑨]令谨诛，贼也；征敛无时，暴也；不试责成，虐也。政无此三者，然后刑可即也。《书》云：‘义刑义杀，勿庸以即汝心，惟曰未有慎

事。’言必教[10]而后刑[11]也。既陈道德以先服之，而犹不可，尚[12]贤以劝之；又不可，即废之；又不可，而后以威惮之。若是[13]三年，而百姓正矣。其有邪民不从化者，然后待之以刑，则民咸知罪矣。《诗》云：‘天子是毗，俾民不迷。’是以威厉而不试[14]，刑错[15]而不用。今世则不然，乱其教，繁其刑，使民迷惑而陷焉。又从而制之，故刑弥繁而盗不胜[16]也。夫三尺之限，空车不能登者，何哉？峻故也。百仞之山，重载[17]陟[18]焉，何哉？陵迟故也。今世俗之陵迟久矣，虽有刑法，民能勿逾乎？”

注释

①讼：打官司。②同狴：同一个牢房。狴，监狱。③执：监禁，关押。④别：判决。⑤曩：以前，过去。⑥道：通“导”，教导，教化。⑦听：断决，治理。⑧狱：诉讼案件。⑨慢：松弛。⑩教：教化。⑪刑：刑罚。⑫尚：表彰，推崇。⑬若是：如此，像这样。⑭试：用。⑮错：搁置不用。⑯不胜：不可胜数，数不清。⑰重载：载重的车子。⑱陟：登上。一般指登山。

译文

孔子在担任鲁国大司寇的时候，有一对父子打官司，孔子将他们关押在同一个牢房里，过了三个月仍然没有判决。父亲主动提出撤回诉讼，孔子就将他们放了。季孙氏知道这件事后很不高兴，说道：“司寇欺骗了我，以前他曾经告诫过我：‘治理国家一定要先实行孝道。’如今我杀掉一个不孝之人，用以教化我的百姓实行孝道，难道不可行吗？但司寇又赦免了他，这是什么原因呢？”

冉有将季孙氏的话讲给孔子听，孔子听后叹息道：“唉！身居高位的人没有履行自己教化百姓的职责，反而滥杀百姓，这样的做法违背常理。如果身居高位的人不用孝道教化百姓，却又去随意处理官司，这样做就是滥杀无辜。三军遭遇大败，不能用乱杀士兵来阻拦败逃；违法犯罪案件在不断出现，不能靠严酷的刑罚来制止。这是什么原因呢？统治者不能教化百姓，罪责不在百姓身上。如果法令松弛，对人的惩罚却很严厉，这就是残害生灵；随便横征暴敛，就是残暴的表现；不教化百姓却要求百姓遵守礼法，这就是暴虐的表现。只有在施政的时候不再有这三种弊病，才可以使用刑罚。《尚书》上说：‘刑罚讲究恰如其分，不能要求事事都如自己的愿，断案不可能那么顺当。’必须教化为先刑罚为后。陈说道义使百姓敬服，如果陈说了道义，百姓还不信服，那就对贤德的人加以表彰，以此鼓励其他的人从善；如果还是不行的话，就放弃种种说教；如果这些都不行的话，就用法令的威力震慑他们，让他们害怕。像这样施政三年，老百姓的行为就能够规矩了。至于那些冥顽不化之徒，就可以对其使用刑罚了，这样一来，百姓也就都知道他们的罪过在哪里了。《诗经》中说：‘辅佐天子，使百姓不迷惑。’能做到这些的话，也就用不着威慑，刑法也就搁置不用了。但是如今社会却不是这样，教化紊乱，刑罚繁多，让百姓都感到迷惑，仿佛掉进了陷阱。紧跟着官吏又用刑罚去制裁他们，所以刑罚越多，盗贼也越来越多。三尺高的阻碍，即便是空车也很难登上去，为什么呢？这是因为太过于陡峭。百仞的高山，载着很重的东西的车子也能够登上，这是什么原因呢？这是由于山虽高但坡缓，车子慢慢就可以上去。如今社会道德已经败坏很久了，即使有了刑法，百姓能做到不触犯吗？”

王言解第三

原文

孔子闲居，曾参[①]侍。孔子曰："参乎，今之君子，唯士与大夫之言可闻也。至于君子之言者，希[②]也。於乎！吾以王言之，其不出户牖[③]而化天下。"

曾子起，下席而对曰："敢问何谓王者言？"孔子不应。曾子曰："侍夫子之闲也难，是以敢问。"孔子又不应。曾子肃然而惧，抠衣[④]而退，负席[⑤]而立。

有顷[⑥]，孔子叹息，顾谓曾子曰："参，汝可语明王之道与？"曾子曰："非敢以为足也，请因[⑦]所闻而学焉。"子曰："居，吾语汝！夫道者，所以明德也；德者，所以尊道也。是以非德道不尊，非道德不明。虽[⑧]有国之良马，不以其道服乘之，不可以取道里[⑨]。虽有博地众民，不以其道治之，不可以致霸王。是故，昔者明王内修七教，外行三至[⑩]。七教修，然后可以守；三至行，然后可以征。明王之道，其守也，则必折

冲[11]千里之外；其征也，则必还师衽席[12]之上。故曰内修七教而上不劳，外行三至而财不费。此之谓明王之道也。”

注释

①曾参：春秋时鲁国人，字子舆，孔子弟子。②希：同“稀”，罕见，稀少。③牖：窗户。④抠衣：提起衣服。⑤负席：背靠着墙。席，应为“序”，东西墙为序。⑥有顷：过了一会儿。⑦因：通过。⑧虽：即使。⑨道里：行进在道路上。⑩三至：指后文所说的“至礼不让”“至赏不费”“至乐无声”。⑪折冲：击退敌人。冲，兵车。⑫衽席：卧席。

译文

孔子闲居在家，曾参在旁边侍候。孔子说：“曾参啊，现今身居高位的人，只能听到士和大夫的治国言论。至于那些有高尚道德的君子的言论，就很少听到了。唉！我要是把成就王业的道理讲给身居高位的人听，他们足不出户就可以治理好天下了。”

曾子站起来，走下坐席问：“请问什么是成就王业的道理呢?”孔子没有回答。曾子又说：“赶到老师有空闲的时间也难，所以才大胆向您请教。”孔子又没有回答。曾子肃然生畏，提起衣服退下去，站在座位旁边。

过了一会儿，孔子发出一声叹息，回头对曾子说：“曾参啊，可以和你谈论古代明君的治国之道吗?”曾参说：“我不敢认为自己掌握的知识已经完备了，我请求通过听老师的讲解来学习。”孔子说：“你坐下，我告诉你。道是用来表明德行的；德行是用来尊崇道义的。所以缺少了德行，道义就不会被尊崇；缺少了道义，德行就不能彰显。即使拥有全国最好的马，如果不按照一定的方法驯服、驾驭，训练它驾车，那么它也不会在道路上行进。即使有广袤的土地、众多的国民，如果不用一定的方法治理，那么就不能取得霸业。因此，过去贤明的君主在国内实行‘七教’，在国外实行‘三至’。‘七教’实行得好，那么守御国家应该没有问题了；‘三至’实行了，就可以征讨其他国家了。贤明的君主治理国家的方法是：保卫本国，一定要在千里之外打败敌人；征讨他国，就一定毫不费力地胜利归来。因此，在国内实行‘七教’，国君可以不必劳苦；在国外实行‘三至’，就不会在外交上浪费财物。这就是贤明君主的治国之道。”

原文

曾子曰：“不劳不费之谓明王，可得闻乎？”孔子曰：“昔者帝舜左禹而右皋陶，不下席而天下治。夫如此，何①上之劳乎？政之不中②，君之患③也；令之不行④，臣之罪也。若乃⑤十一而税⑥，用民之力岁不过三日，入山泽以其时而无征，关讥⑦市廛⑧皆不收赋，此则生财之路而明王节之，何财之费乎？”

曾子曰：“敢问⑨何谓⑩七教？”孔子曰：“上敬老则下益⑪孝，上尊齿⑫则下益悌⑬，上乐施则下益宽，上亲贤则下择友，上好德则下不隐⑭，上恶贪则下耻争，上廉让则下耻节，此之谓七教。七教者，治民之本也。政教定，则本正矣。凡上者，民之表⑮也，表正则何物不正？是故，人君先立⑯仁于己，然后大夫忠而士信⑰，民敦⑱而俗朴⑲，男悫⑳而女贞。六者，教之

致[21]也，布[22]诸天下四方而不怨，纳诸寻常之室而不塞。等[23]之以礼，立之以义，行之以顺，则民之弃恶如汤之灌雪焉。”

注释

①何：什么。②中：安定。③患：忧虑，担心。④行：实行。⑤若乃：如果。⑥十一而税：征收十分之一的税收。⑦讥：查看，检察。⑧廛：集市中的旅舍。引申为市场。⑨敢问：请问。⑩谓：叫作。⑪益：更加。⑫齿：代指年长的人。⑬悌：尊敬兄长。⑭隐：归隐。⑮表：表率。⑯立：树立。⑰信：诚信。⑱敦：敦厚。⑲朴：淳朴。⑳悫：诚实、谨慎。㉑致：结果。㉒布：广布，广泛实施。㉓等：划分等级。

译文

曾参说：“不劳苦、不破费就可以称为贤明的君王了吗？其中的道理老师可以讲给我听吗？”孔子说：“以前，舜帝的左右有禹和皋陶辅佐，不用离开坐席，天下就被治理得井井有条了。像这样，君王有什么劳苦的呢？政治不安定，是君王担忧的；政令不能有效实行，是臣下的罪过。如果只向百姓征收十分之一的税收，爱惜民力，每年百姓劳役的时间不超过三天，按照一定的时令让百姓入山打猎、入湖打鱼而不滥征税，交易市场也不滥收赋税，这些都是国家生财之道，而且贤明的君王会控制使用这些手段，又怎么会浪费民力财力呢？”

曾参说：“请问什么叫作‘七教’呢？”孔子说：“在上位的人尊敬老人，那么百姓就更加讲孝道；在上位的人遵从长幼次序，那么百姓中弟弟就更加尊敬兄长；在上位的人乐善好施，那么百姓就更加宽容待人；在上位的人亲近贤人，那么百姓就会选择良友；在上位的人重视德行，那么百姓中就不会有人隐瞒自己的看法；在上位的人厌恶贪婪，那么百姓就会把争利当成耻辱；在上位的人廉洁谦让，那么百姓就会以不讲礼节为耻。这就叫作七教。七教是治理人民的基本原则。政治教化有这样的基本原则，那么治民的根本就正确了。在上位的人是下民的表率，表率正还有什么不正的呢？因此，君王首先用‘仁’的标准要求自己，这样大夫就会忠于职守而士就会诚信，民风淳朴，男子诚实谨慎而女子忠贞不贰。这六个方面是教化达到的效果，把它散布到天下四方，没有人埋怨，把它贯彻到一般百姓家里也不会觉得行不通。用礼划分等级，用道义立身，遵守礼、义来做事，那么百姓抛弃恶念，就像用热水灌洗积雪一样简单了。”

原文

曾子曰：“道则至[①]矣，弟子不足以明之。”孔子曰：“参以为姑止[②]乎？又有焉。昔者明王之治民也，法必裂地以封之，分属以理之。然后贤民无所隐[③]，暴民无所伏[④]。使有司[⑤]日省[⑥]而时[⑦]考之，进用[⑧]贤良，退贬不肖[⑨]，则贤者悦而不肖者惧。哀鳏寡[⑩]，养孤独，恤[⑪]贫穷，诱[⑫]孝悌，选才能。此七者修，则四海之内无刑民矣。上之亲下也，如手足之于腹心矣；下之亲上也，如幼子之于慈母矣。上下相亲如此，故令则从[⑬]，施[⑭]则行，民怀其德，近者悦服，远者来附，政之致也。夫布[⑮]指知寸，布手知尺，舒肘知寻[⑯]，斯[⑰]不远之则也。周制，三百步为里，千步而井，三井而埒，埒三而矩，五十里而都，封百里而有国，乃为福积资裘焉，恤行者之有亡。是以蛮夷诸夏，虽衣冠不同，言语不合，莫不来宾。故曰无市而民不乏，无刑而民不乱。田猎罩弋[⑱]，非以盈[⑲]宫室也；征敛[⑳]百姓，非以盈府库也。慔怛[㉑]以补不足，礼节以损有余。多信而寡貌，其礼可守，其言可復[㉒]，其迹可履。如饥而食，如渴

而饮。民之信之，如寒暑之必验。故视远若迩[23]，非道迩也，见明德也。是故兵革不动而威，用利不施而亲，万民怀其惠。此之谓明王之守，折冲[24]千里之外者也。”

注释

①至：达到极点。②姑止：仅仅这些。③隐：埋没。④伏：隐藏。⑤有司：官员。⑥省：省察。⑦时：按照一定的时候。⑧进用：推荐。⑨不肖：不称职，没有能力。⑩鳏寡：无妻或丧妻称为鳏，丧夫称为寡。⑪恤：同情，怜悯。⑫诱：诱导。⑬从：服从。⑭施：措施。⑮布：伸开，伸展。⑯寻：度量单位，两臂伸开为一寻。⑰斯：这。⑱弋：以绳系箭而射。⑲盈：充盈，填满。⑳征敛：征收赋税。㉑慄怛：忧伤。这里是同情的意思。㉒復：听信。㉓迩：近。㉔折冲：打败敌人。冲，兵车。

译文

曾参说：“这种治国之道是非常好的，只是我还不是很明白。”孔子说：“你以为仅限于这些吗？还有呢。以前贤明的君王治理百姓，按照法令，把土地分封下去，派官吏去管理。这样贤良的人就不会被埋没，残暴的小人也没有藏身之处。经常派主管官员去考察政绩，举荐贤才，罢免不称职的官员，这样贤良的人就会感到愉快，而不称职的官吏就会有所畏惧。同情鳏夫寡妻，养活老无所养之人和孤儿，怜恤穷苦的人，诱导人们孝敬父母、尊敬兄长，选拔有才能的人。一个国家做到了这七点，那么四海之内就没有人犯罪了。在上位的人亲近百姓，像手脚爱护自己的胸腹一样；那么百姓亲近在上位的人，就会像幼童依恋慈爱的母亲一样。上下之间相亲相爱，百姓就会遵从法令，措施就能有效执行，百姓感激国君的恩德，身边的人都心悦诚服，远方的人就会来投奔，这是政治达到的最高境界。伸开手指就会知道寸有多长，伸开手掌就知道尺有多长，伸开胳膊就知道寻有多长，这就是身边的准则。周代的制度是以三百步为一里，一千步见方为一井，三井为一埒，三埒为一矩，方圆五十里的地方可以建大城市，分封百里的地方可以建立国都，目的是积蓄生活所需的物品，使安居的人去帮助漂泊无依之人。因此偏远地方的少数民族与华夏民族，虽然穿戴不同，说话也不一样，但是没有不来臣服朝拜的。所以说，即使没有市场交易百姓也不缺乏生活物资，即使没有刑罚百姓也不会作乱。打猎并不是为了使宫室充盈；向百姓征收赋税并不是为了充实府库。这是因为国君忧民，遇到天灾人祸就会用国库的粮食补给缺少粮食的百姓，用礼来节制奢侈浪费。多树立诚信而少用纹饰，国家的礼法就可以得到遵守，国君的言论百姓就会听从，他的行为就可以成为百姓的表率。国君和百姓的关系就像饿了要吃饭，渴了要喝水。百姓信任国君，就像寒暑随四季变化一样。所以说百姓觉得国君看似距离遥远，又近在身边，这不是因为离国君近，而是四海之内都散布了他圣明的仁政。所以不用动用武力就能树立威信，不用利诱就能让臣民亲近，并且百姓都会感激国君的恩惠。这就是贤明的国君守御国家的方法，也是能在千里之外打败敌人的原因。”

原文

曾子曰：“敢问何谓三至？”孔子曰：“至礼不让[1]而天下治，至赏不费[2]而天下士悦，至乐无声而天下民和。明王笃行[3]三至，故天下之君可得而知，天下之士可得而臣，天下之民可得而用。”曾子曰：“敢问此义何谓？”孔子曰：“古者明王必尽知天下良士之名，既知其名，又知其实，又知其数[4]及其所在焉。然后因[5]天下之爵以尊之，此之谓至礼不让而天下治。因天下之禄以富天下之士，此之谓至赏不费而天下之士悦。如此，则天下之明名誉兴焉，此之谓至乐无声而天下之民和。故曰：所谓天下之至仁者，能合天下之至亲也。所谓

天下之至知者，能用天下之至和者也。所谓天下之至明者，能举天下之至贤者也。此三者咸⑥通，然后可以征。是故仁者莫大乎爱人，智者莫大乎知贤，贤政者莫大乎官能⑦。有土之君修此三者，则四海之内供命⑧而已矣。夫明王之所征，必道之所废者也，是故诛其君而改其政，吊其民而不夺其财。故明王之政，犹时雨⑨之降，降至则民悦矣。是故行施弥⑩博，得亲弥众，此之谓还师衽席⑪之上。”

注释

①让：谦让、辞让。②费：破费财物。③笃行：忠实地执行。④数：人数。⑤因：用。⑥咸：都。⑦官能：任用有贤能的人。⑧供命：听从命令。⑨时雨：及时雨。⑩弥：更加。⑪衽席：朝堂举办宴席的时候所设的座位。

译文

曾参说：“请问什么叫作‘三至’呢？”孔子说：“最高的礼节是不必互相谦让天下就能治理好，最高的赏赐是不用破费财物天下的士人就会喜悦，最好的音乐是没有声音而能使百姓和睦相处。贤明的君王专心努力达到‘三至’，所以天下其他的君王，都可以知道他，天下的士人，都可以当他的臣子，天下的百姓，都可以为他所用。”曾参说：“请问这是什么意思呢？”孔子说：“古代贤明的君王，一定知道天下所有贤良人才的名字，既知道他们的名字，还知道他们实际的才能，还知道他们的人数以及他们所在的地方。等到一定的时候，用适当的爵位让他们得到尊贵的地位，这就叫作最高的礼节是不必互相谦让天下就能治理好。用天下的利禄来让天下的士人富足，这就叫作最高的赏赐是不用破费财物天下的士人就会喜悦。能做到这两点，天下的百姓就会讲究名誉，这就叫作最好的音乐是没有声音而使百姓和睦相处。所以说：通常所说的天下最仁爱的人，能够团结天下最亲近的人；天下最明智的人，可以将能够让百姓和睦的人收为己用；天下最贤明的人呢，能够举荐天下最有贤能的人。这三个方面都做到了，就可以征讨其他国家了。因此仁爱的人最重要的是能够爱人，有智慧的人最重要的是能够知道贤人，贤明的执政者最重要的是能够让贤人做合适的官职。有领土的君王如果可以实行这三个方面，那么天下的人就都会听从君王的吩咐。贤明的君王征讨的国家，必定是政教缺失的地方，因此诛灭那里的国君，改变那里的政教，安慰那里的人民而不夺取他们的财物。所以贤明君王的政令，就像及时的降雨，一旦降落百姓就会很高兴。因此，教化施行得更加广泛，亲近的百姓更为众多，这就是轻轻松松就能使军队凯旋的方法。”

大婚解第四

原文

孔子侍坐于哀公[①]，公曰：“敢问人道[②]孰为大？”孔子愀然作色[③]而对曰：“君及此言也，百姓之惠也，固臣敢无辞[④]而对。人道政为大。夫政者，正也。君为正，则百姓从而正矣。君之所为，百姓之所从。君不为正，百姓何所从乎！”公曰：“敢问为政如之何？”孔子对曰：“夫妇别，男女亲，君臣信。三者正，则庶物[⑤]从之。”公曰：“寡人[⑥]虽无

能也，愿知所以行三者之道，可得闻乎？”孔子对曰：“古之政，爱人为大；所以治爱人，礼为大；所以治礼，敬为大；敬之至矣，大婚⑦为大。大婚至矣，冕⑧而亲迎者，敬之也。是故君子兴敬为亲，舍敬则是遗亲也。弗亲弗敬，弗尊也。爱与敬，其政之本与⑨？”

注释

①哀公：鲁定公之子。②人道：人类社会的道德规范。③愀然作色：脸色变得严肃。④无辞：不推辞。⑤庶物：一般的事情。⑥寡人：寡德之人；古代君主的自称。⑦大婚：帝王的婚姻。⑧冕：大夫以上贵族所戴的帽子。这里用作动词，穿戴冕服。⑨与：通“欤”，句末语气词，无实义。

译文

孔子陪鲁哀公坐着说话，鲁哀公问道：“请问治理民众的措施中最重要的是什么？”孔子的脸色变得严肃起来，回答说：“您能谈到这个问题，已是对百姓很大的恩惠了，所以我敢不加推辞地回答这个问题。在治理民众的措施中，最重要的是政事。所谓政，就是正。国君如果做得正，百姓就会跟着做得正。国君的所作所为，百姓是要跟着效仿的。君王如果做得不正的话，百姓又向他学什么呢？”鲁哀公说：“那么请问怎样治理政事呢？”孔子回答说：“夫妇有尊卑区别，男女要讲亲情，君臣之间有信义。这三点做到了，其他的事情就都能做好了。”鲁哀公说：“我虽然没有才能，但是我想要知道实行这三点的方法，可以听听吗？”孔子回答说：“古代治理政事，最重要的是爱人；爱人，最重要的是施行礼仪；施行礼仪，最重要的是有恭敬之心；最高尚的恭敬之心，就是天子诸侯的婚姻。结婚的时候，天子诸侯要穿戴冕服亲自迎娶，这是最为尊敬的做法。所以君子提倡用尊敬来求亲，舍弃尊敬就是不想求亲。不亲近不敬畏，双方就不能互相尊重。爱和尊重，大概是为政最根本的吧？”

原文

公曰：“寡人愿有言也。然冕而亲迎，不已重乎？”孔子愀然作色而对曰：“合二姓之好[①]，以继[②]先圣之后，以为天下宗庙社稷之主，君何谓已重乎”？公曰：“寡人实固[③]，不固安得[④]闻此言乎！寡人欲问，不能为辞[⑤]，请少进。”孔子曰：“天地不合，万物不生。大婚，万世之嗣也，君何谓已重乎？”孔子遂[⑥]言曰：“内以治宗庙之礼，足以配天地之神；出以治直言之礼，足以立上下之敬。物耻则足以振之，国耻足以兴之。故为政先乎礼，礼其政之本与！”孔子遂言曰：“昔三代[⑦]明王，必敬妻子[⑧]也，盖有道焉。妻也者，亲之主也。子也者，亲之后也。敢不敬与？是故君子无不敬。敬也者，敬身为大。身也者，亲之枝也，敢不敬与？不敬其身，是伤其亲；伤其亲，是伤其本也；伤其本，则枝从之而亡。三者，百姓之象[⑨]也。身以及身，子以及子，妃以及妃，君以修此三者，则大化忾[⑩]乎天下矣，昔太王之道也。如此，国家顺矣。”

注释

①合二姓之好：把两种血统融合起来，指成为姻亲。②继：延续。③固：鄙陋。④安得：怎么能够。⑤不能为辞：意为找不到恰当的言辞。⑥遂：又。⑦三代：指夏、商、周三代。⑧妻子：妻子和儿女。⑨象：表率。⑩忾：通行。

译文

鲁哀公说："我还有一句话问您，天子诸侯穿着冕服亲自迎娶，是不是太隆重了？"孔子脸色严肃，回答道："促成两家的美好姻缘，以便延续祖宗的后嗣，使之成为天下、宗庙、社稷的主人，您怎么能说太隆重了呢？"鲁哀公说："我实在是浅陋，如果不是浅陋的话又怎么能听到夫子的这番言论呢！我只是想要发问，又找不到恰当的措辞，请夫子慢慢讲给我听吧。"孔子说："天地之气如果不能很好地交合，那么万物就不能生长。天子诸侯的婚姻，是延续子嗣万代的大事，您怎么能说太隆重了呢？"孔子接着又说："夫妇对内主持宗庙礼仪，那就足以与天地之神相配；对外掌握发布政教号令，就足以树立上下相敬的风气。那么假使人们做出有愧于礼的事情，那也是可以补救的；国家政事如果有愧于礼，也是可以再度兴盛的。因此，要治理政事必须以礼为先。礼不就是政事的根本吗？"孔子又说："以前夏、商、周三代的贤明君王，必定尊敬妻子，这是有道理的。妻子，是侍奉宗祧的主体，儿子是延续后代的。能不尊敬吗？因此君子没有不尊敬妻儿的。要做到尊敬，最重要的是尊敬自身。因为自己是承上启下的关键，能不尊敬自己吗？如果不尊敬自己，就是伤了亲人的伦常；伤害了伦常，就伤了宗族的根本；伤了宗族的根本，那么支属就会随之消亡。这三点是百姓的表率。爱护尊敬自己从而尊敬他人，爱护尊敬自己的儿女从而尊敬他人的儿女，爱护尊敬自己的妻子从而尊敬他人的妻子，君王做到了这三点，就可以把他的教化推广到天下了，以前太王的治国之道就是这样的。能够这样，国家就顺畅了。"

原文

公曰："敢问何谓敬身？"孔子对曰："君子过言[1]则民作辞，过行[2]则民作则。言不过辞，动不过则，百姓恭敬以从命。若是则可谓能敬其身，敬其身则能成其亲矣。"公曰："何谓成其亲？"孔子对曰："君子者，乃人之成名也。百姓与名谓之君子，则是成其亲为君而为其子也。"孔子遂言曰："爱政而不能爱人，则不能成其身；不能成其身，则不能安其土；不能安其土，则不能乐天；不能乐天，则不能成其身。"公曰："敢问何能成其身？"孔子对曰："夫其行己不过乎物，谓之成身。不过乎，合天道也。"公曰："君子何贵乎天道也？"孔子曰："贵其不已[3]也。如日月东西相从而不已也，是天道也；不闭而能久，是天道也；无为而物成，是天道也；已成而明之，是天道也。"公曰："寡人且愚冥，幸烦子之于心。"孔子蹴然[4]避席而对曰："仁人不过乎物，孝子不过乎亲。是故仁人之事亲也如事天，事天如事亲，此谓孝子成身。"公曰："寡人既闻如此言，无如后罪何？"孔子对曰："君之及此言，是臣之福也。"

注释

①过言：言语过失。②过行：行为过失。③已：停止。④蹴然：吃惊不安的样子。

译文

鲁哀公说："请问怎样才算是尊敬自身?"孔子回答说："君王的言论有过失的话百姓之间就会兴起言辞虚浮的作风，君王做事有过失那么百姓也会效法。君王言语行为没有过失，那么百姓就会恭敬地听从君王的政令。能做到这样就可以说是敬重自身了，然后就能成就其亲人了。"鲁哀公问："那么什么是成就其亲人呢?"孔子回答说："所谓君子，就是人们中有成就有名望的人。百姓把他叫作君子，就是把他的亲人当作有名望的人，而他是有名望的人的儿子。"孔子接着说："关注政事却不能爱护百姓，就不能成就自身；不能成就自身就不能使他的领土安定；不能使他的领土安定，就不能无忧无虑了；不能无忧无虑，就无法成就自身。"鲁哀公说："请问怎样才能成就自身呢?"孔子回答说："一个人的行为能不逾越常规，就叫作成就自身。不逾越常规是与天道相合的。"鲁哀公说："君子为什么要这么看重天道呢?"孔子说："是因为看重天道运行永不停息。比如日月从东向西相继运行而不停止，这就是天道；运行无阻而能长久，这就是天道；什么也不做，但是各种事物都能自然生成，这就是天道；自己有所成就而且推己及人使功业得到显扬，这也是天道。"鲁哀公说："我非常愚钝不明事理，有劳先生费心了。"孔子恭敬地离开坐席回答说："仁人做事不逾越常规，孝子也不能逾越亲情的秩序。因此仁人侍奉父母就像侍奉天一样，侍奉天像侍奉父母一样，这样，孝子能够成就自己。"鲁哀公说："我已经听了这样的道理，恐怕以后还有过错，怎么办?"孔子回答说："您能够说到这个话题，就是臣下的福分了。"

儒行解第五

原文

孔子在卫，冉求[①]言于季孙[②]曰："国有圣人而不能用，欲以求治，是犹却步而欲求及前人，不可得已。今孔子在卫，卫将用之。己有才而以资邻国，难以言智也，请以重币求之。"季孙以告哀公，公从之。孔子既至，舍哀公馆焉。公自阼阶，孔子宾阶，升堂立侍。公曰："夫子之服，其儒服与?"孔子对曰："丘少居鲁，衣逢掖[③]之衣。长居宋，冠章甫之冠[④]。丘闻之，君子之学也博，其服以乡，丘未知其为儒服也。"公曰："敢问儒行?"孔子曰："略言之，则不能终其物；悉数之，则留更仆[⑤]未可以对。"

注释

①冉求：指冉有，名求，字子有，孔子弟子，季孙氏家臣。②季孙：名肥，鲁哀公正卿，在鲁国专权。③逢掖：宽袖的衣服，古代儒者所穿的衣服。④章甫之冠：一种黑布帽，古代举行冠礼时戴这种帽子。⑤仆：太仆，古代官职名，国君身边的侍御者。

译文

孔子在卫国，冉求对季孙氏说："国家有圣人却不能重用，这样要想治理好国家，就像倒着走路而又想赶上前面的人一样，是办不到的。现今孔子在卫国，卫国将要重用他。我们自己国家的人才却要去帮助邻国，很难说是明智之举，我请求您用丰厚的聘礼把孔子请回来。"季孙氏把冉求的话告诉了鲁哀公，鲁哀公听从了这一建议。孔子回到鲁国后，居住在鲁哀公招待客人的馆舍里。鲁哀公从大堂东面的台阶走上来迎接孔子，孔子从大堂西面的台阶上来晋见鲁哀公，到大堂里，孔子侍立一边陪鲁哀公说话。鲁哀公问道："先生穿的衣服，是儒者的衣服吗?"孔子回答："我年少时住在鲁国，穿的是宽袖的衣服。长大后住在宋国，戴的是黑色的礼冠。我听说，君子要学问广博，穿着要入乡随俗，我不知道这是不是儒者的衣服。"鲁哀公说："请问儒者的行为是什么样的呢?"孔子说："简略地说就不能说完整；详细地说，说到侍御的人换班也难以说完。"

原文

哀公命席，孔子侍坐，曰："儒有席上之珍[①]以待聘[②]，夙夜强学以待问，怀忠信以待举，力行以待取。其自立有如此者。儒有衣冠中，动作顺，其大让如慢，小让如伪。大则如威，小则如愧。难进而易退，粥粥[③]若无能也。其容貌有如此者。儒有居处齐难，其起坐恭敬，言必诚信，行必忠正。道涂不争险易之利，冬夏不争阴阳之和。爱其死以有待也，养其身以有为也。其备预有如此者。儒

有不宝金玉而忠信以为宝，不祈土地而仁义以为土地，不求多积而多文以为富。难得而易禄也，易禄而难畜也。非时不见，不亦难得乎？非义不合，不亦难畜乎？先劳而后禄，不亦易禄乎？其近人情有如此者。儒有委之以财货而不贪，淹之以乐好而不淫，劫之以众而不惧，阻之以兵而不慑。见利不亏其义，见死不更其守。往者不悔，来者不豫，过言不再，流言不极。不断其威，不习其谋。其特立有如此者。儒有可亲而不可劫，可近而不可迫，可杀而不可辱。其居处不过，其饮食不溽[4]。其过失可微辩而不可面数也。其刚毅有如此者。儒有忠信以为甲胄[5]，礼义以为干橹[6]。戴仁而行，抱德而处，虽有暴政，不更其所。其自立有如此者。儒有一亩之宫，环堵之室，荜门[7]圭窬[8]，蓬户瓮牖。易衣而出，并日而食。上答之，不敢以疑；上不答之，不敢以谄。其仕有如此者。儒有今人以居，古人以稽；今世行之，后世以为楷。若不逢世，上所不受，下所不推，谗谄之民有比党而危之，身可危也，其志不可夺也；虽危犹起居，竟身其志，乃不忘百姓之病也。其忧思有如此者。儒有博学而不穷，笃行而不倦，幽居而不淫，上通而不困。礼必以和，优游以法，慕贤而容众，毁方而瓦合。其宽裕有如此者。儒有内称不避亲，外举不避怨。程功积事，不求厚禄。推贤达能，不望其报。君得其志，民赖其德。苟利国家，不求富贵。其举贤援能有如此者。儒有澡身浴德，陈言而伏。静言而正之，而上下不知也。默而翘[9]之，又不急为也。不临深而为高，不加少而为多。世治不轻，世乱不沮。同己不与，异己不非。其特立独行有如此者。儒有上不臣天子，下不事诸侯，慎静

尚宽，砥厉[10]廉隅。强毅以与人，博学以知服。虽以分国，视之如锱铢[11]，弗肯臣仕。其规为有如此者。儒有合志同方，营道同术，并立则乐，相下不厌。久别则闻流言不信，义同而进，不同而退。其交有如此者。夫温良者，仁之本也；慎敬者，仁之地也；宽裕者，仁之作也；逊接者，仁之能也；礼节者，仁之貌也；言谈者，仁之文也；歌乐者，仁之和也；分散者，仁之施也。儒皆兼此而有之，犹且不敢言仁也。其尊让有如此者。儒有不陨获[12]于贫贱，不充诎[13]于富贵，不溷君王，不累长上，不闵有司，故曰儒。今人之名儒也妄，常以儒相诟疾。”哀公既得闻此言也，言加信，行加敬，曰：“终没吾世，弗敢复以儒为戏矣！”

注释

①席上之珍：比喻人具有美好的德行和才能，就像席上珍贵的菜肴一样。②聘：任用。③粥粥：谦卑的样子。④溽：饮食肥甘浓厚。⑤甲胄：铠甲和头盔。⑥干橹：盾牌。干和橹都是盾牌，橹略大。⑦荜门：荆条编织的门。荜，同“筚”，竹条或荆条编织的器具。⑧圭窬：窄小的偏门。圭，同“闺”，小。⑨翘：期待，盼望。⑩砥厉：砥砺，磨炼。⑪锱铢：锱、铢，都是古代很小的重量单位。六铢为一锱，四锱为一两。这里比喻微不足道的东西。⑫陨获：处境困苦而灰心丧气。⑬充诎：扬扬自得。

译文

鲁哀公命人摆设坐席，孔子在旁侍坐，说：“儒者就像宴席上的珍品一样等待君王聘用，早晚勤奋学习等待别人来问，内怀忠信等待别人举荐，勉力做事等待别人录用。他们是这样立身行事的。儒者穿着适宜，行动顺从礼仪规范。做大事推让，让人觉得很傲慢，做小事也推让，让人觉得虚伪。做大事谨慎小心，好像心里十分害怕，做小事也从不轻慢，好像不敢做似的。让他们前进很难，退步却很容易，柔弱谦卑让人觉得他们特别无能。他们的外表就是这样的。儒者的日常生活也让一般人难以企及。他们坐立总是毕恭毕敬，说话讲究诚信，做事一定不偏不倚。走路时不和别人争着走省力易行的小路，冬天不和人抢暖和的地方，夏天不和人抢阴凉的地方。珍惜生命等待成就大事，保养身体以待有所作为。儒者就是这样准备的。儒者不以金玉为宝，而把忠信当作最好的宝贝；不抢占土地，却把仁义当作土地；不追求多多积蓄财富，而把积累知识当作财富。这种人十分难得却很容易供养，容易供养却难以据为己有。不到一定的时候不轻易出仕，这不是很难得吗？不符合义的行为就不做，这难道不是很难以据为己有吗？先效力然后获得报酬，这不是很容易供养吗？他们就是这样近人情的。儒者不贪图别人委托的财物，身处玩乐之境却不会沉迷，被众人威逼却不害怕，用武器来恐吓他，他也不畏惧。见利却不会使道义受到损害，面临死亡也不改变操守。已经过去的事情就不再后悔，对于将来的事情也不疑虑，说过的错话不再重复，不追究流言。时刻保持自身的威严，不研究计谋。他们就是这样傲然独立于世上的。对于儒者，可以跟他亲昵却不可胁迫，可以亲近却不可以威逼，可以杀害却不能够侮辱。他们居住之所不奢侈，他们的饮食不肥甘浓厚，对于他们的过错，可以含蓄地提醒却不可以当面指责。他们就是这样的刚毅。儒者把忠信诚实当作自己的盔甲，把礼义作为自己的盾牌，信守仁义去行事，心怀美德与人相处，即使赶上暴虐的统治，也不改变操守。他们就是这样自立的。儒者的居所只有长宽各十步大，房屋只有四面墙壁，正门是荆竹编成的，旁边是窄小的侧门，用蓬草塞着门，用破瓮做窗户。出门一定换上干净的衣服，两天吃一天的粮食。上级采纳他的建议，他不敢产生怀疑；上级不采纳他的建议，他也不敢献

谄媚上。他就是这样的读书人。儒者按照同时代人的生活方式来生活，而考究古人的行为；当世的行为，就是后世的楷模。如果生不逢时，国君不能任用，大臣也不举荐，卑鄙小人结党营私设计陷害他，虽然身处险境，但是他仍然不改变志向；虽然处于危难之中，仍然始终坚定信念，不忘百姓的苦难。儒者就是这样忧国忧民的。儒者十分博学但是仍不放弃学习，做事情能够始终坚持不懈，独居却不放纵自己，通达不固执。礼以和谐为贵，以宽容为法则，尊慕贤人而包容众人，像陶瓦一样方圆都可。儒者就是这样的宽容。儒者举荐别人，对内不因是亲人而有所避讳，对外举荐贤人也不因有怨仇而不举。考核功业，积累政绩而不贪求高官厚禄。推举贤能不图回报。君王得到他的辅助，百姓仰赖他的德行。为国家做了有利的事情却不贪求富贵。儒者就是这样推举帮助贤能的人的。儒者清洁身体，沐浴德行，提出自己的建议而静静地等待采纳。心平气和，严守正道，但是君王和百姓却不知道。安静地等待着、观望着，又不急于有所作为。得志后不在地位卑下的人面前显示自己，不过分炫耀夸饰自己。世道清明的时候不会看不起自己，世道混乱的时候也不沮丧。不与志向相同的人结党，也不谈论与自己意见不同的人的是非。儒者中有的就是这样傲然屹立在世上的。儒者一类人不会让自己成为君王的臣子，也不侍奉诸侯，谨慎安静，崇尚宽容，时刻严格要求自己，磨炼自己，品行廉洁。待人接物刚强坚毅，广泛学习各种知识以了解自己应做什么。即使君王分封土地给他，他也觉得不值一提，不肯称臣。儒者就是这样要求自己的。儒者结交和自己志趣相同、道路一致的人，他们共同钻研道德学术，彼此有建树就会很开心，彼此不得志也不会相互厌弃。即使分别很久了，听到有关对方的流言也不会相信，志向相同就保持友谊，不同就分道扬镳。他们就是这样结交朋友的。温和善良是仁的根本；谨慎恭敬是仁的基础；宽容是实行仁义的开始；谦逊是仁义的作用；礼节是仁义的表现；言语谈话是仁义的修饰；歌舞是仁义和睦的表现；分散财物给众人是仁义实施的表现。这些方面儒者都具备，但是他们仍不敢称自己为仁。儒者就是这样的谦让。儒者不因为贫贱而自暴自弃，也不因为富贵而扬扬自得，不辱没君王，也不拖累长上，不让相关的官员感到苦恼，所以被称作儒。现在的人们已忘记了儒者的本原，有名无实，经常被人以儒者相讽刺。”鲁哀公听了孔子的这番话，对孔子的言语更加信任，对孔子的行为更加敬重，并说：“一直到我死去的那天，都不敢再戏弄儒者了。”

问礼第六

原文

哀公问于孔子曰："大礼[1]何如？子之言礼，何其尊也？"孔子对曰："丘也鄙人，不足以知大礼也。"公曰："吾子[2]言焉！"孔子曰："丘闻之，民之所以生者，礼为大。非礼则无以节事天地之神焉，非礼则无以辨君臣上下长幼之位焉，非礼则无以别男女父子兄弟婚姻亲族疏数[3]之交焉。是故君子此为之尊敬，然后以其所能教顺百姓所能，不废其会节。既有成事，而后治其文章黼黻[4]，以别尊卑上下之等。其顺之也，而后言其丧祭之纪，宗庙之序，品其牺牲，设其豕腊，修其岁时，以敬祭祀。别其亲疏，序其昭穆[5]，而后宗族会宴，即安其居，以缀恩义。卑其宫室，节其服御，车不雕玑，器不雕镂，食不二味，心不淫志，以与民同利。古之明王行礼也如此。"

公曰："今之君子胡[6]莫[7]之行也？"孔子对曰："今之君子，好利无厌[8]，淫行[9]不倦，荒怠慢游[10]，固民是尽。以遂其心，以怨其

政，以忤[11]其众，以伐[12]有道。求得当欲，不以其所；虐杀刑诛，不以其治。夫昔之用民者由前，今之用民者由后，是[13]即今之君子莫能为礼也。”

注释

①大礼：隆重的礼仪。②吾子：对人的敬称，相当于“我的先生”。③疏数：疏远和亲密。数，亲密。④黼黻：古代礼服上所绣的花纹，这里指代礼服。⑤昭穆：古代宗法制度，宗庙中排列次序的时候，始祖居于正中，然后父子兄弟按照顺序排列，左昭右穆。⑥胡：为什么。⑦莫：没有人。⑧厌：满足。⑨淫行：行为放纵。⑩荒怠慢游：放荡懒散并且态度傲慢。⑪忤：违背。⑫伐：侵犯。⑬是：此，这。

译文

鲁哀公问孔子说：“大礼是什么样子的呢？先生为何把礼说得那么重要呢？”孔子回答说：“我是一个鄙陋的人，还没有能力了解大礼。”鲁哀公说：“您说一下吧。”孔子说：“我听说，在人类生活中，礼是最重要的。没有礼就不能有节制地侍奉天地之神，没有礼就不能区分君臣、上下、长幼的次序，没有礼就没法区别男女、父子、兄弟、夫妻、亲戚的亲疏远近。因此君子十分重视礼，用他所了解的礼教化百姓，使礼节不至于混乱，使人们做事都合乎礼节规范。收到效果后，就用文饰器物和礼服来区别尊卑上下等级。百姓顺应礼的教化后，就开始制定丧葬祭祀的制度、宗庙的礼节、祭品的等级，布置好祭祀的干肉，按照一定的时节，严肃地举行祭祀。区别亲疏关系，排列昭穆的顺序，然后宴请亲友，这样百姓才能安居乐业，才会使恩义连绵不断。房屋宫室不要建得奢侈豪华，衣服车马也要有一定的节制，车子不雕饰，用具不雕镂，饮食要节俭，不过分放纵玩乐以致迷失了意志，以便和民众共同分享利益。古代贤明的君主就是这样履行礼仪规范的。”

鲁哀公说：“如今在位的人，为什么没有人这样做呢？”孔子回答说：“如今的君王，贪得无厌，行为放纵而不感到厌倦，放荡懒散并且态度傲慢，一味勒索民财。以满足自己一人的欲望，使他的政治招致怨恨，违背民众的意志，侵犯政治清明的国家。只求满足个人欲望而不择手段；残酷地虐待、杀戮人民，不设法使国家得到治理。以前的君王用前面提到的方法来治理人民，而如今的君王用后面说的方法治理人民，这就是现在的君王不能修明礼教的原因。”

原文

言偃[①]问曰：“夫子之极言礼也，可得而闻乎?”孔子言：“我欲观夏道，是故之杞[②]，而不足征也，吾得《夏时》焉。我欲观殷道，是故之宋[③]，而不足征也，吾得《坤乾》焉。《坤乾》之义，《夏时》之等，吾以此观之，夫礼，初也始于饮食。太古之时，燔[④]黍擘[⑤]豚，汙罇抔饮，蒉桴[⑥]土鼓，犹可以致敬鬼神。及其死也，升屋而号告曰：‘高！某复！’[⑦]然后饮腥苴熟，形体则降，魂气则上，是谓天望而地藏也。故生者南向，死者北首，皆从其初也。昔之王者，未有宫室，冬则居营窟，夏则居橧巢。未有火化，食草木之实，鸟兽之肉，饮其血，茹其毛。未有丝麻，衣其羽皮。后圣有作，然后修火之利，冶金合土，以为宫室户牖。以炮以燔，以烹以炙，以为醴[⑧]酪。治其丝麻，以为布帛，以养生送死，以事鬼神。故玄酒在室，醴醆[⑨]在户，粢醍[⑩]在堂，澄酒在下。陈其牺牲[⑪]，备其鼎俎，列其琴、瑟、管、磬、钟、鼓，以降上神，与其先祖。以正君臣，以笃父子，以睦兄弟，以齐上下，夫妇有所，是谓承天之佑。作其祝号[⑫]，玄酒以祭，荐其血毛，腥其俎，熟其殽。越席以坐，疏布以

幕，衣其浣帛，醴醆以献，荐其燔炙。君与夫人交献，以嘉魂魄。然后退而合亨，体其犬豕牛羊，实其簠簋⑬笾豆铏羹⑭，祝⑮以孝告，嘏⑯以慈告，是为大祥。此礼之大成也。”

注释

①言偃：孔子的学生，字子游。②杞：春秋时的国名，夏禹的后代。③宋：国名，商汤的后代。④燔：烧烤。⑤擘：用手把东西掰开。⑥蒉桴：用蒉做的击鼓棒。⑦高！某复！：某某你回来呀！高，通“皋”，大声召唤。这里指古人招魂的习俗。⑧醴：甜酒。⑨醆：音“盏”，稍微清澈的浊酒。⑩粢醍：古代供祭祀用的较清的浅红色的酒。⑪牺牲：祭祀用的物品，一般为猪、牛、羊。⑫祝号：祝词。⑬簠簋：簠方形，簋圆形，盛食物的器物，古时把它们作为祭祀所用的礼器。⑭笾豆铏羹：都是祭祀所用的礼器。笾、豆为盛放食物的器皿，铏、羹则是盛放汤的器皿。⑮祝：帮助主人祭祀的人，负责把祭祀之人的祈求告诉鬼神。这里指祝辞。⑯嘏：音“鼓”，帮助主人祭祀的人，负责把鬼神的祝福告诉祭祀之人。

译文

言偃问道：“夫子这样称道礼仪，可以讲给我听听吗？”孔子说：“我要观看夏代的礼制，所以到杞国去，但是年代久远无法验证，我得到了他们的历书《夏时》。我想要观看殷代的礼制，所以到宋国去，但是同样无法验证，我得到了他们的易书《坤乾》。《坤乾》讲阴阳的功用，《夏时》讲礼的等次区分，这是我从中看出的，礼，是从饮食开始的。太古的时候，烧烤黍米，分割猪肉，在地上凿坑当酒樽，用手捧着当酒杯喝酒，用蒉做的击鼓棒和土制的鼓，就可以祭祀鬼神了。人死后，活人登上屋顶大声召唤：‘哎——某某你回来呀！’这样做之后，就用生肉举行饭含之礼并在下葬时给死者包裹熟食，防止他挨饿，尸体埋在地下，灵魂升到天上，这就是所说的招魂时望着天而把尸体葬在地下。南方属阳，所以活人面向南方；北方属阴，所以死人下葬头朝北。这都是很久以前传下来的规矩。以前的君王是没有宫室的，冬天的时候就居住在泥土垒成的土窟里，夏天居住在用草木堆成的巢穴里。当时没有火来烧熟食物，他们就生吃草木的果实、飞鸟走兽的肉，喝它们的血，连肉带毛一起吃。没有丝麻，就穿鸟兽的羽毛、皮毛。后世有圣人出现，然后利用火种烧煮食物，用模子浇铸金属，调泥制瓦，用它们来建造宫室的门窗。用火煨、烤、煮、炙食物，酿制甜酒和果浆。抽取丝麻做成布帛，用以日常生活和死亡安葬，用以祭祀鬼神。祭祀时，清酒放在屋内，甜酒和较清的酒放在门里，较清的浅红色酒放在堂上，淡酒放在堂下。陈列祭品，备齐鼎俎等礼器，摆好琴、瑟、管、磬、钟、鼓，迎接上神和祖先神灵降临。祭祀中，要摆正君臣身份，使父子的慈孝之情笃诚专一，兄弟和睦，上下同心一致，夫妇各有自己应处的地位，这就是所说的得到了上天的保佑。主祭之人吟诵祝辞，用玄酒祭神，进献牲血和牲毛，生肉放在祭器上，鱼肉要煮熟。祭祀的人要亲自踩着蒲草编的席子入座，端着用布覆盖的酒樽，穿着新织的帛衣，献上甜酒和白酒，进献烤肉。主人主妇交替进献，以使祖先灵魂欢悦。祭祀后退下，把牺牲合在一起烹煮，再区分狗猪牛羊，盛入簠、簋、笾、豆、铏、羹之中，祝辞把主人孝顺的心情告诉祖先，嘏辞把神的慈爱转达给主人，这就叫大祥。这是礼的最大成功。”

五仪解第七

原文

哀公问于孔子曰：“寡人欲论鲁国之士，与之为治，敢问如何取之？”孔子对曰：“生今之世，志古之道；居今之俗，服古之服。舍此而为非者，不亦鲜乎？”曰：“然则[1]章甫絇履、绅带缙[2]笏者，

皆贤人也?”孔子曰:“不必然[3]也。丘之所言，非此之谓也。夫端衣玄裳，冕而乘轩者，则志不在于食荤;斩衰[4]菅菲，杖而歠[5]粥者，则志不在于酒肉。生今之世，志古之道;居今之俗，服古之服，谓此类也。”

公曰:“善哉[6]!尽此而已乎?”孔子曰:“人有五仪[7]，有庸人，有士人，有君子，有贤人，有圣人。审[8]此五者，则治道毕[9]矣。”

公曰:“敢问何如斯[10]可谓之庸人?”孔子曰:“所谓庸人者，心不存慎终之规[11]，口不吐训格之言，不择贤以托其身，不力行以自定。见小暗大，而不知所务;从物如流，不知其所执。此则庸人也。”

注释

①然则:既然这样，那么。②缙:通“搢”，插。③然:这样。④斩衰:亦作“斩缞”。旧时五种丧服中最重的一种。用粗麻布制成，不缝边。服制三年。子及未嫁女为父母，媳为公婆，重孙为祖父母，妻妾为夫，均服斩衰。先秦诸侯为天子，臣为君亦服斩衰。⑤歠:喝。⑥善哉:太好了。⑦五仪:五个等级。⑧审:弄明白。⑨毕:网罗无遗。⑩何如斯:什么样。⑪规:原则。

译文

鲁哀公问孔子说:“我想要讨论一下鲁国的有识之士，想要跟他们一起治理国家，请问怎样选拔人才呢?”孔子回答说:“生活在现在，却有志于古代的道德礼仪;生活于现在的风俗之中，却要穿着古代的服饰。可以这样做，却在为非作歹，这样的人不是很稀奇吗？”鲁哀公说：“既然这样，那么戴着殷代的帽子，穿着有装饰的鞋子，腰上系着大带子并把笏板插在带子里的人，都是贤人了吗？”孔子说：“不一定是这样的。我所说的，不是这个意思。那些穿着礼服，戴着礼帽乘着大车的人，他们的志向不在于食荤；身穿着斩衰丧服，脚穿着草鞋，手拄着丧杖，口喝着粥的人，他们的志向不在于酒肉。生在当今之世，却倾慕古代的道德礼仪；生活于现在的风俗之中，却穿着古代的儒服，我说的是这一类人。”

鲁哀公说：“太好了！就这些吗？”孔子说：“人分五个等级，有庸人、士人、君子，贤人、圣人。仔细观察分清这五种人，那么治世的方法就网罗无遗了。”

鲁哀公说：“请问什么样的人被称为庸人呢？”孔子说：“庸人就是那些心里没有谨慎行事、善始善终的原则，说出的话没有道理。不选择贤人作为自己的依靠，不努力行事使自己有安定的生活的人。他们往往只看见小事，却不能谋虑深远，不知道自己该做些什么；随波逐流，不知道追求什么。这种人就叫作庸人。”

原文

公曰：“何谓士人？”孔子曰：“所谓士人者，心有所定，计有所守，虽不能尽道术之本，必有率①也；虽不能备②百善之美，必有处也。是故智不务多，必审其所知；言不务多，必审其所谓；行不务多，必审其所由。智既知之，言既道之，行既由之，则若性命之于形骸不可易也。富贵不足以益，贫贱不足以损。此则士人也。”

公曰：“何谓君子？”孔子曰：“所谓君子者，言必忠信而心不怨，仁义在身而色无伐③，思虑通明而辞不专④；笃行信道，自强不息，油然⑤若将可越而终不可及者。此则君子也。”

公曰：“何谓贤人？”孔子曰：“所谓贤人者，德不逾⑥闲，行中⑦规绳，言足以法于天下而不伤于身，道足以化于百姓而不伤于本；富则天下无宛⑧财，施则天下不病贫。此则贤者也。”

公曰：“何谓圣人？”孔子曰：“所谓圣者，德合于天地，变通

无方，穷⑨万事之终始，协⑩庶品⑪之自然，敷其大道而遂成情性；明并日月，化行若神，下民不知其德，睹者不识其邻。此谓圣人也。”

注释

①率：遵循。②备：具备。③伐：矜，自大，自夸。④专：专横。⑤油然：从容安闲的样子。⑥逾：超越。⑦中：符合。⑧宛：同“怨”，怨恨。⑨穷：推究，探源。⑩协：调和。⑪庶品：万物。

译文

鲁哀公说：“什么叫作士人呢?”孔子说：“所谓士人，是指心中有确定的原则，有明确的计划，即便不能尽到行道义治国家的本分，但是一定有所遵循；即使不能具备所有的美德，但是必定有自己的处世方法。因此他们的知识不求多，但是一定要仔细审视自己所学的东西是否有道理；言论不求多，但是一定要弄清所说是否在理；走的路不求多，但是必定要弄清楚所走的道路是否正确。能在自己的智慧范围内明白事理，并能用语言表达出来，行事能遵循事理，就像有生命的形体不可改变一样。身处富贵之中不认为会有什么增益，身处贫贱之中也不认为会减损自己的操守。这就是士人。”

鲁哀公说：“什么叫作君子呢?”孔子说：“所谓的君子，言语忠诚可信，而心中无所怨悔，虽然自己具备仁义的德行却不夸耀，考虑问题明智通达而言语不专横。忠诚地履行道义，自强不息。从容安闲的样子让人以为可以超越却终究不能赶上。这就是君子。”

鲁哀公说："什么叫作贤人呢？"孔子说："所谓的贤人，他们的品行不逾越常规，行为符合规范。他们的言论足以让天下人效仿而不会招来灾祸，思想可以教化百姓而不会损害百姓的本性。即使富甲天下也没有人嫉妒、怨恨他，只要他施舍恩惠，天下就没有贫穷困苦的人。这就是贤人。"

鲁哀公说："什么叫作圣人呢？"孔子说："所谓的圣人，他们的品行符合天地大道，变通自如，圆融和谐。探究万物的来龙去脉，调和世间万物的自然品性，推广他的大道，使百姓情志畅达。和日月同辉，像神明一样教化万民。民众不知道他的德行，看到他的人也不知道他就在自己身边。这就是圣人。"

原文

公曰："善哉！非子之贤，则寡人不得闻此言也。虽然，寡人生于深宫之内，长于妇人之手，未尝知哀，未尝知忧，未尝知劳，未尝知惧，未尝知危，恐不足以行五仪之教，若何？"孔子对曰："如君之言，已知之矣，则丘亦无所闻焉。"公曰："非吾子①，寡人无以启其心，吾子言也。"孔子曰："君子入庙，如右，登自阼阶②，仰视榱桷③，俯察几筵④，其器皆存，而不睹其人。君以此思哀，则哀可知矣。昧爽⑤夙兴，正其衣冠；平旦视朝，虑其危难。一物失理，乱亡之端。君以此思忧，则忧可知矣。日出听政，至于中冥。诸侯子孙，往来为宾。行礼揖让，慎其威仪。君以此思劳，则劳亦可知矣。缅然长思，出于四门，周章远望，睹亡国之墟，必将有数焉。君以此思惧，则惧可知矣。夫君者，舟也。庶人者，水也。水所以载舟，亦所以覆舟。君以此思危，则危可知矣。君既明此五者，又少留意于五仪之事，则于政治何有失矣！"

注释

①吾子：对人的敬称，您。②阼阶：东阶。主人迎接宾客的地方。③榱桷：房屋的椽子。④几筵：案几和坐席。⑤昧爽：黎明，天将亮未亮时。

译文

鲁哀公说："太好了！没有先生您这样的高明，我就不能听到这些言论了。即使这样，我生长在深宫之中，由妇女们一手带大，并不知道什么是哀思、忧愁、劳苦、畏惧、危险，因此恐怕不知道怎样对百姓进行五种等级的教化，那怎么办呢？"孔子回答说："我从您的话听出，您已经明白其中的道理了，我对此也没什么好说的了。"鲁哀公说："不是您的话，我的心智就不会得到启发，请您讲一下吧。"孔子说："君王到庙中祭祀，劝祖先神灵享用祭品，从东阶进入堂内，仰望房椽，俯视案几和坐席，祖先用过的器具还都在，但是人已经不在了。您通过这些体验哀思，就可以知道什么叫作哀思了。天刚亮就起来，穿戴好衣帽；天亮的时候上朝听政，思考忧虑国家的危难。一件事情处理不好，就有可能成为国家混乱甚至灭亡的导火索。您通过这种方式体验忧愁，就知道什么叫作忧愁了。从日出的时候开始处理朝政，直到午后。各国诸侯及其子孙作为宾客到来的时候，行礼揖让，谨慎按照礼法规范表现出自己的威严。您通过这种方式体验劳苦，那么就可以知道什么是劳苦了。冥思苦想，想得很久远，走出都城，四处游览，察看已经灭亡的国家的废墟，由此想到国家的命运是已经注定了的。您通过这种方式体验畏惧，那么就可以知道什么是畏惧了。把君王比作船的话，百姓就是水。水是用来承载船的，但是也可以使船沉没。您通过这种方式体验危险，那么就知道什么是危险了。您能明白这五点，并且稍微留意对百姓进行等级教化之事，那么您治理国家还会有什么失误呢？"

原文

哀公问于孔子曰："请问取人之法？"孔子对曰："事任于官，无取捷捷[①]，无取钳钳[②]，无取啍啍。捷捷，贪也；钳钳，乱也；啍啍[③]，诞也。故弓调而后求劲。马服而后求良焉，士必悫[④]而后求智能者。不悫而多能，譬之豺狼不可迩[⑤]。"哀公问于孔子曰："寡人欲吾国小而能守，大则无攻，其道如何？"孔子对曰："使君朝廷有

礼，上下相亲，天下百姓皆君之民，将谁攻之？苟违此道，民畔如归⑥，皆君之仇也，将与谁守？”公曰：“善哉！”于是废泽梁之禁，弛关市之税，以惠百姓。

哀公问于孔子曰：“吾闻君子不博，有之乎？”孔子曰：“有之。”公曰：“何为？”对曰：“为其二乘⑦。”公曰：“有二乘，则何为不博？”子曰：“为其兼行恶道也。”哀公惧⑧焉。有间，复问曰：“若是乎，君子之恶恶道至甚也？”孔子曰：“君子之恶恶道不甚，则好善道亦不甚；好善道不甚，则百姓之亲上亦不甚。《诗》云：‘未见君子，忧心惙惙。亦既见止，亦既觏止，我心则悦。’《诗》之好善道甚也如此。”公曰：“美哉！夫君子成人之善，不成人之恶。微⑨吾子言焉，吾弗之闻也。”

注释

①捷捷：贪婪的样子。②钳钳：胡乱应对，待人不真诚，言语不谨慎。③啍啍：多言的样子。④悫：诚实，谨慎。⑤迩：亲近。⑥归：回家。⑦二乘：正反两个方面。⑧惧：吃惊。⑨微：假如没有，如果没有。

译文

鲁哀公问孔子说：“请问怎样用人呢？”孔子回答说：“任用官员分管事务，不要选择那些捷捷的人，也不要选择那些钳钳的人，更不要选择那些啍啍的人。捷捷就是贪婪；钳钳就是胡乱应对；啍啍就是阴险欺诈。因此，只有把弓调制好了才能使弓箭射出更强劲的力量，选择马匹必须先让它拉上车才能要求它脚力好，选择官员，首先必须要求他们诚恳忠实，然后再看他们是否足智多谋。如果仅仅有聪明才智，但是不忠厚诚恳，就像豺狼一样，不可以亲近。”鲁哀公问孔子说：“我想要我的国家小的话能够守住本国，大的话也不攻打其他国家，怎样才能做到呢？”孔子回答说：“这就需要您在朝廷之上讲究礼制，君臣上下相亲相敬，那么天下的百姓都是您的子民，谁还会攻打您的国家呢？如果违背了这种做法，那么百姓背叛您就像盼望回家那样急切，他们都会成为您的敌人，那么您还指望和谁一起守卫国家呢？”鲁哀公说：“很好！”于是他废除了山林、湖泊这些地方的禁令，减轻了关卡和市场的税收，以便让百姓得到好处。

鲁哀公问孔子说：“我听说君子并不是知识很渊博，有这回事吗？”孔子回答说：“有。”鲁哀公说：“为什么呢？”孔子回答说：“因为知识也分为两个方面。”鲁哀公说：“知识有两个方面，为什么就不需要渊博了呢？”孔子说：“因为知识也可以用来做坏事。”鲁哀公很吃惊。过了一会儿，他又问道：“如果这样的话，君子是非常厌恶恶行的吧？”孔子说：“君子如果不是非常厌恶恶行的话，那么他也不会非常喜好善行；不是非常喜好善行，那么百姓也不会特别亲近君子。《诗经》说：‘没有看到君子，心里非常担忧。看到了君子，和君子会合之后，我心里非常高兴。’《诗经》中是这样描写善行的。”鲁哀公说：“太好了！君子促成别人的善行，不帮助别人做坏事。假如不是您的讲解，我听不到这些道理。”

原文

哀公问于孔子曰：“夫国家之存亡祸福，信[1]有天命，非唯人也？”孔子对曰：“存亡祸福，皆己而已，天灾地妖，不能加也。”公曰：“善！吾子之言，岂有其事乎？”孔子曰：“昔者殷王帝辛[2]之世，有雀生大鸟于城隅焉，占之者曰：‘凡以小生大，则国家必王，而名必昌。’于是帝辛介[3]雀之德，不修国政，亢暴无极，朝臣莫救，外寇乃至，殷国以亡。此即以己逆天时，诡福反为祸者也。又其先世殷王太戊之时，道缺法圮[4]，以致夭蘖[5]，桑榖生于朝，七日大拱，占之者曰：‘桑榖野木而不合生朝，意者国亡乎？’太戊恐骇，侧身修行，思先王之政，明养民之道，三年之后，远方慕义，重译[6]至者，十有六国。此即以己逆天时，得祸为福者也。故天灾地妖，所以儆人主者也。寤梦征怪[7]，所以儆人臣者也。灾妖不胜善政，寤梦不胜善行。能知此者，至治之极也，唯明王达此。”公

曰："寡人不鄙固此，亦不得闻君子之教也。"

哀公问于孔子曰："智者寿乎？仁者寿乎？"孔子对曰："然⑧。人有三死，而非其命也，行己自取也。夫寝处不时，饮食不节，逸劳过度者，疾共杀之。居下位而上干⑨其君，嗜欲无厌而求不止者，刑共杀之。以少犯众，以弱侮强，忿怒不类，动不量力者，兵共杀之。此三者，死非命也，人自取之。若夫智士仁人，将身有节，动静以义，喜怒以时，无⑩害其性⑪，虽得寿焉，不亦可乎？"

注释

①信：确实。②帝辛：商代最后一个君王，纣。③介：因，依赖。④圮：毁坏。⑤蘖：从砍断的树木上重新长出的新芽。⑥重译：经过几重翻译。指非常远的地方。⑦寤梦征怪：有寄托的梦和应验的怪异现象。寤，通"悟"，指令人醒悟。征，应验。⑧然：是这样的，对的。⑨干：干涉，冒犯。⑩无：通"毋"，不要。⑪性：本性。

译文

鲁哀公问孔子说："国家的存亡祸福，确实是由天命所决定的吗？而不是由人决定的吗？"孔子回答说："国家的存亡祸福，都是由人自己决定的，天灾地祸是不能改变国家的命运的。"鲁哀公说："很好！您说的话有事实可以证明吗？"孔子说："以前商王帝辛的时代，有一只小鸟在都城的一角生出了一只大鸟，占卜者说：'凡是小的东西生出大的东西，那么国家必将称霸天下，名声必将大振。'所以商纣依赖着小鸟的好兆头，不再理会朝政，残暴至极，臣下没有人能阻止他，所以当敌人入侵的时候，商朝灭亡了。这就是因为自己违背了上天的意志，让上天的福佑反而变成了灾祸的事例。另外商纣的祖先太戊时期，道德缺失，法律败坏，以至于有反常的树木出现，朝堂上生出桑榖，七天的时间就长得需要两手合抱才能抱住。占卜的人说：'桑榖这些野生的树木不应该长在朝堂上，难道不是亡国的征兆吗？'太戊非常害怕，

所以就谨慎地修养自己的德行，追思先王的贤明政治，探究治理百姓的方法，三年之后，非常远的地方的使者因思慕殷王的仁义而来朝见的有十六个国家。这就是用自己的谨身修治改变天时，把灾祸变成福佑的例子。因此天灾地祸，是用来警戒那些君王的；有寄托的梦和应验的怪异现象，是用来警戒臣子的。怪异的现象是抵挡不住好的国政的，梦里坏的征兆是抵挡不住好的行为的。能明白这点，就能达到治国的最高境界了，只有贤明的君王才能做到这点。”鲁哀公说：“我如果不是这样鄙俗浅陋，就不能听到您这样的教诲了。”

鲁哀公问孔子说：“有智慧的人长寿吗？有仁德的人长寿吗？”孔子回答说：“是这样的！人有三种死法，不是命中注定的，而是他们自取死路。生活起居没有规律，饮食没有节制，过度安逸和过度劳累的人，会遭受疾病而死亡。身处下等的地位却要冒犯君王，贪得无厌、不知满足的人，会触犯刑罚而死亡。自己势力小而去冒犯人多势众的人，自己弱小却去招惹强大的人，不合常理地发怒怨恨，行动不考虑实际力量的人，会在战乱中丢掉性命。这三种人的死，不是命中注定的，是自己造成的。像有智慧和有仁义的人，他们保养身体有一定的准则，行动按照一定的规范，该高兴的时候高兴，该愤怒时愤怒，不伤害自己的本性，这样的话，他们长寿，不也是应该的吗？”

卷二

致思第八

原文

孔子北游于农山，子路、子贡、颜渊侍侧。孔子四望，喟然①而叹曰："于斯致思，无所不至矣。二三子各言尔志，吾将择焉。"子路进曰："由②愿得白羽③若月，赤羽若日，钟鼓之音上震于天，旍旗缤纷下蟠于地。由当一队而敌之，必也攘地千里，搴旗执馘④。唯由能之，使二子者从我焉。"夫子曰："勇哉！"子贡复进曰："赐⑤愿使齐、楚合战于漭漭之野，两垒相望，尘埃相接，挺刃交兵。赐着缟衣白冠，陈说其间，推论利害，释二国之患。唯赐能之，使夫二子者从我焉。"夫子曰："辩哉！"颜回退而不对。孔子曰："回，来，

汝奚独无愿乎?”颜回对曰:“文武之事,则二子者既言之矣,回何云焉?”孔子曰:“虽然,各言尔志也,小子言之。”对曰:“回闻熏莸⑥不同器而藏,尧⑦桀⑧不共国而治,以其类异也。回愿得明王圣主辅相之,敷其五教,导之以礼乐,使民城郭不修,沟池不越,铸剑戟以为农器,放牛马于原薮⑨,室家无离旷之思,千岁无战斗之患。则由无所施其勇,而赐无所用其辩矣。”夫子凛然曰:“美哉!德也。”子路抗手⑩而对曰:“夫子何选焉?”孔子曰:“不伤财,不害民,不繁词,则颜氏之子有矣。”

注释

①喟然:感叹、叹息的样子。②由:子路名由。③羽:旗帜。④馘:割下的敌人的左耳。古代以所获敌人耳朵数目计功。⑤赐:子贡名赐。⑥熏莸:熏,一种香草。莸,一种臭草。⑦尧:古代的贤君。⑧桀:夏代最后一个君王,是个暴君。⑨原薮:平原和湖泽。薮,水少而草木茂盛的湖泽。⑩抗手:举手。

译文

孔子向北游览到了农山,子路、子贡、颜渊在旁边陪着他。孔子四处张望,然后深深地感叹说:“在这儿凝神思虑,思绪万千。你们都谈一下你们的志向吧,我好做出选择。”子路走上前说:“我想要得到像月亮一样洁白的将帅令旗、像太阳一样的红色战旗,钟鼓的声音响彻云霄,战旗飘飞,像地上盘旋的飞龙一样。在这种情况下,我带领一队人马来抵抗敌人,一定可以夺取上千里的土地,夺取敌人的战旗,手执割下的敌人的左耳。这些只有我能做到,让他们两个人跟着我吧。”孔子说:“多么勇敢啊!”子贡也上前说:“我希望当齐楚两国在广阔的野外交战的时候,两军营垒遥遥相对,战场扬起的灰尘连成一片,士兵们拿着兵器交战。这时候,我穿着白色的衣服,戴着白色的帽子,在两军之间进行劝说,陈述各种利害,然后排除两国的忧患。

这种事只有我可以做到，让他们两个人跟着我吧。”孔子说：“多有辩才啊。”颜回后退不说话。孔子说：“颜回，你过来，只有你没有什么志愿吗？”颜回回答说：“文武二事，他们两个人都已经说过了，我还能说什么呢？”孔子说：“即使这样，也是各自说各自的志愿，你说吧。”颜渊回答说：“我听说薰草和莸草不能放在一个容器中，尧和桀不能共同治理一个国家，因为他们不是同类。我希望辅佐贤明的君主圣王，向他的人民宣传五教，用礼乐来教导人民，使百姓不加固城墙，不越过护城河，把剑、戟这些兵器熔铸成农具使用，在平原湖泽上放养成群的牛马，家家都没有离别相思之苦，千年没有战争的忧患。那么子路就没办法施展他的勇猛，子贡也没法施展他的辩才了。”孔子神情肃穆地说：“多么美好的德行啊！”子路举手说：“老师会选择哪种呢？”孔子说：“不破费财物，不伤害百姓，不费太多的口舌，只有颜回的想法具备了。”

原文

鲁有俭啬者，瓦鬲[1]煮食食之，自谓其美，盛之土型之器，以进孔子。孔子受之，欢然而悦，如受大牢之馈[2]。子路曰：“瓦甂[3]，陋器也。煮食，薄膳也。夫子何喜之如此乎？”子曰：“夫好谏者思其君，食美者念其亲，吾非以馔具之为厚，以其食厚而我思焉。”

注释

①瓦鬲：用粗陶瓷做成的锅。②大牢：即太牢，大牢之馈是古代最高等级的祭祀食物。③瓦甂：小瓦盆，粗陋的阔口食盆，即上文的土型之器。

译文

鲁国有一个非常节俭吝啬的人，他吃用瓦鬲煮成的饭，自认为很好吃，于是他把食物装进粗陋的小瓦盆，进献给孔子。孔子接受了，非常高兴，就像接受了太牢这样的馈赠一样。子路说："小瓦盆是很简陋的容器。它煮出来的食物没有什么味道。您为什么这样喜欢呢？"孔子说："喜爱劝谏的人处处为君主着想，得到美食的人总会想到亲人，我没有考虑盛食物的容器的好坏，我只是考虑到他吃好东西的时候想到了我。"

原文

孔子之楚，而有渔者而献鱼焉，孔子不受。渔者曰："天暑市远，无所鬻也，思虑弃之粪壤，不如献之君子，故敢以进焉。"于是夫子再拜受之，使弟子扫地，将以享祭。门人曰："彼将弃之，而夫子以祭之，何也？"孔子曰："吾闻诸：惜其腐馀[①]，而欲以务施者，仁人之偶也，恶有受仁人之馈而无祭者乎？"

注释

①腐馀：变质的食物。馀，熟食。

译文

孔子到楚国去，有渔人给孔子送来了鱼，孔子不接受。打鱼的人说："天热，市场又远，没有地方卖，我想着与其扔到粪土里，还不如送给您这样的君子呢，所以我才冒昧地送来了。"于是孔子拜了又拜之后接受了，并且让弟子把地打扫干净，准备用鱼祭祀。弟子们说："渔人将要把鱼丢掉，而您却要用鱼祭祀，为什么呢？”孔子说：“我听说，因为害怕食物变质而想要把它们赠给别人的人，是和仁人一样的人，哪有接受了仁人的馈赠而不祭祀的呢？”

原文

季羔[1]为卫之士师[2]，刖[3]人之足。俄而[4]，卫有蒯聩之乱，季羔逃之，走郭门，刖者守门焉。谓季羔曰：“彼有缺。”季羔曰：“君子不逾。”又曰：“彼有窦[5]。”季羔曰：“君子不隧。”又曰：“于此有室。”季羔乃入焉。既而[6]追者罢，季羔将去，谓刖者：“吾不能亏主之法而亲刖子之足，今吾在难，此正子之报怨之时，而逃我者三，何故哉？”刖者曰：“断足，固我之罪，无可奈何。曩者君治臣以法令，先人后臣，欲臣之免也，臣知。狱决罪定，临当论刑，君愀然不乐。见君颜色，臣又知之。君岂私臣哉？天生君子，其道固然。此臣之所以悦君也。”孔子闻之，曰：“善哉为吏！其用法一也。思仁恕则树德，加严暴则树怨。公以行之，其子羔乎！”

注释

①季羔：孔子的弟子，名高柴，也称子羔。②士师：官名，专管断狱判刑。③刖：砍脚的刑罚。④俄而：不久。⑤窦：洞。⑥既而：一会儿。

译文

季羔在卫国做士师，执行刑罚砍掉了一个人的脚。不久，卫国就发生了蒯聩引起的动乱，季羔逃走了，逃到外城门口的时候，正好遇到被他砍脚的人守门。这个人对季羔说："那边有一个缺口。"季羔说："君子是不会跳墙的。"这个人又说："那边有一个洞。"季羔说："君子是不钻地道的。"这个人又说："这儿有一间房子。"季羔于是进去了。一会儿追捕的人停止了追捕，季羔要离开，对被砍掉脚的守门人说："我因为不能损害国家的法令而亲自砍了你的脚，现在我处在危难中，这是你报仇的时候，但是你却给了我三次逃跑的机会，为什么呢？"被砍脚的人说："被砍脚本来就是罪有应得，我是没有办法的。以前您按照国家的法令惩罚我，先处罚别人然后才轮到我，是想要我免于刑罚，这我是知道的。等到我的判决已经确定的时候，判定我即将行刑的时候，您的脸上露出不高兴的神色。看见了您的神色，我知道了您心里的想法。您哪里是偏爱我？您是天生的君子，这是君子本来就有的德行。这就是我喜欢您的原因。"孔子听说之后说："季羔做官做得真好！他坚持法令的一贯原则。心怀仁义宽恕之心就会树立恩德，用刑严酷就会与人结怨。公正执法，大概只有季羔吧。"

原文

孔子曰："季孙之赐我粟①千钟②也，而交益亲。自南宫敬叔之乘我车也，而道加行。故道虽贵，必有时而后重，有势而后行。微夫二子之贶③财，则丘之道殆将废矣。"

注释

①粟：小米。②钟：古代的容量单位，六石四斗为一钟。③贶：赠送。

译文

孔子说："季孙赠给我一千钟粟之后，与我交往的人就更加亲近了。自从南宫敬叔坐了我的车子之后，我的主张就更容易施行了。所以我的主张虽然是很好的，必定要等到一定的时候才会被人看重，借助一定的势力然后才能施行。如果没有他们两个人赠送的财物，那么我的学说就会被废弃了。"

原文

孔子曰："王者有似乎春秋，文王以王季为父，以太任为母，以太姒为妃，以武王、周公为子，以太颠、闳夭为臣，其本①美矣。武王正其身以正其国，正其国以正天下；伐②无道，刑有罪，一动而天下正，其事成矣。春秋致其时而万物皆及，王者致其道而万民皆治。周公载己行化，而天下顺之，其诚至矣。"

注释

①本：根本。这里指出身。②伐：讨伐。

译文

孔子说："当君王的人就像是植物春长秋收一样，文王的父亲是王季，母亲是太任，妻子是太姒，又有儿子武王、周公，太颠、闳夭是他的大臣，他的出身是很好的。武王以身作则，用正道治理国家，从而使天下都走上正道；讨伐无道国家，处罚有罪的人，他行动起来天下就得到了治理，他的王业也就完成了。万物随着季节的变换而生长，君王致力于治国之法，人民就可以得到很好的治理。周公以身作则教化天下，而天下的百姓归顺他，他的诚心可以说达到了极点。”

原文

曾子曰：“入是国也，言信于群臣，而留可也；行忠于卿大夫，则仕可也；泽施于百姓，则富可也。”孔子曰：“参之言此，可谓善安身矣。”子路为蒲宰，为水备，与其民修沟渎。以[①]民之劳烦苦也，人与之一箪食，一壶浆。孔子闻之，使子贡止之。子路忿然不悦，往见孔子，曰：“由也以暴雨将至，恐有水灾，故与民修沟洫以备之。而民多匮饿者，是以[②]箪食壶浆而与之。夫子使赐止之，是夫子止由之行仁也。夫子以仁教而禁其行，由不受也。”孔子曰：“汝以民为饿也，何不白[③]于君，发[④]仓廪以赈之？而私以尔食馈[⑤]之，是汝明[⑥]君之无惠，而见己之德美矣。汝速已则可，不已，则汝之见罪必矣。”

注释

①以：因为。②是以：因此。③白：报告，禀报。④发：打开。⑤馈：馈赠。⑥明：显示，表明。

译文

曾子说："到一个国家，如果自己的言论被群臣接受的话，那么就可以留下来了；如果行为被卿大夫这样的高官认为是忠诚的，那么就可以做官了；如果施恩于百姓，那么就可以在那里发家致富了。"孔子说："曾参能说出这样的话，可以说是善于立身了。"子路在蒲地做县令，为防御水灾做准备，和百姓一起修筑沟渠。因为百姓劳动杂乱而又辛苦，就一人发给他们一箪食物一壶水。孔子听说了，让子贡去阻止子路。子路非常不高兴，来见孔子，说："我因为暴雨将要来临，恐怕发生水灾，因此和百姓一起修筑沟渠以做防备。百姓很多人因为缺粮挨饿，因此我给他们一人一箪食物一壶水。老师让子贡制止我，是老师阻止了我施行仁政啊。您教给我仁政却阻止我实行仁政，我不接受。"孔子说："你认为百姓饿了，为什么不报告国君，让他打开粮仓救济百姓呢？你私下把你的粮食赠给百姓，是在表明国君没有德行恩惠而彰显自己的德行美好啊。你快快停下来还可以，不然就一定会招致罪责的。"

原文

子路问于孔子曰："管仲之为人何如？"子曰："仁也。"子路曰："昔管仲说襄公，公不受，是不辩也；欲立公子纠而不能，是不智也；家残于齐而无忧色，是不慈也；桎梏[①]而居槛车，无惭心，是无愧也；事所射之君，是不贞也；召忽[②]死之，管仲不死，是不忠也。仁人之道，固若是乎？"孔子曰："管仲说襄公，襄公不受，公之暗也；欲立子纠而不能，不遇时也；家残于齐而无忧色，是知权命[③]也；桎梏而无惭心，自裁审也；事所射之君，通于变也；不死子纠，量轻重也。夫子纠未成君，管仲未成臣，管仲才度义，管仲不死束缚而立功名，未可非也。召忽虽死，过与取仁，未足多[④]也。"

注释

①桎梏：枷锁。②召忽：曾经辅佐公子纠，公子纠被杀，召忽殉职。③权命：审度时命。④多：称赞。

译文

子路问孔子说："管仲的为人怎样？"孔子说："他是个仁人。"子路说："以前管仲劝说齐襄公，襄公没有接纳他的劝说，这是他没有口才；他想要立公子纠为国君，但是没有成功，这是他缺少智慧；在齐国的家庭遭到摧残，但是他没有流露出哀伤，证明他不是慈爱的人；戴着枷锁坐在囚车里，但是毫无羞惭，说明他没有耻辱之心；侍奉自己用箭射过的君主，是不忠贞的表现；公子纠失败了，召忽为公子纠而死，但是管仲却不死，这是不忠诚。仁人做事，难道就是这样吗？"孔子说："管仲劝说襄公，襄公没有采纳，是因为襄公很愚昧昏庸；管仲要立公子纠为国君，但是没有成功，是没有合适的机遇；在齐国的家庭遭到摧残，但是没有流露出忧伤，是知道审时度命；身披枷锁没有羞愧之心，是懂得裁断审查；侍奉自己用箭射过的君主，是知道变通；不为公子纠献身，是知道判断轻重。公子纠不能成为君主，管仲也不能成为他的大臣而有所作为，管仲的才能超出他的德行，他不因囚禁而死，却想要建立功名，这是无可厚非的。召忽虽然为公子纠献身了，是为了取得仁的名声，但是做得有点过分了，他是不值得称赞的。"

原文

孔子适齐，中路闻哭音之声，其音甚哀。孔子谓其仆[1]曰：“此哭哀则哀矣，然非丧者之哀矣。”驱而前，少进，见有异人焉，拥镰带素，哭者不哀。孔子下车，追而问曰：“子何人也？”对曰：“吾丘吾子也。”曰：“子今非丧之所，奚哭之悲也？”丘吾子曰：“吾有三失，晚而自觉，悔之何及？”曰：“三失可得闻乎？愿子告吾，无隐也。”丘吾子曰：“吾少时好学，周遍天下，后还，丧吾亲，是一失也；长事齐君，君骄奢失士，臣节不遂，是二失也；吾平生厚交，而今皆离绝，是三失也。夫树欲静而风不停，子欲养而亲不待，往而不来者年也，不可再见者亲也，请从此辞。”遂投水而死。孔子曰：“小子识[2]之，斯足为戒矣！”自是弟子辞归养亲者十有三。

注释

①仆：驾车的人，这里指孔子的弟子。②识：记住。

译文

孔子到齐国去，半路上听到哭声，哭声特别哀痛。孔子对为他驾车的弟子说：“这哭声虽然很哀痛，但不是因为遭遇丧事而哭。”他们驾车前行，没走多远，就看到一个很特别的人：手里拿着镰刀，带着绳索，不停地哭泣。孔子下车，追上此人问道：“您是谁啊？”他回答道：“我是丘吾子。”孔子说：“现在您不是在举办丧事的地方，为什么哭得这么悲伤呢？”丘吾子说：“我有三个过失，晚年的时候才发现，但是后悔已经来不及了。”孔子说：“能说一下是哪三个过失吗？希望您毫无保留地告诉我。”丘吾子说：“我年轻的时候，非常爱好学习，周游天下，后来回家了，父母都已经去世了，这是第一个过失；年长侍奉齐国君主，君主骄傲奢侈，失去人心，我不能保全节操，这是第二个过失；我生平喜好交朋友，但是现在朋友都离我而去，断绝了往来，这是第三个过失。树想要停下来但是风却不停止，做子女的想要孝顺父母但是父母都已经不在了，逝去就不再回来的，是岁月，不能再见到的，是亲人，请让我们从此分别吧。”接着他投水死去了。孔子说：“你们要记住了，这是足以为戒的！”从此以后，弟子中辞别孔子回家奉养父母的有十三个人。

原文

孔子谓伯鱼①曰：“鲤乎，吾闻可以与人终日不倦者，其唯学乎？其容体不足观也，其勇力不足惮也，其先祖不足称也，其族姓不足道也，终而有大名，以显闻四方，流声后裔者，岂非学之效也？故君子不可以不学，其容不可以不饬，不饬无类②，无类失亲，失亲不忠，不忠失礼，失礼不立。夫远而有光者，饬也；近而愈明者，学也。譬之污池，水潦③注焉，雚苇生焉，虽或以观之，孰知其源乎？”

注释

①伯鱼：孔子的儿子孔鲤，字伯鱼。②无类：不礼貌。③水潦：雨水。

译文

孔子对伯鱼说：“鲤啊！我听说可以跟人谈论一整天而不知道疲倦的，大概只有学问吧。一个人的容貌体型是不足以观赏的，一个人的勇猛是不足以让人害怕的，祖先不值得称赞，姓氏是不值得谈论的，最终可以使自己成名，扬名于四方，名垂后世的，难道不是学问的功效吗？因此君子不能不学习，一个人不可以不修饰容貌。不修饰容貌就是不礼貌，不礼貌就失去了别人的亲近，失去别人的亲近就没有人对他忠诚，没有忠诚就会丧失礼，丧失礼就不能立身。远远看起来就有光彩的，是修饰的结果；近处看而更加耀眼的，是学习的成果。譬如污水池，雨水注入其中，里面长满了芦苇，即使偶尔有人观看，又有谁知道它的源头在哪儿呢？”

原文

子路见于孔子曰：“负重涉远，不择地而休；家贫亲老，不择禄而仕。昔者由也事二亲之时，常食藜藿之实，为亲负米百里之外。亲殁之后，南游于楚，从车百乘，积粟万钟，累茵①而坐，列鼎而食，愿欲食藜藿，为亲负米，不可复得也。枯鱼衔索，几何不蠹②？二亲之寿，忽若过隙。”孔子曰：“由也事亲，可谓生事尽力，死事尽思者也。”

注释

①累茵：多层的坐垫。②蠹：被蠹虫吃掉。

译文

子路见孔子说：“背着很重的东西走很远的路，累的时候不挑剔地方的好坏；家庭贫穷父母年老的话，就不会计较利禄的多少而做官。以前我在家侍奉父母的时候，经常吃粗劣的食物，为了父母，到百里之外把米背回家。父母去世之后，我到南方的楚国，跟随的车子有一百辆之多，存储了一万钟之多的粮食，坐在多层坐垫之上，排列鼎来吃饭，现在想要再吃粗劣的食物，为父母到很远的地方背米，已是不可能了。绳索上穿着的干鱼，很少有不被蠹虫吃掉的。父母的寿命，就像白驹过隙一样短暂。”孔子说：“仲由奉养父母，可以说是父母生时尽心尽力，父母死后极尽哀思了。”

原文

孔子之[1]郯，遭程子于涂[2]，倾盖[3]而语终日，甚相亲。顾[4]谓子路曰："取束帛以赠先生。"子路屑然对曰："由闻之，士不中间见，女嫁无媒，君子不以交，礼也。"有间，又顾谓子路。子路又对如初。孔子曰："由，《诗》不云乎：'有美一人，清扬宛兮。邂逅相遇，适我愿兮。'今程子，天下贤士也，于斯不赠，则终身弗能见也。小子行之！"

注释

①之：动词，到……去。②涂：通"途"，路途。③倾盖：车上的伞盖靠在一起。形容路上相遇，并车而谈的情景。④顾：回头。

译文

孔子到郯国去，在路上遇见了程子，他们并车而谈，聊了整整一天，非常亲密。孔子回头对子路说："取一束帛给先生。"子路很不情愿地回答道："我听说读书人如果不通过人介绍就见面，女子不经过媒妁之言就嫁人，君子是不和这样的人交往的。这是礼所规定的。"过了一会儿，孔子又回头对子路说一样的话。子路又用刚才的话回复孔子。孔子说："仲由，《诗经》不是说：'有一个美人，眉清目秀。偶然遇到，正是我所向往的人吗？'如今程子正是天下的贤良之人，不赠送东西给这样的人，那么终生都不能再见面了。你把东西送给他吧！"

原文

孔子自卫反鲁，息驾于河梁①而观焉。有悬水②三十仞，圜流九十里，鱼鳖不能导，鼋鼍不能居。有一丈夫，方将厉③之。孔子使人并涯止之，曰："此悬水三十仞，圜流九十里，鱼鳖鼋鼍不能居也，意者④难可济也。"丈夫不以措意，遂渡而出。孔子问之曰："巧乎？有道术乎？所以能入而出者，何也?"丈夫对曰："始吾之入也，先以忠信；及吾之出也，又从以忠信。忠信措吾躯于波流，而吾不敢以用私，所以能入而复出也。"孔子谓弟子曰："二三子识之，水且犹可以忠信成身亲之，而况于人乎！"

注释

①梁：桥。②悬水：瀑布。③厉：渡过。④意者：想来大概是。

译文

孔子从卫国返回鲁国，在桥边停下车子，观看风景。有一座瀑布有三十仞高，下面回旋的水流有九十里长，鱼鳖不能通过，鼋鼍不能在此居住。有一个男子正准备渡过去。孔子让人到岸边劝阻说："这瀑布有三十仞高，下面回旋的水流有九十里长，鱼鳖、鼋鼍不能在此居住，想来大概是难以渡过的。”男子不把这话放在心上，渡水到了对岸。孔子问他说：“你有绝技呢？还是有道术？你能在急流中出入，原因是什么？”男子回答说：“开始我进入的时候，怀着忠信之心；等到我出来的时候，还是怀着忠信之心。忠信之心让我的身躯置于波涛汹涌的河水中，我不敢有一丝私心，因此我可以进去并且重新出来。”孔子对弟子说：“你们要记住，水尚且可以让人凭忠信之心亲近，何况人呢！”

原文

孔子将行，雨而无盖。门人曰：“商[①]也有之。”孔子曰：“商之为人也，甚悋于财。吾闻与人交，推其长者，违其短者，故能久也。”楚昭王渡江，江中有物大如斗，圆而赤，直触王舟，舟人取之。王大怪之，遍问群臣，莫之能识。王使[②]使聘于鲁，问于孔子。子曰：“此所谓萍实者也，可剖而食也。吉祥也，唯霸者为能获焉。”使者反，王遂食之，大美。久之，使来，以告鲁大夫。大夫因子游问曰：“夫子何以知其然？”曰：“吾昔之[③]郑，过乎陈之野，闻童谣曰：‘楚王渡江得萍实，大如斗赤如日，剖而食之甜如蜜。’此是楚王之应也。吾是以知之。”

注释

①商：孔子的弟子子夏，姓卜名商，字子夏。②使：动词，派出使者。③之：到……去。

译文

孔子将要外出，天下着雨，但是却没有伞盖。弟子说：“卜商有伞盖。”孔子说：“卜商这个人，太吝啬财物。我听说和人交往，要善于欣赏他的长处，避开他的短处，这样才能长久地交往下去。”楚昭王渡江时，江中有个东西像斗一样大，圆圆的，红色的，一头撞在了楚王的船上，船夫把它取过来。楚王看了非常吃惊，问遍了群臣，也没有认识的。楚王派人出使鲁国，问孔子认不认识这个东西。孔子说：“这是所谓的萍草的果实，可以剖开吃。这是一种吉祥物，只有诸侯中的盟主才能得到。”使者返回，将孔子的话告诉楚王，楚王就吃了它，它的味道非常鲜美。很久之后，楚国的使者把这件事告诉鲁国的大夫。大夫通过子游问孔子说：“您怎么知道这个东西呢？”孔子说：“我以前到郑国去，路过陈国的郊野，听到童谣：‘楚王渡江的时候得到萍的果实，像斗一样大，像太阳一样红，剖开食用像蜜一样甘甜。’这正好应验在楚王身上，所以我知道。”

原文

子贡问于孔子曰：“死者有知乎？将无知乎？”子曰：“吾欲言死之有知，将恐孝子顺孙妨生以送死；吾欲言死之无知，将恐不孝之子弃其亲而不葬。赐[1]不欲知死者有知与无知，非今之急，后自知之。”

注释

①赐：孔子的弟子，名端木赐，字子贡。

译文

子贡问孔子说："死去的人有知觉吗？还是没有知觉呢？"孔子说："我如果说死者有知觉的话，担心世上孝子贤孙因为葬送死者而妨害了自己的生活；我如果说死者没有知觉的话，就担心世上不孝的子孙抛弃自己的亲人而不入葬。赐啊，你还是不要知道死者有没有知觉了，这不是当务之急，以后你自然会明白的。"

原文

子贡问治民于孔子。子曰："懔懔①焉若持腐索之扞马②。"子贡曰："何其畏也?"孔子曰："夫通达③御之，皆人也。以道导之，则吾畜也；不以道导之，则吾仇也。如之何其无畏也?"

注释

①懔懔：紧张恐惧的样子。②扞马：驾驭马。③通达：交通畅达的地方。

译文

子贡向孔子请教治理人民的方法。孔子说："像用腐朽的绳索驾驭马一样恐惧紧张就行了。"子贡说："有那么可怕呀？"孔子说："在交通发达的地方驾驭奔马，到处都是人。用正确的方法引导马匹，那就像我养育的马一样听话；不用正确的方法引导它，它就像我的仇人。怎么能不恐惧呢？”

原文

鲁国之法，赎人臣妾于诸侯者，皆取金于府。子贡赎之，辞而不取金。孔子闻之曰：“赐失之矣。夫圣人之举事①也，可以移风易俗，而教导可以施②之于百姓，非独适身之行也。今鲁国富者寡而贫者众，赎人受金则为不廉，则何以相赎乎？自今以后，鲁人不复赎人于诸侯。”

注释

①举事：做事情。②施：施行、推广。

译文

鲁国的法律规定，向诸侯赎回臣妾的人，赎金都从国库中拿。子贡赎回了臣妾却拒绝从国库拿钱。孔子听说了就说：“赐做错了。圣人的为人行事，是会移风易俗的，他的教导可以推广到百姓之中，不只是适用于他一人而已。如今鲁国富人少而穷人多，如果说赎回臣妾接受国家的钱就是不廉洁，那么人们又拿什么去赎人呢？从今以后，鲁国人就不会向诸侯赎回臣妾了。”

原文

子路治蒲，请见于孔子曰："由愿受教于夫子。"子曰："蒲其如何?"对曰："邑多壮士，又难治也。"子曰："然。吾语尔，恭而敬，可以摄①勇；宽而正，可以怀②强；爱而恕，可以容困；温而断，可以抑奸。如此而加之，则正不难矣。"

注释

①摄：通"慑"，震慑，使人害怕。②怀：安抚。

译文

子路治理蒲地，请求拜见孔子说："我希望得到老师的指教。"孔子说："蒲地怎样呢?"子路回答说："蒲邑有很多勇猛的人士，治理又很困难。"孔子说："这样的话，我告诉你：态度谦恭，尊敬他人，就可以震慑住勇猛的人了；政治宽松公正，就可以安抚强人；爱护宽恕别人，就可以容纳困窘的人；政治温和而果断就可以抑制坏人。这样各种方法并用，那么就不难治理好蒲地了。"

三恕第九

原文

孔子曰："君子有三恕，有君不能事，有臣而求其使[①]，非恕也；有亲不能孝，有子而求其报，非恕也；有兄不能敬，有弟而求其顺，非恕也。士能明乎三恕之本，则可谓端身矣。"孔子曰："君子有三思，不可不察也。少而不学，长无能也；老而不教，死莫之思也；有而不施，穷莫之救也。故君子少思其长则务学，老思其死则务教，有思其穷则务施。"

注释

①求其使：让他做事情。

译文

孔子说："君子有三种恕，有国君但不能侍奉，豢养家臣是要求他为你做事，这不是恕；有父母而不能奉养，养育孩子是为了让他们报答，这不是恕；有兄长却不能尊敬，要求弟弟对自己顺从，这不是恕。读书人能明白这三恕的本质，就可以说行为端正了。"孔子说："君子有三思，不可以不审察。少年的时候不学习，长大了没有养活自身的能力；年纪大了，不教导子孙，死了之后没有人思念；富有却不施舍穷人，贫穷的时候没有人救济。因此君子小的时候考虑到长大以后的事情就热爱学习，年老的时候想到死后的事情就会教导子孙，富有的时候想到有朝一日也许会贫穷就知道施舍穷人了。"

原文

伯常骞问于孔子曰："骞固周国之贱吏也，不自以不肖，将北面以事君子。敢问正道宜行，不容于世；隐道宜行，然亦不忍。今欲身亦不穷，道亦不隐，为之有道乎？"孔子曰："善哉！子之问也。自丘之闻，未有若吾子所问辩且说也。丘尝闻君子之言道矣，听者无察，则道不入；奇伟不稽[1]，则道不信。又尝闻君子之言事矣，制无度量，则事不成；其政晓察，则民不保。又尝闻君子之言志矣，刚折者不终，径易者则数[2]伤，浩倨[3]者则不亲，就利者则无不弊。又尝闻养世之君子矣，从轻勿为先，从重勿为后，见像[4]而勿强，陈道而勿怫[5]。此四者，丘之所闻也。"

注释

①稽：考核，核查。②数：屡次，多次。③浩倨：傲慢无礼。④像：法令。⑤怫：违背。

译文

伯常骞问孔子说："我本来是周国的一名低贱的小吏，但我不认为自己没有能力，我将要去侍奉君王。想要按照'道'来处世，但是不被世人容纳；想要违背'道'来处世，自己又于心不忍。我现在想要做到既要自己不穷困，又不违反'道'，敢问有办法可以做到吗？"孔子说："您问得很好。我听到的言论中，还没有像您的问题这样论证巧妙又有说服力的。我曾经听过君子谈论'道'时说，听众如果不知道'道'，那么'道'就不能被接受；如果把'道'解释得奇特怪异无法查核，那么人们就不会相信'道'。又听君子谈论'事'的时候说，制度没有一定的规范，那么事情是做不成的；政治太清楚明白，百姓就不能安定。又听到君子谈论志向的时候说，刚强的人不会得到好下场，平易近人的人就容易被伤害，傲慢无礼的人没有人亲近，贪求利益的人没有不失败的。又听说那些善于处世的君子，他们做容易的事的时候不和人争抢，做繁重的事情的时候不会躲在后面，碰到法令的时候不会用强力违背，自己宣扬'道'并且不会违背。这四个方面，是我所听说的。"

原文

孔子观于鲁桓公之庙，有欹器[①]焉。夫子问于守庙者曰："此谓何器？"对曰："此盖为宥[②]坐之器。"孔子曰："吾闻宥坐之器，虚则欹，中则正，满则覆。明君以为至诚，故常置之于坐侧。"顾谓弟子曰："试注水焉！"乃注之。水中则正，满则覆。夫子喟然叹曰："呜呼！夫物恶有满而不覆哉？"子路进曰："敢问持满有道

乎?”子曰:“聪明睿智,守之以愚;功被天下,守之以让;勇力振世,守之以怯;富有四海,守之以谦。此所谓损之又损之道也。”

注释

①欹器:容易倾斜倒下的器物。②宥:通“右”,右边。

译文

孔子参观鲁桓公的庙,看到了一件容易倾斜倒下的器物。孔子问守庙的人:“这是什么器物呢?”守庙的人回答说:“这大概是国君放在座位右边的欹器。”孔子说:“我曾经听说国君放在座位右边的欹器,里面什么也没有的话就会倾斜,里面盛放的水正好的话就会端正,太满的话就会倾倒。贤明的君主把这个当作最高警戒,因此常常放在座位的旁边。”孔子回头对弟子说:“试着往里面倒些水。”于是弟子倒水。水正好的时候,容器立起来了,再满的时候就倒下了。孔子深深地感慨说:“唉!哪有什么东西太满的话不倾倒的呢?”子路上前说:“请问怎样才能保持最满呢?”孔子说:“有聪明睿智的才能,就表现得愚钝来保卫自己;功盖天下,就表现得很谦让来保卫自己;勇猛无比,就表现得很怯懦来保卫自己;非常富有,就表现得很谦卑来保卫自己。这就是后退一步再后退一步的谦虚退让的方法。”

原文

孔子观于东流之水。子贡问曰:“君子所见大水必观焉,何也?”孔子对曰:“以其不息,且遍与诸生而不为也,夫水似乎德;其流也,则卑下倨[①]邑必循其理,此似义;浩浩乎无屈尽之期,此似道;流行赴百仞之嵠而不惧,此似勇;至量必平之,此似法;盛而不求概[②],此似正;绰约[③]微达,此似察;发源必东,此似志;以

出以入，万物就以化絜，此似善化也。水之德有若此，是故君子见必观焉。”

注释

①倨：高。②概：古代用容器量东西的时候，用来刮平里面所盛东西的木片。③绰约：柔软的样子。

译文

孔子看着向东流去的河水。子贡问道：“君子每逢遇到大水，就会驻足观看，这是为什么呢?”孔子回答说：“因为它永不停息，并且滋养万物却不居功，水就像道德一样；在高低曲直的地上流动，遵从一定的道理，这就像义一样；浩浩荡荡没有尽头，这就像道一样；流下百仞之高的山谷也无所畏惧，这就像人的勇敢；用水衡量别的东西必定公平，这就像法令一样；在容器中装满水却不必用概来抹平，这就像公正的人一样；虽然柔软但是无处不到，这就像明察的人一样；一旦从发源地出发必定流向东方，这就像人的意志必有所准一样；把东西放入水中，万物就得到了净化，这就像善于教化的人一样。水有这样的德行，所以君子见了水，总要观看的。”

原文

子贡观于鲁庙之北堂，出而问孔子曰："向[1]也赐观于太庙之堂，未既辍，还[2]瞻北盖[3]，皆断焉。彼将有说耶？匠过之也？"孔子曰："太庙之堂，官致良工之匠，匠致良材，尽其功巧，盖贵久矣。尚有说也。"

孔子曰："吾有所耻，有所鄙，有所殆。夫幼而不能强学，老而无以教，吾耻之；去[4]其乡，事君而达，卒[5]遇故人，曾无旧言，吾鄙之；与小人处而不能亲贤，吾殆之。"

子路见于[6]孔子。孔子曰："智者若何[7]？仁者若何？"子路对曰："智者使人知己，仁者使人爱己。"子曰："可谓士矣。"子路出，子贡入，问亦如之。子贡对曰："智者知人，仁者爱人。"子曰："可谓士矣。"子贡出，颜回入，问亦如之。对曰："智者自知，仁者自爱。"子曰："可谓士君子矣。"

注释

①向：以前。这里指刚才。②还：回头，回来。③盖：门。④去：离开。⑤卒：通"猝"，突然。⑥见于：被召见。⑦若何：怎么样。

译文

子贡参观鲁国太庙的北堂，出来之后问孔子说："我刚才观看太庙的殿堂，还没有看完，回头看见北门，发现是用一块块断的木板拼接起来的。这有什么说法吗？还是因为工匠的过失呢？"孔子说："建造太庙殿堂的时候，官吏选择的都是最好的工匠，工匠选择的是最好的材料，极尽巧力，大概长期以来都很重视这件事。因此，这扇门这么做恐怕是有特定原因的。"

孔子说："我有所羞耻，有所鄙视，有所担忧。年轻的时候不努力学习，老的时候无法教导子孙，我为这种人感到羞耻；离开家乡侍奉君主从而发达了，突然遇到故人，没有忆旧的话，这种人我鄙视他；有些人和小人混在一起而不愿亲近贤能的人，我为这些人担忧。"

子路被孔子召见。孔子说："有智慧的人怎么样啊？仁德的人又怎么样啊？"子路回答说："有智慧的人使别人了解自己，仁德的人使别人爱自己。"孔子说："可以称为士了。"子路出去以后，子贡进来，孔子也问他这个问题。子贡回答说："有智慧的人了解别人，仁德的人爱护别人。"孔子说："可以称为士了。"子贡出去以后，颜回进来了，孔子又问他这个问题。颜回回答说："有智慧的人有自知之明，仁德的人爱惜自己。"孔子说："可以称为士中的君子了。"

原文

子贡问于孔子曰："子从父命，孝乎？臣从君命，贞乎？奚疑焉？"孔子曰："鄙哉！赐，汝不识也。昔者明王万乘之国，有争臣[①]七人，则主无过举[②]；千乘之国，有争臣五人，则社稷不危也；百乘之家，有争臣三人，则禄位不替[③]。父有争子，不陷无礼；士有争友，不行不义。故子从父命，奚讵为孝？臣从君命，奚讵为贞？夫能审其所从，之谓孝，之谓贞矣。"

注释

①争臣：即诤臣，敢于进谏的臣子。②举：行为。③替：废除。

译文

子贡问孔子说："儿子听从父亲的话叫作孝吗？臣子听从君主的话叫忠贞吗？这句话有什么疑问吗？"孔子说："你也太浅陋了！赐，你不知道，以前贤明的君主拥有万辆战车的国家，有七个敢于进谏的臣子，那么国君就没有错误的行为；拥有一千辆战车的国家，有五个敢于进谏的臣子，国家就不会有败亡的危险了；有一百辆战车的私家，有三个敢于进谏的臣子，俸禄和官位就不会被废弃；做父亲的如果有敢于进谏的儿子，那么就不会陷入无礼的行为中；士有敢于进谏的朋友，就不会做违背道义的事情了。因此，儿子听从父亲的话，怎么能叫作孝呢？臣子听从君主的话，怎么能叫作忠贞呢？如果能够认真审察哪些可以听从，就可以称为孝，称为忠贞了。"

原文

子路盛服见于孔子。子曰："由，是倨倨①者何也？夫江②始出于岷山，其源可以滥觞③，及其至于江津，不舫舟，不避风，则不可以涉，非唯下流水多耶？今尔衣服既盛，颜色充盈，天下且孰肯以非④告汝乎？"子路趋⑤而出，改服而入，盖自若也。子曰："由志之，吾告汝，奋于言者华，奋于行者伐，夫色智而有能者，小人也。故君子知之曰知，言之要⑥也，不能曰不能，行之至也。言要则智，行至则仁，既仁且智，恶不足哉？"

注释

①倨倨：同“裾裾”，衣服华丽的样子。②江：长江。③滥觞：形容江水很少，只能浮起酒杯。觞，酒杯。④非：过错。⑤趋：疾步走。⑥要：关键。

译文

子路穿着华丽的衣服拜见孔子。孔子说：“仲由，你为什么穿这么华丽的衣服呢？长江刚流出岷山的时候，只有很小的水流，只能浮起酒杯，等到它到了江津的时候，人们不乘船、不避开风浪就不能渡过，不是因为下流的江水太多的原因吗？如今你穿着华丽的衣服，颜色这样鲜艳，天下的人谁还会把你的过错告诉你呢？”子路快步走了出去，换了一套衣服再次拜见孔子，很自在的样子。孔子说：“仲由，你记住，我告诉你：夸夸其谈的人华而不实，喜欢表现的人喜欢向人夸耀。有能力和小聪明就表现在脸上，这是小人的作风。因此君子知道就是知道，这是说话的关键；做不到就是做不到，这是行动的最高准则。掌握了说话的关键就是有智慧的人，掌握了行动的准则就是仁人。既有仁德又有智慧，还有什么不满足的呢！”

原文

子路问于孔子曰："有人于此，披褐[1]而怀玉，何如？"子曰："国无道，隐之可也；国有道，则衮冕而执玉。"

注释

①褐：粗布衣服。

译文

子路问孔子说："现在有一个人，地位低下却很有才德，该怎么办？"孔子说："国家如果动荡不安的话，那么隐居起来是可以的；国家政治清明的话，就可以穿上官服，拿着玉笏上朝了。"

好生第十

原文

鲁哀公问于孔子曰："昔者舜冠何冠乎？"孔子不对。公曰："寡人有问于子，而子无言，何也？"对曰："以[1]君之问不先其大者，故方思所以为对。"公曰："其大何乎？"孔子曰："舜之为君

也，其政好生而恶杀，其任授贤而替[2]不肖。德若天地而静虚，化若四时而变物。是以四海承风，畅于异类[3]，凤翔麟至，鸟兽驯德。无他也，好生故也。君舍此道而冠冕是问，是以缓对。"

注释

①以：因为。②替：废弃。③异类：四方的少数民族。

译文

鲁哀公问孔子说："以前舜戴什么样的帽子呢?"孔子没有回答。鲁哀公说："我问你话你却不回答，是因为什么呢?"孔子回答说："因为您没有先问重要的问题，所以刚才我在思考怎么回答呢。"鲁哀公说："什么是重要的问题呢?"孔子说："舜当君王的时候，他实行的政治是爱惜生灵而厌恶残杀的，任用贤能的人而废弃不称职的人。他的德行像天地一样虚静无为，教化百姓像四季生养万物一样无声无息。因此，四海之内都接受了他的教化，甚至扩大到了其他的民族，凤凰盘旋麒麟来到，鸟兽都被他的仁德感化。没有其他，都是因为他爱惜生灵。您不问这些，却问他戴的帽子，因此我才迟迟不回答。"

原文

孔子读史，至楚复陈，喟然叹曰："贤哉楚王！轻千乘之国，而重一言之信。匪[1]申叔[2]之信，不能达其义；匪庄王之贤，不能受其训。"

注释

①匪：通"非"。②申叔：申叔时。

译文

孔子读史书，读到楚庄王恢复陈国的时候，深深地感叹说："楚王真是贤明啊！不看重拥有一千辆战车的陈国，却重视一句话的诚信。如果不是申叔时的忠信，就不能把道理讲明白；如果不是楚庄王这样贤明的人，也不会接受这样的劝告。"

原文

孔子尝自筮其卦，得《贲》焉，愀然[1]有不平之状。子张[2]进曰："师闻，卜者得《贲》卦，吉也，而夫子之色有不平，何也？"孔子对曰："以其离耶！在《周易》，山下有火谓之《贲》，非正色之卦也。夫质也，白宜正白，黑宜正黑，今得《贲》，非吾吉也。吾闻丹漆不文，白玉不雕，何也？质有余不受饰故也。"

孔子曰："吾于《甘棠》，见宗庙之敬也甚矣。思其人必爱其树，尊其人必敬其位，道也。"

注释

①愀然：脸色变动的样子。②子张：孔子的弟子颛孙师，字子张。

译文

孔子曾经有一次自己卜卦，得到了《贲》卦，脸上露出不高兴的表情。子张上前说："我听说占卜的人如果得到《贲》卦的话，就是吉祥的征兆，但是老师您的脸色不高兴，为什么？"孔子说："因为卦象中有一半是离象！《周易》中记载，山下有火就是《贲》卦，这不是颜色纯正的好卦象。从本质上来说黑就是正黑，白就是正白，这才叫颜色纯正。如今得到《贲》卦，不是我理想的吉兆。我听说红色的漆器就不用纹饰了，白玉用不着雕饰，为什么呢？因为它们的本质就非常好了，不用再修饰了。"

孔子说："我从《甘棠》这首诗，看到宗庙中的人对召伯非常恭敬。人们思念召伯，必定爱惜这棵树，尊重召伯，必定对他的神位很恭敬，这是'道'的表现。"

原文

子路戎服见于孔子，拔剑而舞之，曰："古之君子以剑自卫乎？"孔子曰："古之君子，忠以为质，仁以为卫，不出环堵之室而知千里之外。有不善则以忠化之，侵暴则以仁固之，何持剑乎？"子路曰："由乃今闻此言，请摄齐①以受教。"

注释

①摄齐：提起衣服的下摆。齐，音“资”。

译文

子路穿着军服拜见孔子，拔出佩剑舞动起来，他说：“古代的君子，是用剑来自卫的吗？”孔子说：“古代的君子把忠诚当作自己的本质，用仁德来保卫自己，不出家门，就知道千里之外发生的事情。有不善良的人就用自己的忠诚感化他，有暴力来侵犯的时候就用仁德来抵御，用剑做什么呢？”子路说：“我现在听到您这样的言论，请让我提起衣服的下摆到您的府上接受您的教导吧。”

原文

楚恭王出游，亡[1]乌嗥之弓，左右请求之。王曰：“止。楚王失弓，楚人得之，又何求之！”孔子闻之，惜乎其不大也。不曰“人遗[2]弓人得之而已”，何必楚也！

注释

①亡：丢失。②遗：遗失。

译文

楚恭王出游，丢失了弓箭，手下的人要去寻找。楚恭王说："算了吧。我丢了弓箭，也将会是楚国人拾到，何必去找呢！"孔子听说了，惋惜楚恭王的胸襟不够宽广。楚恭王不说"有人丢了弓箭，别人捡到"，为什么一定要说是楚国的人呢！

原文

孔子为鲁司寇，断狱讼，皆进[1]众议者而问之，曰："子以为奚若[2]？某以为何若？"皆曰云云，如是，然后夫子曰："当从某子，几是。"

注释

①进：召见。②奚若：怎样。

译文

孔子做鲁国的司寇，断决案件的时候，一定把有不同意见的人召进来，问道："你以为怎样？某某你又认为怎样？"他们都说了自己的看法，然后孔子说："应该听从某某的话，他的意见基本正确。"

原文

孔子问漆雕凭曰："子事臧文仲、武仲及孺子容，此三大夫孰贤？"对曰："臧氏家有守龟[①]焉，名曰蔡。文仲三年而为一兆，武仲三年而为二兆，孺子容三年而为三兆。凭从此之见。若问三人之贤与不贤，所未敢识也。"孔子曰："君子哉，漆雕氏之子！其言人之美也，隐而显；言人之过也，微而著。智而不能及，明而不能见，孰克[②]如此？"

注释

①守龟：古代天子诸侯占卜时用的龟甲。因为龟甲有专人掌守，故称。
②克：能够。

译文

孔子问漆雕凭说："你曾经侍奉过臧文仲、武仲、孺子容三个人，你认为这三位大夫谁最贤能呢？"漆雕凭说："臧文仲家里有占卜的龟甲，名字叫作蔡。臧文仲三年占卜一次，武仲三年占卜两次，孺子容三年占卜三次。我从这个角度来看他们。至于他们是贤能还是不贤能，这不是我所知道的。"孔子说："漆雕凭是个君子啊！他称赞别人的优点，观点隐蔽而又明白；谈论别人的过失，含蓄但是说得很中肯。别人的智慧是赶不上他的，说话明白却不让人直接看出他的观点，谁能这样呢？"

原文

鲁公索氏将祭而亡其牲。孔子闻之，曰：“公索氏不及二年将亡。”后一年而亡。门人问曰：“昔公索氏亡其祭牲，而夫子知其将亡，何也？”孔子曰：“夫祭者，孝子所以自尽于其亲。将祭而亡其牲，则其余所亡者多矣。若此而不亡者，未之有也。”

译文

鲁国的公索氏即将举行祭祀时，丢失了祭祀用的牲畜。孔子听说了，说：“公索氏不到两年的时间就会灭亡。”后来公索氏不到一年就灭亡了。弟子问孔子说：“以前公索氏丢了牲畜，老师就知道他将要灭亡，这是为什么呢？”孔子说：“祭祀，是孝子向父母及祖先尽孝心的方式。即将祭祀却丢失了牲畜，那么其他的东西丢失的更多。这样还不灭亡的，是没有的事情。”

原文

虞、芮二国争田而讼[1]，连年不决，乃相谓曰：“西伯，仁人也，盍往质[2]之？”入其境，则耕者让畔[3]，行者让路。入其邑，男女异路，斑白不提挈。入其朝，士让为大夫，大夫让为卿。虞、芮之君曰：“嘻！吾侪小人也，不可以履君子之庭。”遂自相与而退，咸以所争之田为闲田矣。孔子曰：“以此观之，文王之道，其不可加焉。不令而从，不教而听，至矣哉！”

注释

①讼：诉讼，打官司。②质：评判。③畔：田地的边界。

译文

虞、芮两国因为争夺田地而打官司，几年了也没有结果，于是他们商量说："西伯是非常仁德的人，我们为什么不去他那儿让他做出评判呢?"进入西伯的国境，那里种地的人互相谦让田地的边界，走路的人在路上互相让道。到了城里，看见男人和女人分道而行，头发斑白的老人都没有提着重物。进入朝廷，看到士谦让做大夫的机会，大夫谦让做卿的机会。虞、芮两国的国君说："唉，我们都是小人，是不能进入君子的朝堂的。"于是远远地走开回去了，都把所争的田地当作闲田了。孔子说："从这件事来看，文王的治国之道太好了。不用命令，百姓就能顺从，不用教化，百姓就能听从他，这是治国的最高境界!"

原文

曾子曰："狎①甚则相简②，庄甚则不亲。是故君子之狎足以交欢，其庄足以成礼。"孔子闻斯言也，曰："二三子志之，孰谓参也不知礼也!"

注释

①狎：亲近而不庄重。②简：怠慢，倨傲。

译文

曾子说："太亲近的话就会互相怠慢，太庄重的话就不亲近。因此君子的亲近程度足以让别人乐于和他交往，他们的庄重又足以让人保持对他的礼貌。"孔子听说了之后说道："弟子们记住吧，谁说曾参不懂得礼呢！"

原文

哀公问曰："绅委[1]章甫[2]，有益于仁乎？"孔子作色而对曰："君胡然焉？衰麻苴杖者，志不存乎乐。非耳弗闻，服使然也。黼黻衮冕者，容不亵慢，非性矜庄，服使然也。介胄执戈者，无退懦之气，非体纯猛，服使然也。且臣闻之，好肆[3]不守折，而长者不为市。窃夫其有益与无益，君子所以知。"孔子谓子路曰："见长者而不尽其辞，虽有风雨，吾不能入其门矣。故君子以其所能敬人，小人反是。"

注释

①委：周代的一种黑色帽子。②章甫：一种礼帽。③肆：店铺。

译文

鲁哀公问道："腰上系着大带子，戴着礼帽，这对于一个人的仁德有好处吗？"孔子脸色大变回答道："您怎么能这样说呢？穿着麻布丧服、拿着丧棒的人，对音乐不感兴趣。不是耳朵听不到，而是他穿的服装使他这样。穿着礼服、戴着礼帽的人，脸上没有轻慢的神情，不是他们本性矜持庄重，是他们的服饰让他们这样的。穿着盔甲拿着兵器的人，没有怯懦退缩之气，不是他们本身勇敢，是他们穿的服饰让他们这样的。并且我听说，喜欢做生意的人不能保持廉洁，因此德高望重的人不做生意。思量什么是有益的什么是无益的，这就是君子有智慧的原因。”孔子对子路说：“看到德高望重的人而不尽力称颂，即使遇到风雨，我也不能到他家里避雨去了。因此君子用自己所能做到的去尊敬人，小人则与此相反。”

原文

孔子谓子路曰：“君子以心导耳目，立义以为勇；小人以耳目导心，不逊[1]以为勇。故曰：退之而不怨，先之斯可从已。”

注释

①逊：驯顺。

译文

孔子对子路说：“君子用心来引导耳朵和眼睛，把树立道义作为勇敢；小人则用耳朵和眼睛引导内心，把不顺从当作勇敢。所以说：别人轻视自己不要怨恨他，别人重视自己，就可以跟着他学习了。”

原文

孔子曰：“君子有三患[1]：未之闻，患不得闻；既闻之，患弗[2]得学；既得学之，患弗能行。有其德而无其言，君子耻之；有其言而以无其行，君子耻之；既得之而又失之，君子耻之；地有余而民不足，君子耻之；众寡均[3]而人功倍己焉，君子耻之。”

注释

①患：担忧，忧虑。②弗：不能。③众寡均：指兴办事情与别人一样多。

译文

孔子说："君子有三种担忧：没有听说的道理担心不能听到；听到之后，担心自己没有机会学习；有了机会学习，担心自己不能付诸行动。有仁德但是不说仁德的话语，君子是以此为耻的；有了仁德的言论但是没有仁德的行为，君子以此为耻；得到仁德之后，又失去了，君子以此为耻；土地宽广，但是百姓却缺吃少穿，君子以此为耻；兴办的事情与别人一样多，但是别人的功效却比自己多一倍，君子以此为耻。"

原文

鲁人有独处室者，邻之嫠妇①亦独处一室。夜，暴风雨至，嫠妇室坏，趋而托焉。鲁人闭户而不纳。嫠妇自牖与之言："子何不仁而不纳我乎？"鲁人曰："吾闻男女不六十不同居。今子幼，吾亦幼，是以不敢纳尔也。"妇人曰："子何不如柳下惠然？妪②不逮门③之女，国人不称其乱。"鲁人曰："柳下惠则可，吾固不可。吾将以吾之不可，学柳下惠之可。"孔子闻之曰："善哉！欲学柳下惠者。未有似于此者。期于至善而不袭其为，可谓智乎！"

注释

①嫠妇：寡妇。②妪：老妇人。③不逮门：无家可归。

译文

鲁国有个人独自在家，邻居家里有一个寡妇，也是一人独自在家。有一天夜里，暴风雨突然降临了，寡妇的房子坏了，急忙跑到邻居家里寄身。这个鲁人关着大门不让她进去。寡妇透过窗户对他说：“你怎么这么不仁爱，不让我进去？”鲁人说：“我听说男人和女人不到六十就不能在一间屋子里居住。现在你还年轻，我也年轻，因此不敢让你进门。”寡妇说：“你为什么不像柳下惠那样呢？他把无家可归的女子看作老妇人收留了，国人没有说他淫乱。”鲁人说：“柳下惠可以这样做，但是我却不能。我用我不能做到的，学习柳下惠可以做到的。”孔子听说之后说：“太好了！学柳下惠的人还没有像鲁人这样的。希望达到最高的境界而不沿袭柳下惠的行为，可以说是非常有智慧的。”

原文

孔子曰：“小辩[①]害义，小言破道。《关雎》兴[②]于鸟而君子美之，取其雄雌之有别。《鹿鸣》兴于兽而君子大之，取其得食而相呼。若以鸟兽之名嫌之，固不可行也。”

注释

①小辩：花言巧语。②兴：起兴。

译文

孔子说："花言巧语妨害道义，不合大道的言论损害道。《关雎》由鸟起兴而君子称赞不已，赞赏的就是其中雄雌关雎有所分别。《鹿鸣》由兽起兴，而君子夸奖它，是称赞鹿得到美食而呼唤朋友一起来吃。如果因为有鸟兽存在而起嫌弃之心，这是不可行的。"

原文

孔子谓子路曰："君子而强气[①]，而不得其死；小人而强气，则刑戮荐臻[②]。"

《豳诗》曰："迨天之未阴雨，彻彼桑土，绸缪牖户。今汝下民，或敢侮余？"孔子曰："能治国家之如此，虽欲侮之，岂可得乎？周自后稷，积行累功，以有爵土。公刘重之以仁。及至大王亶甫，敦[③]以德让，其树根置本，备豫远矣。初，大王都豳，狄人侵之，事之以皮币，不得免焉；事之以珠玉，不得免焉。于是属[④]耆老而告之：'所欲吾土地。吾闻之：君子不以所养而害人。二三子何患乎无君？'遂独与大姜去之。逾梁山，邑于岐山之下。豳人曰：'仁人之君，不可失也。'从之如归市焉。天之与周，民之去殷，久矣。若此而不能天下，未之有也。武庚恶能侮？"

《鄁诗》曰："执辔如组，""两骖如儛。"孔子曰："为此诗者，其知政乎！夫为组[⑤]者，总纰于此，成文于彼。言其动于近，行于远也。执此法以御民，岂不化乎？竿旄[⑥]之忠告，至矣哉！"

注释

①强气：桀骜不驯，意气用事。②臻：到来。③敦：厚。④属：同“嘱”，嘱咐。⑤组：用丝织的宽带。⑥竿旌：揭旌于竿，以招贤者。引申为礼贤。

译文

孔子对子路说：“君子桀骜不驯，意气用事，就不得好死；小人桀骜不驯，意气用事，杀身之祸就会接连而来。”

《豳诗》说：“趁着天没有下雨的时候拾取桑树枝和泥土，来建造巢穴。现在下面的人们，你们还敢欺负我们吗?”孔子说：“能像这首诗写的一样治理国家，即使别的国家想要侵犯，那怎么可能呢?周代自从后稷积累德行，有了土地和爵位。公刘继续修养仁德。到了太王亶甫的时候，仁德谦让之风已经很浓厚了，他树立了治国的根本之道，为后世做准备。起初太王居住在豳地，狄人入侵，太王给他们皮毛和货币，不能免于侵犯；给他们珍珠玉石，仍然不能免于侵犯。于是太王就嘱咐老人们说：‘狄人是想要我们的土地。我听说：君子不因为养人的土地而害人。你们不用担心没有君主。’于是他和夫人太姜离开了。越过梁山，在岐山下面建立都邑。豳地的人说：‘这是仁义的君主，我们不能失去他。’于是跟随太王的人像赶往市场的人一样多。上天要把天下让给周，人民内心叛离殷商已经很久了。像周这样还不能得到天下的，是没有的事情。武庚怎么能危害周朝呢?”

《鄁诗》说：“握着缰绳很顺手，”“马车的马舞动起来。”孔子说：“作这首诗的人，大概是知道政治的。编制大丝带的人，在这里编织，却在别的方面形成了花纹。这说的是他在本地编织，编织好了之后流传到远方。用这种方法治理人民，人民难道不被教化吗?树立竿旌招揽贤才的忠告，是最好的了。”

卷三

观周第十一

原文

孔子谓南宫敬叔曰："吾闻老聃博古知今，通礼乐之原，明道德之归，则吾师也。今将往矣。"对曰："谨受命。"遂言于鲁君曰："臣受先臣之命云：'孔子，圣人之后也，灭于宋。其祖弗父何，始有国而授厉公。及正考父佐戴、武、宣，三命兹益恭。故其鼎铭曰："一命而偻[①]，再[②]命而伛，三命而俯。循墙而走，亦莫余敢侮。饘[③]于是，粥于是，以餬其口。"其恭俭也若此。'臧孙纥有言：'圣人之后，若不当世，则必有明德而达者焉。孔子少而好礼，其将在矣。'属臣：'汝必师之。'今孔子将适周，观先王之遗制，考礼乐之所极，斯大业也。君盍以乘资之，臣请与往。"公曰："诺。"与孔子车一乘，马二匹，竖子侍御。敬叔与俱。至周，问礼于老聃，访乐于苌弘，历郊社之所，考明堂之则，察庙朝之度。于是喟然曰："吾乃今知周公之圣，与周之所以王也。"及去周，老子送之，曰："吾闻富贵者送人以财，仁者送人以言。吾虽不能富贵，而窃仁者之号，请送子以言乎：凡当今之士，聪明深察而近于死

者，好讥议人者也；博辩闳达而危其身，好发人之恶者也。无以有己为人子者，无以恶己为人臣者。”孔子曰：“敬奉教。”自周反鲁，道弥尊矣。远方弟子之进，盖三千焉。

注释

①偻：弯着背，表示恭敬。②再：第二次。③馆：稠粥。这里用作动词，煮粥。

译文

孔子对南宫敬叔说：“我听说老聃博古通今，知道礼乐的由来，明白道德的归属，那么他就是我的老师啊。现在我就要去拜访他。”南宫敬叔回答说：“我听从您的命令。”于是南宫敬叔对鲁国君主说，“我接受死去的父亲的嘱咐：‘孔子是圣人的后代，他的先祖在宋国消亡。他的祖上弗父何开始拥有宋国，但是把国家让给了弟弟厉公。等到正考父辅佐戴公、武公、宣公的时候，受到国君三次的任命，他一次比一次谦恭。所以正考父的家庙的鼎上刻着这样的铭文：“第一次受命的时候，弯着背；第二次受命的时候，弯着身子；第三次受命的时候俯下身躯。沿着墙壁而走，也没有人欺侮他。他在这个鼎里煮粥吃饭。”他就是这样恭敬节俭。’臧孙纥说：‘圣人的后代，如果当世不能成为君王的话，必然遇到贤明的君主从而扬名显身。孔子少年的时候就喜好礼，他大概就是这种人吧。’死去的父亲又嘱咐我说：‘你一定要拜他为师。’现在孔子要到周室去观看先王遗留的制度，考察礼乐所达到的程度，这是大事业。您为什么不给他车马资助他呢？我请求您允许我跟他一起前往。”鲁君说：“好吧。”鲁君给了孔子一辆车，两匹马，并且增强了保护他的力量。南宫敬叔和孔子一起去。到了周室，向老聃问礼，向苌弘请教音乐，游遍举行郊祀和社祭的地方，考察明堂的法则，考察宗庙朝廷的制度。之后孔子感叹地说：“我现在才知道周公的圣明以及周朝所以称王的原因。”离开周室的时候，老子送行，他说：“我听说富有的人送人财物，有仁德的人送给人至理名言。我虽然不算富裕，但是私下被人冠以仁人的称号，我送给你几句话吧：现在的士人，他们聪明而善于观察，以至于危及生命，都是因为他们喜欢讥讽议论别人；知识广博、喜欢辩论的人危害自身，因为他们喜欢揭发别人的缺点。为人子女，不要光考虑自己，为人臣子，不要感到厌倦。”孔子说：“我恭敬地接受您的教导。”从周室回到鲁国之后，孔子的道更加让人敬重了。远方来投奔的弟子，大约有三千人。

原文

孔子观乎明堂，睹四门墉①，有尧舜与桀纣之象，而各有善恶之状，兴废之诫焉。又有周公相成王，抱之负②斧扆③南面以朝诸侯之图焉。孔子徘徊而望之，谓从者曰：“此周公所以盛也。夫明镜所以察形，往古者所以知今。人主不务袭迹于其所以安存，而忽怠所以危亡，是犹未有以异于却走，而欲求及前人也，岂不惑哉！”

注释

①墉：墙壁。②负：背对着。③斧扆：古代帝王朝堂所用的像屏风一样的器具，上面画着斧头。

译文

孔子参观明堂，看到四面的墙壁上有尧舜和桀纣的画像，并且都有好与坏的评语，作为国家兴盛和衰败的借鉴。又看到周公辅佐成王，周公抱着成王背对着斧扆面向南方接受诸侯朝拜的画像。孔子来回观看，对跟从的人说："这是周朝兴盛的原因啊。明亮的镜子是用来观察形貌的，审察以前的事情可以知道现在的事情。国君如果不专心使国家沿着安定生存的道路走，反而忽视了危险及灭亡的原因，这就和退步跑却想赶上前面的人一样，难道不糊涂吗！"

原文

孔子观周，遂入太祖后稷之庙。庙堂右阶之前，有金人焉，三缄其口，而铭其背曰："古之慎言人也。戒之哉！无多言，多言多败；无多事，多事多患。安乐必戒，无所行悔。勿谓何伤，其祸将长；勿谓何害，其祸将大；勿谓不闻，神将伺人。焰焰[①]不灭，炎炎若何？涓涓[②]不壅，终为江河。绵绵[③]不绝，或成网罗。毫末不札，将寻[④]斧柯。诚[⑤]能慎之，福之根也。口是何伤？祸之门也。强梁者不得其死，好胜者必遇其敌。盗憎主人，民怨其上。君子知天下之不可上也，故下之；知众人之不可先也，故后之。温恭慎德，使人慕之；执雌持下，人莫逾之。人皆趋彼，我独守此；人皆或之，我独不徙。内藏我智，

不示人技。我虽尊高，人弗我害。谁能于此？江海虽左[6]，长于百川，以其卑也。天道无亲，而能下人。戒之哉！”孔子既读斯文也，顾谓弟子曰：“小人识之，此言实而中，情而信。《诗》曰：‘战战兢兢，如临深渊，如履薄冰。’行身如此，岂以口过患哉？”

注释

①焰焰：火苗初起的样子。②涓涓：水流很小的样子。③绵绵：绵长不绝。④寻：不久。⑤诚：如果。⑥左：卑下。

译文

孔子在周室考察，进入太祖后稷的宗庙。庙堂右边的台阶前有铜铸的人像，嘴巴被封了三层，铜人的背上刻着：“这是古代言语谨慎的人。警戒啊！不要多说话，多说话就多招致失败；不要多生事，多事就会招致更多的祸患。处于安乐的生活之中一定要警戒，不要做让人后悔的事情。不要认为说话没有什么妨害，因为灾祸会由此产生；不要认为说话没有什么害处，祸患会扩大；不要认为别人听不到，神灵在看着每一个人。火焰小的时候不扑灭的话，那么等到火势大的时候该怎么办呢？水流小的时候如果不堵住的话，它终究会成为江河。细长的丝线如果不斩断的话，它终究会成为罗网。树苗微小的时候如果不拔掉的话，不久就可以用作斧柄。如果能谨慎的话，那将会是幸福的根源。嘴巴能招致什么伤害呢？它是进入祸患的大门。强横霸道的人不得好死，喜欢争强好胜的人必定会遇到敌手。盗贼憎恶财物的主人，民众怨恨长官。君子知道自己不可处于一国之上，所以屈身在下；君子知道众人不能超越，于是甘愿落在后面。温和、恭敬、谨慎、有德行的人，让人敬慕；守住柔弱甘心居于下位，就没有人能够超越他了。人们都到别处去了，我独自守在这里；人人都在变动，我独自矢志不移。把我的智慧掩藏起来，不把技能展示给别人。我即使尊贵，也没有人加害于我。谁能做到这些呢？江海虽然卑下，却能居百川之首，正是因为它能谦卑处下。上天不亲近谁，却能让人处于它的下面。以此为戒啊!”孔子读完这些话之后，回头对弟子说：“你们记住这些话吧，这些话实在而中肯，真实可信。《诗经》说：‘保持小心谨慎，就像面临着深水，就像走在薄冰上面一样。’像这样立身行事，难道还担心说错话招来祸患吗?”

原文

孔子见老聃而问焉，曰：“甚矣，道之于今难行也。吾比执道，而今委质[①]以求当世之君，而弗受也。道于今难行也。”老子曰：“夫说者流[②]于辩，听者乱于辞，知此二者，则道不可以忘也。”

注释

①委质：献上礼物。②流：沉溺。

译文

孔子见到老子，问道：“现在实行大道真的是太难了。我实行道，把治理国家的好方法献给国君而没有人采纳。现在实行道真是太难了。”老子说：“那些说话的人喜欢用华丽的语言，而听众容易被这些话语迷惑，知道这两点，你所传的道就不会被人忘记了。”

弟子行第十二

原文

卫将军文子问于子贡曰："吾闻孔子之施教也，先之以《诗》、《书》，导[1]之以孝悌，说之以仁义，观之以礼乐，然后成之以文德。盖入室升堂者，七十有余人，其孰为贤？"子贡对以不知。

注释

①导：引导。

译文

卫国将军文子问子贡说："我听说孔子施行教化，首先教授《诗》和《书》，用孝悌来引导学生，用仁义来劝说学生，让学生观看礼乐，然后用文学和德行来教育，使他们成为品德高尚的人。学问进入高深境界的大概有七十几个人，谁是最贤能的呢？"子贡回答说不知道。

原文

文子曰：“以吾子[1]常与学贤者也，何为不知?”子贡对曰：“贤人无妄，知贤即难。故君子之言曰：‘智莫难于知人。’是以难对也。”

注释

①吾子：对人的敬称，您。

译文

文子说：“就凭您经常和他们一起向贤人学习，您怎么会不知道呢?”子贡回答说：“贤人是不轻举妄动的，知道谁是贤能的很难。所以君子说：‘没有比了解别人更需要智慧的了。’因此您的问题很难回答。”

原文

文子曰：“若夫知贤，莫[1]不难。今吾子亲游[2]焉，是以敢问。”子贡曰：“夫子之门人，盖有三千就焉。赐有逮及焉，未逮及焉，故不得遍知以告也。”

注释

①莫：没有。②游：游学。

译文

文子说："了解贤人，没有不难的。现在您亲自在孔子门下游学，因此我才冒昧问您。"子贡说："先生的弟子，大概有三千人就学。其中有与我同时就学的，也有与我不同时就学的，因此不能完全清楚地告诉您。"

原文

文子曰："吾子所及者，请闻其行。"子贡对曰："夫能夙兴夜寐，讽诵崇礼，行不贰过，称言不苟[①]，是颜回之行也。孔子说之以《诗》曰：'媚兹一人，应侯慎德。''永言孝思，孝思惟则。'

注释

①苟：苟且、随便。

译文

文子说："就谈一下您所接触的人，我想听听他们的德行。"子贡回答说："能起早贪黑，背诵经书，崇尚礼义，同一个错误不犯两次，不随便说话的人是颜回。孔子用《诗经》中的话来称颂他说：'服事君王，应该谨慎地修养德行。''永远讲究孝道，遵守孝道的规定。'

原文

"若逢有德之君，世受显命，不失厥[①]名，以御[②]于天子，则王者之相也。在贫如客，使其臣如借。不迁怒，不深怨，不录旧罪，

是冉雍之行也。孔子论其材曰：'有土之君子也，有众使也，有刑用也，然后称怒焉。匹夫之怒，唯以亡其身。'孔子告之以《诗》曰：'靡[3]不有初，鲜克[4]有终。'

注释

①厥：他的。②御：任用。③靡：没有。④克：能够。

译文

"如果颜回遇到有德行的君王，就会世代享有君王给予的美誉，不会失去他美好的名声，被君王任用，成为君王的辅佐者。处于贫困之中像客人一样拘谨庄重，役使他的下属像借用来的一样小心谨慎。不迁怒别人，不深深怨恨别人，不计较别人以前的过失，这是冉雍的品行。孔子评价他的才能说：'拥有土地的君子，有老百姓可以役使，有刑罚施用，然后才可以迁怒于人。一般人发怒，只会伤害身体。'孔子用《诗经》中的话告诉冉雍说：'万事都有开始，但很少能有好的结局。'

原文

"不畏强御，不侮矜寡[1]；其言循性，其都[2]以富，材任治戎，是仲由之行也。孔子和之以文，说之以《诗》曰：'受小共大共，而为下国骏庞。荷天子之龙，不戁不悚，敷奏其勇。'强乎武哉，文不胜其质。

注释

①矜寡：即鳏寡，老年无妻和无夫的人。

②都：安闲。

译文

“不畏惧强暴的人，不欺负鳏寡；说话遵从本性，态度安闲，容貌堂堂，才能足以治理一个国家的军队，这是子路的品行。孔子用文辞赞美他，用《诗经》中的话评论他就是：‘接受上天大法和小法，保护下面的诸侯国。带领天子的军队，不畏惧惊怕，施展他的勇猛。’武力强勇，文采掩盖不住他的质朴。

原文

“恭老恤幼，不忘宾旅；好学博艺[①]，省物而勤也，是冉求之行也。孔子因而语之曰：‘好学则智，恤孤则惠，恭则近礼，勤则有继。尧舜笃恭，以王天下。’其称之也，曰‘宜为国老’。

注释

①博艺：多才多艺。

译文

“尊敬长辈同情幼小，心里惦记在旅途之中的人；热爱学习，多才多艺，体察万物且勤劳，这是冉求的品行。孔子因此告诉他说：‘爱好学习就会有智慧，体恤孤寡的人就是仁爱，恭敬就接近礼仪的要求，勤奋刻苦就会不断有收获。尧、舜因为忠诚、恭敬而称王天下。’孔子称赞冉求，说：‘你应当成为国家的卿大夫。’

原文

“齐庄而能肃，志通而好礼，傧相[1]两君之事，笃雅有节，是公西赤之行也。子曰：‘礼经三百，可勉能也；威仪三千，则难也。’公西赤问曰：‘何谓也？’子曰：‘貌以傧礼，礼以傧辞，是谓难焉。’众人闻之，以为成也。孔子语人曰：‘当宾客之事，则达矣。’谓门人曰：‘二三子之欲学宾客之礼者，其于赤也。’满而不盈，实而如虚，过之如不及，先王难之。’

注释

①傧相：古代替主人接待宾客、主持赞礼的人，这里用作动词。

译文

“整齐庄重而肃穆，志向通达而且喜好礼仪，担当两个国君之间的傧相，忠诚典雅并且有所节制，这是公西赤的品行。孔子说：‘礼经三百篇，可以通过努力学会；但是三千项威严的礼仪，要想学会就很困难了。’公西赤问道：‘这是为什么呢？’孔子说：‘做傧相要根据不同人的外表来行礼，根据不同的礼节来说话，因此说是很困难的。’众人听到之后，都认为公西赤可以做傧相了。孔子对人说：‘对于当傧相来说，公西赤是可以做到了。’孔子对弟子说：‘你们之中想要学习宾客礼仪的，就向公西赤学习吧。’他知识充足但不骄傲，为人充实却像虚空的一样，赶上了却像没有赶上，以前的君王都认为这是很困难的。’

原文

“博无不学，其貌恭，其德敦；其言于人也，无所不信；其骄大人也，常以浩浩[1]，是以眉寿。是曾参之行也。孔子曰：‘孝，德之始也；悌，德之序也；信，德之厚也；忠，德之正也。参中夫四德者也。’以此称之。

注释

①浩浩：胸襟坦荡的样子。

译文

“知识渊博无所不学，相貌恭敬，德行敦厚；他对别人说的话，没有不真实的；他品行超逸，胸襟坦荡，因此可以长寿。这是曾参的品行。孔子说：‘孝顺长辈，是道德的开始；尊敬兄长，是道德的进一步发展；诚信，是道德的加深；忠诚，是道德的准则。曾参符合这四点。’所以用这些话称赞他。

原文

“美功不伐[1]，贵位不善，不侮不佚，不傲无告，是颛孙师之行也。孔子言之曰：‘其不伐，则犹可能也；其不弊百姓，则仁也。’《诗》云：‘恺悌君子，民之父母。’夫子以其仁为大学之深。

注释

①伐：夸耀。

译文

“有很大的功劳却不夸耀，地位高贵却不认为这是好的，不轻慢不放荡，不在贫苦无告的百姓面前骄傲，这是颛孙师的品行。孔子说：‘不夸耀自己，这是一般人都可以做到的；不蒙蔽百姓，这就是仁德了。’《诗经》说：‘温和平易近人的君子，可以当百姓的父母官。’夫子认为颛孙师的仁德是很深的。

原文

“送迎必敬，上交下接若截①焉，是卜商之行也。孔子说之以《诗》曰：‘式夷式已，无小人殆。’若商也，其可谓不险矣。

注释

①截：界限分明。

译文

“对人的迎接和送别都持有恭敬的态度，和上下级交往界限分明，这是卜商的品行。孔子用《诗经》称赞他说：‘平静处理事情，就不会被小人迫害。’像卜商这样的人，可以说没有危险了。

原文

“贵之不喜，贱之不怒；苟[1]利于民矣，廉于行己；其事上也，以佑其下，是澹台灭明之行也。孔子曰：‘独贵独富，君子耻之，夫也中之矣。’

注释

①苟：如果。

译文

“重视的时候不欣喜，轻视的时候不发怒；如果有利于百姓，就要求自己行事廉洁；他侍奉君主，是为了帮助百姓，这是澹台灭明的品行。孔子说：‘独自尊贵和富有，这是君子感到耻辱的，这符合澹台灭明的品行。’

原文

“先成其虑，及事而用之，故动则不妄[1]，是言偃之行也。孔子曰：‘欲能则学，欲知则问，欲善则详，欲给则豫。当是而行，偃也得之矣。’

注释

①妄：过错。

译文

“事先考虑透彻，等到处理事情的时候就用想好的办法，因此行为不会有错，这是言偃的品行。孔子说：‘想要有能力就学习，想要知道就多问，想要把事情做好就认真仔细，想要成功就预先准备。按照这样来行动的，言偃是做到了。’

原文

“独居思仁，公言言义，其于《诗》也，则一日三覆‘白圭之玷[①]’，是宫绍之行也。孔子信其能仁，以为异士。

注释

①白圭之玷：出自《诗经·大雅·抑》：“白圭之玷，尚可磨也；斯言之玷，不可为也。”意思是白玉上面的污点可以磨掉，但是说出的话却不能更改。

译文

“一个人独处的时候仍然思考仁义，在众人面前公开宣讲仁义，把《诗经》上说的‘白圭之玷，尚可磨也’这句话牢牢记在心里，所以谨言慎行，就像每天磨去三次白玉上的斑点，宫绍就是这样做的。孔子相信他能做到仁义，认为他是个不平常的人。

原文

“自见孔子，出入于户，未尝越礼；往来过之，足不履影；启蛰[1]不杀，方长不折；执亲之丧，未尝见齿，是高柴之行也。孔子曰：‘柴于亲丧，则难能也；启蛰不杀，则顺人道；方长不折，则恕仁也。成汤恭而以恕，是以日隮。’凡此诸子，赐之所亲睹者也。吾子有命而讯赐，赐固不足以知贤。”

注释

①启蛰：指动物冬眠之后，春天出来活动。

译文

“自从见到孔子，出入孔子的家门，没有做过违背礼仪的事情；来来往往经过的人们，不会踩到他们的影子；春天不杀害经过冬眠的动物，不攀折刚刚长出的枝条；为父母守丧的时候，没有见他开口笑过，这是高柴的品行。孔子说：‘高柴为父母守丧，是一般人很难做到的；春天不杀生，是遵循人伦道德；不攀折刚长出的枝条，是推己及物讲仁爱的表现。成汤谦恭而且推己及人，所以他的德行一天比一天深厚。’以上的这些人，是我亲眼看到的。您要求我回答，我就简单说一下，我本来是不够资格谈论他们是否贤能的。”

原文

文子曰：“吾闻之也，国有道，则贤人兴[1]焉，中人用焉，乃百姓归之。若吾子之论，既富茂矣，壹诸侯之相也。抑世未有明君，所以不遇也。”

注释

①兴：出现。

译文

文子说："我听说，国家如果太平的话，就会出现有贤能的人，信奉中庸的人就会被任用，老百姓也会归附他们。像您谈论的这些人，都是才能非常好的人，都可以辅助诸侯了。或许是因为没有明君，所以得不到任用。"

原文

子贡既与卫将军文子言，适[1]鲁见孔子曰："卫将军文子问二三子之于赐，不壹而三焉。赐也辞不获命，以所见者对矣。未知中否，请以告。"孔子曰："言之乎。"

注释

①适：到……去。

译文

子贡和卫将军文子谈论过贤人之后，到了鲁国拜见孔子说："卫国的将军文子问我关于老师的弟子的情况，再三请求。我推辞不掉，因此就把我看到的情况告诉了他。不知道是否符合他们的实际情况，请让我告诉您吧。"孔子说："说说吧。"

原文

子贡以其辞状告孔子。子闻而笑曰："赐，汝次[1]为人矣。"子贡对曰："赐也何敢知人，此以赐之所睹也。"孔子曰："然。吾亦语汝耳之所未闻，目之所未见者，岂思之所不至，智之所未及哉？"子贡曰："赐愿得闻之。"

注释

①次：排列次序。

译文

子贡把和文子的谈话告诉了孔子。孔子听后笑着说："赐，你为他们排列了次序。"子贡回答说："我哪里了解他们呢，我只是根据我所看到的说说而已。"孔子说："是这样的。我也告诉你一些你没有听到过、没有看到过的事情，这些难道是考虑不到、凭借智力也不能了解的吗？"子贡说："我愿意聆听教诲。"

原文

孔子曰："不克[1]不忌，不念旧怨，盖伯夷叔齐之行也。思天而敬人，服义而行信，孝于父母，恭于兄弟，从善而教不道，盖赵文子之行也。其事君也，不敢爱其死，然亦不敢忘其身。谋其身不遗其友，君陈则进而用之，不陈则行而退。盖随武子之行也。

注释

①克：苛刻。

译文

孔子说："不苛刻不憎恨，不追究以前的恩怨，这大概是伯夷和叔齐的品行。思考天道且尊敬别人，服从道义而且做事讲信用，孝顺父母，尊敬兄弟，向好人学习，教育不道德的人，这大概是赵文子的品行。侍奉君主，不吝于献出自己的生命，但是同时不会忘记保护自己。为自己谋福利的同时不会忘记朋友，君王能够听从建议就出仕，君王如果不听从建议就隐居在家。这大概是随武子的品行。

原文

"其为人之渊源也，多闻而难诞，内植足以没其世。国家有道，其言足以治；无道，其默足以生。盖铜鞮伯华之行也。外宽而内正，自极于隐括[①]之中，直己而不直人，汲汲于仁，以善自终。盖蘧伯玉之行也。孝恭慈仁，允德图义，约货去怨，轻财不匮。盖柳下惠之行也。

注释

①隐括：矫正竹木弯曲的工具。

译文

“和别人交往，见闻广博而不容易被人欺骗，内心理想可以永世不衰。国家清明的时候，他的言论可以治理好国家；国家混乱的时候，他保持沉默可以保全性命。这大概是铜鞮伯华的品行。外表宽容，内心正直，随时矫正自己的错误行为，用正直要求自己但不苛求别人，努力追求仁德，终身行善。这大概是蘧伯玉的品行。孝顺长辈，对人恭敬，对晚辈慈爱，施行仁德，修养品德，遵循仁义，节约财物，摒除怨恨，不重财也不缺乏必要的物资。这大概是柳下惠的品行吧。

原文

“其言曰：‘君虽不量于其身，臣不可以不忠于其君。’是故君既择臣而任之，臣亦择君而事之。有道顺命，无道衡命。盖晏平仲之行也。蹈忠而行信，终日言不在尤①之内。国无道，处贱不闷，贫而能乐。盖老莱子之行也。易②行以俟③天命，居下不援其上。其亲观于四方也，不忘其亲，不尽其乐。以④不能则学，不为己终身之忧。盖介子山之行也。”

注释

①尤：错误。②易：改变。③俟：等待。④以：认为。

译文

“他说：‘君主虽然不能衡量臣子的气度，但是臣子不可以对君主不忠诚。’因此君主选择臣子给他职位，臣子也可以选择侍奉哪个君主。君主有德行就听从他的命令，君主错误的话就不听他的命令。这大概是晏平仲的品行吧。行为忠实诚信，整天说话也不会出错。国家混乱的话，他即使身处低贱的地位也不会闷闷不乐，贫穷却能快乐。这大概是老莱子的品行吧。改变行为等待合适的时机，身处低贱的地位却不巴结高官。到四方游玩，不会忘记他的父母，想到父母，就不会玩得特别尽兴。认为自己不会的就要学习，把不学习当成终生的忧患。这大概是介子推的品行吧。”

原文

子贡曰：“敢问夫子之所知者，盖尽于此而已乎?”孔子曰：“何谓其然？亦略举耳目之所及而已。昔晋平公问祁奚曰：‘羊舌大夫，晋之良大夫也，其行如何?’祁奚辞以不知。公曰：‘吾闻子少长乎其所，今子掩之，何也?’祁奚对曰：‘其少也恭而顺，心有耻而不使其过宿；其为大夫，悉善而谦其端；其为舆尉[1]也，信而好直其功。至于其为容也，温良而好礼，博闻而时出其志。’公曰：‘曩者[2]问子，子奚曰不知也?’祁奚曰：‘每位改变，未知所止，是以不敢得知也。’此又羊舌大夫之行也。”子贡跪曰：“请退而记之。”

注释

①舆尉：春秋时期晋国主持征役的官员。②曩者：刚才。

译文

子贡说："冒昧请问，老师知道的就只有这些人吗？"孔子说："怎么能这样说呢？我只是大概举出耳闻目睹的这些人罢了。以前晋平公问祁奚说：'羊舌大夫是晋国的好大夫，他的品行怎样呢？'祁奚回答说不知道。晋平公说：'我听说你小时候在他家长大，现在你不评价他，为什么呢？'祁奚回答说：'他年少的时候对人恭敬顺从，不让心里装着的耻辱到第二天才解决；他做大夫时，尽其善心而始终谦恭；做舆尉的时候，诚信并且喜欢直接说出他的功绩。至于他的外表，温和而有礼，广泛听取别人的意见同时说出自己的见解。'晋平公说：'刚才问你的时候，你为什么说不知道呢？'祁奚说：'羊舌每更换一次职位自己的行为就有所改变，我不知道他现在的行为究竟是怎样的，因此不敢说了解他。'这是羊舌大夫的品行。"子贡跪下来说："请让我回去记下您的话。"

贤君第十三

原文

哀公问于孔子曰："当今之君，孰为最贤？"孔子对曰："丘未之见也，抑有卫灵公乎？"公曰："吾闻其闺门之内无别，而子次[1]之贤，何也？"孔子曰："臣语其朝廷行事，不论其私家之际也。"公曰："其事何如？"孔子对曰："灵公之弟曰公子渠牟，其智足以治千乘，其信足以守之，灵公爱而任之。又有士曰林国者，见贤必

进之，而退与分其禄，是以灵公无游放之士，灵公贤而尊之。又有士曰庆足者，卫国有大事，则必起而治之；国无事，则退而容贤，灵公悦而敬之。又有大夫史鰌，以道去卫，而灵公郊舍三日，琴瑟不御，必待史鰌之入，而后敢入。臣以此取之，虽次之贤，不亦可乎。”

注释

①次：排次序。

译文

鲁哀公问孔子说：“如今的君主，谁最贤明呢？”孔子回答说：“我没见过，如果有的话，大概是卫灵公吧？”鲁哀公说：“我听说他的家庭中姑嫂姐妹没有区别，但是你却把他排在贤明的位置上，这是为什么呢？”孔子说：“我是说他在朝廷上的行事方式，而不是说他在家里怎样处理事情。”鲁哀公说：“他处理事情怎样呢？”孔子回答说，“卫灵公的弟弟叫公子渠牟，他的智慧足以治理一个拥有一千辆战车的国家，他的诚信足够保住国家，卫灵公喜欢他就任用了他。还有一个叫林国的士人，见到贤能的人就一定推荐，如果那人被罢官，林国还要和他分享自己的俸禄，因此卫灵公的国家没有游荡被流放的士人，卫灵公认为他贤能，所以尊敬他。还有一个叫庆足的士人，卫国有大事的话他就一定会挺身而出平息祸乱；国家太平的时候就辞官让贤人被朝廷容纳。卫灵公很高兴，很尊敬他。还有一个叫史鰌的大夫，因为道不能实行离开卫国，而卫灵公在郊外住了三天，不弹奏琴瑟，一定要等待史鰌回来，然后才回到自己的宫中。我是赞赏他的这些方面，这样的话，把他放在贤明的位置上，不也是可以的吗？”

原文

子贡问于孔子曰："今之人臣，孰为贤？"子曰："吾未识也。往者[①]齐有鲍叔，郑有子皮，则贤者矣。"子贡曰："齐无管仲，郑无子产？"子曰："赐，汝徒知其一，未知其二也。汝闻用力为贤乎？进贤为贤乎？"子贡曰："进贤贤哉。"子曰："然，吾闻鲍叔达[②]管仲，子皮达子产，未闻二子之达贤己之才者也。"

注释

①往者：以前的人。②达：使……显达。

译文

子贡问孔子说："当今的臣子，谁是贤能的呢？"孔子说："我不知道。以前的人，齐国有鲍叔，郑国有子皮，都是贤能的人。"子贡说："齐国不是有管仲，郑国不是有子产吗？"孔子说："端木赐，你只知道一个方面，不知道其他方面。你认为自己努力成为贤能的人贤能呢？还是推荐贤能的人贤能呢？"子贡说："推荐贤能的人贤能。"孔子说："是这样的，我听说鲍叔的推荐使管仲显达，子皮的推荐使子产显达，没有听说管仲和子产推荐比自己贤能的人从而让他们显达。"

原文

哀公问于孔子曰："寡人闻忘之甚[①]者，徙而忘其妻，有诸？"孔子对曰："此犹未甚者也，甚者乃忘其身。"公曰："可得而闻乎？"孔子曰："昔者夏桀贵为天子，富有四海，忘其圣祖之道。坏

其典法，废其世祀，荒于淫乐，耽湎于酒。佞臣谄谀，窥导其心；忠士折口，逃罪不言。天下诛桀而有其国。此谓忘其身之甚矣。”

注释

①甚：厉害、严重。

译文

鲁哀公问孔子说：“我听说忘性厉害的人，搬了家就忘了自己的妻子，这样的事情有吗？”孔子回答说：“这还不算是忘性厉害的，更厉害的是忘了自己。”鲁哀公说：“可以讲给我听听吗？”孔子说：“以前夏桀处于天子这样尊贵的地位，拥有天下的财富，但是却忘了他圣明的祖上的治国之道。败坏他们的典章制度，废弃了世代的祭祀，整日荒淫取乐，沉湎于美酒之中。奸臣阿谀奉承，窥测迎合君主的心思；忠诚的臣子不再进谏，逃避罪责不敢说话。以至于天下的人们共同讨伐诛灭了夏桀，占领了他的国家。这才是忘记自身很厉害的事啊。”

原文

颜渊将西游于宋，问于孔子曰：“何以为身？”子曰：“恭敬忠信而已矣。恭则远于患，敬则人爱之，忠则和于众，信则人任之。勤斯四者，可以政国，岂特一身者哉？故夫不比[①]于数[②]而比于疏，不亦远乎？不修其中而修外者，不亦反乎？虑不先定，临事而谋，不亦晚乎？”

注释

①比：亲近，靠近。②数：密集，此处有亲密之义。

译文

颜渊即将要向西到宋国游历，他问孔子说："用什么来立身呢？"孔子说："谦恭、慎重、忠心、诚实就可以了。谦恭就能远离祸患，慎重别人就会喜欢你，忠心就会和众人和睦相处，诚实别人就会任用你。努力做到这四点，就可以处理一个国家的政治事务了，何况是立身呢？因此不亲近亲密的人却亲近疏远的人，不是走得更远了吗？不修养内心而修饰外表，不是违背了常理了吗？不事先考虑清楚，事到临头再做主张，不是太晚了吗？"

原文

孔子读《诗》，于《正月》六章，惕[1]焉如惧，曰："彼不达之君子，岂不殆哉？从上依世，则道废；违上离俗，则身危。时不兴善，己独由之，则曰非妖即妄也。故贤也既不遇天，恐不终其命焉。桀杀龙逢，纣杀比干，皆是类也。《诗》曰：'谓天盖高，不敢不局。谓地盖厚，不敢不蹐。'此言上下畏罪，无所自容也。"

注释

①惕：担心、提心吊胆。

译文

孔子读《诗经》，读到《正月》六章的时候，一副担心、恐惧的样子，他说："那些不得志的君子，不是很危险吗？顺从君主附和世俗，自己尊奉的'道'就废弃了；违背君主远离世俗，自身就危险了。当时的时代不倡导善行，自己独自行善，那么世人就说你不是反常就是不合法。因此自己贤能却遇不到好的时机，恐怕不得善终。夏桀杀害了龙逢，商纣杀害了比干，都是这一类事情啊。《诗经》说：'谁说天很高，却不得不弯腰行走。谁说地厚，却不敢不蹑脚。'这话是说上下都害怕得罪，没有自己的容身之处。"

原文

子路问于孔子曰："贤君治国，所先者何？"孔子曰："在于尊贤而贱不肖。"子路曰："由闻晋中行氏[1]尊贤而贱不肖矣，其亡何也？"孔子曰："中行氏尊贤而不能用，贱不肖而不能去。贤者知其不用而怨之，不肖者知其必己贱而仇之。怨仇并存于国，邻敌构兵于郊，中行氏虽欲无亡，岂可得乎？"

注释

①中行氏：即范宣子，春秋时晋国六卿之一。

译文

子路问孔子说："贤明的君主治理国家，首先要做什么呢？"孔子说："他们尊敬贤能的人而看不起没有才能的人。"子路说："我听说晋国的中行氏尊重有贤能的人而看不起没有贤能的人，他为什么灭亡了呢？"孔子说："中行氏尊重有贤能的人但是却不能任用他们，看不起没有贤能的人却不能撤他们的职。有贤能的人知道他不能用自己而怨恨他，没有才能的人知道他一定看不起自己而仇视他。埋怨和仇恨同时存在于国家之中，邻国就会在郊外组织军队准备进攻，中行氏即使不想灭亡，怎么做得到呢？”

原文

孔子闲处，喟然而叹曰：“向使[1]铜鞮伯华无死，则天下其有定矣。”子路曰：“由愿闻其人也。”子曰：“其幼也，敏而好学；其壮也，有勇而不屈；其老也，有道而能下人。有此三者，以定天下也，何难乎哉！”子路曰：“幼而好学，壮而有勇，则可也。若夫有道下人，又谁下哉？”子曰：“由不知！吾闻以众攻寡，无不克也；以贵下贱，无不得也。昔者周公居冢宰之尊，制天下之政，而犹下白屋之士[2]，日见百七十人，斯岂以无道也？欲得士之用也。恶有有道而无下天下君子哉？”

注释

①向使：假如，假使。②白屋之士：指寒士。白屋，草屋。

译文

孔子闲居，深深感叹说：“假使铜鞮伯华不死的话，那么天下大概可以安定了。”子路说：“我希望听听他的为人。”孔子说：“他幼小的时候聪敏并且爱好学习；长大了勇敢不屈；年老的时候有道并且甘居人下。有这三种品质，安定天下又有什么难的呢！”子路说：“幼小的时候聪敏并且爱好学习，长大了勇敢不屈，是可以做到的。但是有道并且甘居人下，又有谁受得起呢？”孔子说：“仲由，你不知道！我听说凭借人数众多攻打人数少的，没有不成功的；身处尊贵的地位却能卑下待人，没有做不成的事情。以前周公身处冢宰这样的高位，控制着国家的政权，仍然能自处于贫穷的读书人之下，每天接见一百七十个人，这样做难道没有道吗？想要任用士人，哪里能有道却不自处于天下君子之下呢？”

原文

齐景公来适鲁，舍于公馆，使晏婴迎孔子。孔子至，景公问政焉。孔子答曰：“政在节财。”公悦。又问曰：“秦穆公国小处僻而霸，何也？”孔子曰：“其国虽小，其志大；处虽僻，而其政中。其举也果，其谋也和，法无私而令不偷。首拔五羖[1]，爵之大夫，与语三日而授之以政。此取之，虽王可，其霸少矣。”景公曰：“善哉！”

注释

①五羖：指百里奚。秦穆公用五张黑公羊皮赎回了他，所以称为五羖大夫。

译文

齐景公来到鲁国，住在公馆里，让晏婴迎接孔子。孔子到了，齐景公向孔子询问政事。孔子回答说：“治理国家在于节约财物。”齐景公很高兴。又问道：“秦穆公的国家很小并且地方偏僻，却可以称霸，为什么呢？”孔子说：

"他的国家虽然小，但是他的志向却很大；国家虽然地处偏僻，但是政治切中关键。他做事一定要成功，考虑问题恰到好处，执法无私而政令不苟且。首先选拔百里奚，让他做大夫，和他谈论了三天就把政事交给他处理。这样做的话，即使称王天下也是可以的，称霸算不了什么。"齐景公说："说得很好！"

原文

哀公问政于孔子。孔子对曰："政之急者，莫大乎使民富且寿也。"公曰："为之奈何？"孔子曰："省力役，薄赋敛，则民富矣；敦礼教，远罪疾，则民寿矣。"公曰："寡人欲行夫子之言，恐吾国贫矣。"孔子曰："诗云：'恺悌[1]君子，民之父母。'未有子富而父母贫者也。"

注释

①恺悌：平易近人的样子。

译文

鲁哀公向孔子请教治理国家的事。孔子回答说："国家的政事没有比使百姓富裕并且长寿重要的。"鲁哀公说："怎样才能做到呢？"孔子说："减少劳役，减少赋税，那么百姓就富裕了；推行礼义教化，远离罪恶疾病，百姓就长寿了。"鲁哀公说："我想要按照您的话执行，但是我恐怕我的国家会贫穷。"孔子说："诗经说：'平易近人的君子，是百姓的父母。'没有子女富裕了而父母却贫穷的道理。"

原文

卫灵公问于孔子曰："有语①寡人：'有国家者，计之于庙堂之上，则政治矣。'何如?"孔子曰："其可也。爱人者则人爱之，恶人者则人恶之。知得之己者则知得之人。所谓不出环堵之室而知天下者，知反己②之谓也。"

注释

①语：告诉。②反己：反省自己得到启发。

译文

卫灵公问孔子说："有人告诉我：'拥有国家的人，在朝廷中讨论国家的大事，那么国家就可以治理好了。'是这样吗?"孔子说："可以。喜爱别人的人别人也喜爱他，厌恶别人的人别人也厌恶他。知道从自己身上得到启发的也就知道从别人身上得到启发。这就是人们所说的不出家门就知道天下的大事，说的就是能自我反省。"

原文

孔子见宋君，君问孔子曰："吾欲使长有国，而列都得之。吾欲使民无惑，吾欲使士竭力，吾欲使日月当时，吾欲使圣人自来，吾欲使官府治理，为之奈何?"孔子对曰："千乘之君，问丘者多矣，而未有若主君之问问之悉也。然主君所欲者，尽可得也。丘闻之，邻国相亲，则长有国；君惠臣忠，则列都得之；不杀无辜，无释罪人，则民不惑；士益之禄，则皆竭力；尊天敬鬼，则日月当

时；崇道贵德，则圣人自来；任能黜否，则官府治理。”宋君曰：“善哉！岂不然乎！寡人不佞[1]，不足以致之也。”孔子曰：“此事非难，唯欲行之云耳。”

注释

①不佞：即不才，没有才能。

译文

孔子拜见宋国君主，宋君问孔子说：“我想长期拥有国土，而且很多都邑都想治理好。我想要百姓不困惑，想使士人竭力为国效力，我想要使天道顺畅，我想使圣贤的人自己到来，想使官府得到治理，怎样才能做到呢？”孔子回答说：“有一千辆战车的国家的君主，向我请教的人很多，但是没有人像您一样发问问得这样详细。但是您想要得到的都可以得到。我听说，和邻国和睦，就可以长久地拥有国家；国君实行恩惠，臣子忠诚，就可以得到很多城市；不滥杀无辜，不释放有罪的人，百姓就不会困惑了；给士人增加俸禄，他们就会竭力为国了；尊敬天地敬畏鬼神，日月就会按时运行；尊崇道德，圣人就会自己到来；任用有才能的人，废黜无能的人，官府就可以得到治理了。”宋君说：“太好了！难道不是这样吗！我没有才能，不能达到这样的目标。”孔子说：“这些不难，只要您想要做的话就可以做到。”

辩政第十四

原文

子贡问于孔子曰："昔者齐君问政[1]于夫子，夫子曰政在节财[2]。鲁君问政于夫子，夫子曰政在谕[3]臣。叶公问政于夫子，夫子曰政在悦近而来远。三者之问一也，而夫子应之不同，然政在异端乎？"

注释

①政：治理国家。②节财：节省财力。③谕：知道，理解。

译文

子贡问孔子说："曾经齐君向您询问治国的道理，您说治国之道在于节省财力。鲁国国君问您怎样治国，您说治国重在了解大臣。叶公问您治国之道，您说治国重在使近处的人高兴，使远方的人来归顺。这三个人问的是同一个问题，然而您的回答却不相同，那么治理国家有不同的方法吗？"

原文

孔子曰："各因[①]其事也。齐君为国，奢乎台榭，淫于苑囿，五官伎乐，不解于时，一旦[②]而赐人以千乘之家者三，故曰政在节财。鲁君有臣三人，内比周以愚其君，外距[③]诸侯之宾以蔽其明，故曰政在谕臣。夫荆之地广而都狭，民有离心，莫[④]安其居，故曰政在悦近而来远。此三者所以为政殊矣。

注释

①因：依据。②一旦：一个早晨。③距：通"拒"，拒绝。④莫：不，没有。

译文

孔子说："是依据各国的现实情况来处理的。齐国国君治理国家，大量修建亭台楼榭，过多地修建宫殿园林，宫女、歌舞艺人不分时间地作乐，一个早上就赐给他人拥有千辆马车的封邑三次，因此，说治理国家重在节约财物。鲁国国君有三位大臣在朝内结党营私，愚弄国君，对外拒绝接纳诸侯的宾客，蒙蔽君主，因此说治理国家重在了解大臣。楚国的土地非常广阔，国都却很狭小，百姓有背叛的想法，不安分地生活在那里，因此说，治国的重点在于使近处的百姓高兴，使远方的人来归顺。这就是三个国君治理国家的方法不同的原因。"

原文

“《诗》云：‘丧乱蔑[①]资，曾不惠我师。’此伤奢侈不节以为乱者也。又曰：‘匪[②]其止共，惟王之邛。’此伤奸臣蔽[③]主以为乱也。又曰：‘乱离瘼矣，奚[④]其适归？’此伤离散以为乱者也。察此三者，政之所欲，岂同乎哉！”

注释

①蔑：没有，失去。②匪：非。③蔽：蒙蔽，欺骗。④奚：不知道。

译文

“《诗经》上说：‘百姓遭遇动荡不安时没有了财物，但君主却不给百姓恩惠。’这就是指责奢侈浪费不节制造成混乱的。《诗经》上又说：‘臣子不忠于职守，是君主的担忧。’这是指责奸邪的大臣蒙蔽君主造成混乱的。《诗经》上还说：‘离乱病患，却不知道能到哪里去？’这是指责离散造成的混乱的。考察这三者，如何治理国家，怎么会相同呢！”

原文

孔子曰：“忠臣之谏[①]君，有五义[②]焉：一曰谲[③]谏，二曰戆[④]谏，三曰降[⑤]谏，四曰直谏，五曰讽谏。唯度[⑥]主而行之，吾从其讽谏乎。”

注释

①谏：劝谏。②义：方法。③谲：委婉间接。④戆：憨厚刚直。⑤降：卑躬屈膝。⑥度：揣度，思量。

译文

孔子说："忠心的大臣劝谏君王，有五种方法：第一是委婉间接地劝谏，第二是憨厚刚直地劝谏，第三是卑躬屈膝地规劝，第四是直截了当地劝谏，第五是用教化的方式规劝。这些方法要揣度国君的心思之后再实行，我应该采用的是教化的方法劝谏吧。"

原文

子曰："夫①道不可不贵②也。中行文子倍③道失义，以亡其国；而能礼贤，以活④其身。圣人转祸为福，此谓是与？"

注释

①夫：语气助词，没有实意。②贵：重视。③倍：通"背"，违背，背弃。④活：使动用法，使……活。

译文

孔子说："道义是不能不被重视的。中行文子是因为违背道义、丧失仁义才会亡国的；然而他能礼贤下士，所以才使自己活下来。圣明的人能够把祸变为福，说的就是这种情况吧？"

原文

楚王将游荆台，司马子祺谏[①]。王怒之。令尹子西贺于殿下，谏曰："今荆台之乐不可失也。"王喜，拊[②]子西之背曰："与子共乐之矣。"子西步[③]马十里，引辔而止，曰："臣愿言有道，王肯听之乎？"王曰："子其言之。"子西曰："臣闻为人臣而忠其君者，爵禄不足以赏也；谀其君者，刑罚不足以诛也。夫子祺者，忠臣也；而臣者，谀臣也。愿王赏忠而诛谀焉。"王曰："我今听司马之谏，是独能禁我耳，若后世游之，何也？"子西曰："禁后世易耳。大王万岁之后，起山陵于荆台之上，则子孙必不忍游于父祖之墓以为欢乐也。"王曰："善。"乃还。孔子闻之，曰："至哉！子西之谏也。入之于十里之上，抑[④]之于百世之后者也。"

注释

①谏：进谏。②拊：抚摸。③步：行走。④抑：抑制。

译文

楚王将要去荆台游玩，司马子祺对此事进谏。楚王听了很生气。令尹子西却在大殿之下恭贺楚王出游的这件事，劝谏说："今天的这次荆台游玩观赏，是不可以错过的。"楚王非常高兴，抚摸着子西的后背说道："和你一同去游乐吧。”子西骑着马走了十里，拉住马辔停住，说道：“我想要说一说治国的道理，大王您肯听一听吗？”楚王说道：“你说吧。”子西说：“我听说对那些作为臣子并且忠于君主的，对他的奖赏即便是封爵加禄也是不够的；而对那些阿谀逢迎的臣子，对他的刑罚即便是诛杀他也是不够的。子祺是忠臣。而我是谀臣。希望大王您封赏忠臣并诛杀谀臣。”楚王说：“如果今天我听从了司马的劝谏，只能阻止我这次游玩，如果后世的君王也要出去游玩，该怎么办呢？”子西说：“禁止后世之王游玩也很容易。大王您去世以后，就在荆台上修建陵墓，那样的话后世子孙必定不忍心在祖辈的坟墓上游玩作乐。”楚王说：“你说得很好。”于是就回来了。孔子听说了这件事以后，说道：“子西的进谏高明到了极点啊！仅仅是走了数十里，却连后世的君王也一并抑制住了。”

原文

子贡问于孔子曰：“夫子之于子产、晏子，可为至矣。敢问二大夫之所为，目夫子之所以与之者。”孔子曰：“夫子产于民为惠[①]主，于学为博[②]物；晏子于君为忠臣，于行为恭敏[③]。故吾皆以兄事[④]之，而加爱敬。”

注释

①惠：仁慈，慈爱。②博：广博。③恭敏：谦恭聪敏。④事：侍奉。

译文

子贡问孔子说：“您对于子产、晏子，可以说是最推崇的。我冒昧地问一下，他们两位大夫的行为，看哪一点得到您的推崇。”孔子说：“子产对百姓来说是个慈爱的人，从学问来说是精通万物；晏子对君主而言是一个忠心的大臣，从行为来说，谦恭聪敏。因此，我把他们当成兄长侍奉，而且更加尊敬爱戴。”

原文

齐有一足之鸟，飞集于公朝，下止于殿前，舒翅而跳。齐侯大怪之，使使[②]聘鲁问孔子。孔子曰："此鸟名曰商羊，水祥[②]也。昔童儿有屈[③]其一脚，振讯两肩而跳，且谣曰：'天将大雨，商羊鼓舞。'今齐有之，其应至矣。急告民趋治沟渠，修堤防，将有大水为灾。"顷之，大霖雨，水溢泛诸国，伤害民人。唯齐有备，不败。景公曰："圣人之言，信而有征[④]矣。"

注释

①使使：派遣使者。第一个"使"是动词，派遣。第二个"使"是名词，使者。②水祥：大水的征兆。祥，吉凶的征兆。③屈：弯曲。④征：应验。

译文

齐国有种一只脚的鸟，飞来落在宫殿朝廷上，然后飞落在大殿前面，舒展着翅膀蹦跳着。齐景公感到很奇怪，派遣使者到鲁国，向孔子咨询这件事。孔子说："这种鸟名字为商羊，是大水将要到来的征兆。以前有些孩子弯起一只脚，抖动两肩跳着，并且唱起歌谣：'天将下大雨，商羊来跳舞。'现在齐国出现这种鸟，大雨也将要到来了。应当赶快告诉民众，让他们快速修理沟渠，修筑防水的堤坝，大水将要到来造成灾害。"很快，天就下起了大雨，大水泛滥，淹没了很多国家，各国的百姓都深受其害。只有齐国提前做好了准备，没有受到破坏。齐景公说道："圣人说的话，真实可靠并且应验了。"

原文

孔子谓宓子贱曰："子治单父，众悦，子何施而得之也？子语丘[1]所以为之者。"对曰："不齐[2]之治也，父恤其子，其子恤诸孤，而哀丧纪。"孔子曰："善！小节也，小民附矣，犹未足也。"曰："不齐所父事者三人，所兄事者五人，所友事者十一人。"孔子曰："父事三人，可以教孝矣；兄事五人，可以教悌[3]矣；友事十一人，可以举善矣。中节也，中人附矣，犹未足也。"

注释

①丘：孔子谦称。②不齐：子贱谦称自己。③悌：尊敬兄长。

译文

孔子对宓子贱说："你治理单父这个地方，老百姓都很满意，你是怎样做到这些的呢？告诉我你这样做的原因。"子贱回答说："我治理单父时，让父亲体恤儿子，儿子同情所有的孤儿，并且为父亲的丧事而悲痛。"孔子说："好！小小的礼节使老百姓归附，但还不够。"子贱说："我以父亲的礼节侍奉的有三个人，以兄长的礼节对待的有五个人，以朋友的礼节对待的有十一人。"孔子说："像对待父亲一样侍奉三人，能够教导百姓孝顺；像对待兄长一样侍奉五人，能够教百姓尊敬兄长；像对待朋友一样侍奉十一人，可以教人友善。这些都符合礼节，具有中等才能和品德的人也来依附你，这还不够吧。"

原文

曰："此地民有贤[①]于不齐者五人，不齐事之而禀度焉，皆教不齐之道。"孔子叹曰："其大者乃于此乎有矣。昔尧舜听[②]天下，务求贤以自辅。夫贤者，百福之宗[③]也，神明之主也。惜乎不齐之以所治者小也。"

注释

①贤：贤明。②听：治理国家。③宗：主旨，宗旨。

译文

子贱说："这个地方百姓中比我贤能的有五个人，我侍奉他们，并从他们那里受教，他们都教给我道义。"孔子叹息说："那些治理天下的大道理就在这了。过去尧舜治理国家，必定会寻求有才能的人来辅助自己。贤能的人是幸福的源泉，是神明的主宰。可惜你治理的地方太小了。"

原文

子贡为信阳宰，将行，辞于[①]孔子。孔子曰："勤之慎之，奉[②]天子之时，无夺无伐[③]，无暴无盗。"子贡曰："赐也少而事君子，岂以盗为累哉?"孔子曰："汝未之详也。夫以贤代贤，是谓之夺；以不肖[④]代贤，是谓之伐；缓令急诛，是谓之暴；取善自与[⑤]，是谓之盗。盗非窃财之谓也。吾闻之，知为吏者，奉法以利民，不知为吏者，枉法以侵民，此怨[⑥]之所由也。治官莫若平，临财莫如廉，廉平之守，不可改也。匿[⑦]人之善，斯谓蔽贤；扬人之恶，斯为小

人。内不相训[8]，而外相谤，非亲睦也。言人之善，若己有之；言人之恶，若己受之。故君子无所不慎焉。"

注释

①于：向。②奉：遵从，接受。③伐：陷害。④不肖：不贤能。⑤与：给。⑥怨：恨。⑦匿：隐匿。⑧相训：相互训诫。

译文

子贡做信阳的地方官，即将出行时，向孔子告别。孔子说："勤奋谨慎，遵从君王安排的机会，不要强取豪夺，不要陷害贤才，不要残暴，不要偷盗。"子贡说："我从小侍奉君子，难道还会去偷盗吗？"孔子说："你知道得不详细。那种用贤才代替贤才，就叫夺取；用不贤能的人代替贤才，就叫作陷害贤才；执行命令时迟缓，执行惩罚时行动快速，这就称为残暴；把利益归自己所有，就是偷盗。这里的盗不是偷盗财物的意思。我听说，知道怎样做官的人，遵从法令为民谋利，不知道怎样做官的人，违背法令侵害百姓，这是怨恨所以产生的原因。治理官员最好要公平，面对财物最好要廉洁，廉洁公平的操守不能更改。隐瞒别人的长处，这就是蒙蔽贤才；宣扬别人的短处，就是小人。在内部相互不训诫，在外相互诽谤，这不是团结和睦的做法。谈到别人的长处，就像自己拥有一样；说到别人的缺点，就像自己承受一样。因此君子没有什么不可以谨慎的。"

原文

子路治[1]蒲三年，孔子过之。入其境[2]，曰："善哉由也！恭敬以信矣。"入其邑[3]，曰："善哉由也！忠信而宽矣。"至廷[4]，曰："善哉由也！明察以断矣。"子贡执辔而问曰："夫子未见由之政，

而三称其善，其善可得闻乎？”孔子曰：“吾见其政矣。入其境，田畴尽易[5]，草莱[6]甚辟[7]，沟洫[8]深治，此其恭敬以信，故其民尽力也；入其邑，墙屋完固，树木甚茂，此其忠信以宽，故其民不偷[9]也；至其庭，庭甚清闲，诸下用命[10]，此其言明察以断，故其政不扰也。以此观之，虽三称其善，庸尽其美矣！”

注释

①治：治理。②境：边境。③邑：城镇。④廷：地方官理政的厅堂。⑤易：整治。⑥莱：杂草。⑦辟：清除，清理。⑧洫：田间的水渠。⑨偷：苟且。⑩用命：听从，执行命令。

译文

子路在蒲地治理了三年，孔子经过蒲地。进入到境内以后，说道：“仲由做得很好啊！恭敬并且讲信用。”进入到城邑以后，说道：“仲由做得很好啊！忠信并且宽厚。”到了官厅以后，说道：“仲由做得很好啊！明察并且果断。”子贡拉住马辔问道：“您还没有见过仲由处理政事，却已经称赞了他三次，他的优点您能讲给我听一听吗？”孔子说道：“我已经看到了他的为政了。进入到境内，看到田地都被整治，杂草被清理，田间的沟渠也都挖得很深，这就是因为他恭敬诚信，所以老百姓全力以赴；进入到城邑，看到城中墙坚屋固，树木茂盛，这是因为他忠信宽厚，所以老百姓不苟且营生；到了官厅以后，看到厅堂清净悠闲，手下人都听从他的命令，这是因为他英明果断，所以为政没有受到干扰。从这些来观察，即便是三次予以赞美，又哪里能说得尽他的优点呢！”

卷 四

六本第十五

原文

孔子曰："行[1]己有六本焉，然后为君子也。立身有义[2]矣，而孝为本；丧纪有礼矣，而哀为本；战阵有列矣，而勇为本；治政有理矣，而农为本；居国有道矣，而嗣[3]为本；生财有时矣，而力为本。置本不固，无务农桑；亲戚不悦，无务外交；事不终始，无务多业；记闻而言，无务多说；比近不安，无务求远。是故反本修迩[4]，君子之道也。"

注释

①行：立身行事。②义：道义。③嗣：子嗣，这里指选定继位之君。④迩：近的。

译文

孔子说："立身行事有六个根本，做好了这六点之后就能成为君子了。立身要讲究道义，孝顺是根本；料理丧事要讲究礼仪，哀痛是根本；作战要讲究阵列，勇敢是根本；治国要有条理，农业是根本；掌管国家要有方法，继承人是根本；发财要遵循时机，努力是根本。放弃根本而不巩固它，就没有必要致力于农桑了；不能使亲戚高兴，就没有必要致力于外交了；行事做不到有始有终，就没有必要经营多种产业了；道听途说的言论，就不要多说；近邻都不能安生，就不要让远方的人来归附。所以，返回事理的根本，从近处做起，这才是成为君子的途径。"

原文

孔子曰："良药苦于口而利于病，忠言逆于耳而利于行。汤武以谔谔①而昌，桀纣以唯唯②而亡。君无争臣，父无争子，兄无争弟，士无争友，无其过者，未之有也。故曰：'君失之，臣得之；父失之，子得之；兄失之，弟得之；己失之，友得之。'是以国无危亡之兆③，家无悖乱④之恶，父子兄弟无失，而交友无绝也。"

注释

①谔谔：直言进谏的样子。②唯唯：随声应和的言语。③兆：预兆，兆头。④悖乱：犯上作乱。

译文

孔子说："好药吃起来虽然苦涩但是有利于疾病的治疗，忠言听起来虽然不好听但是有利于立身行事。商汤和周武王因为能够听进直言劝谏而使国家繁荣昌盛，夏桀和商纣王因为只听别人随声应和的言语而导致国家灭亡。君王没有直言劝他改过的大臣，父亲没有直言劝他改过的儿子，兄长没有直言劝他改过的弟弟，读书人没有直言劝他改过的朋友，想要不犯错是不可能的。所以说：'君王有过失，大臣就会发现；父亲有过失，儿子就会发现；兄长有过失，弟弟就会发现；自己有过失，朋友就会发现。'所以，国家就没有危险灭亡的征兆，家庭就没有犯上作乱、违背道德的恶行，父子兄弟之间没有过失，而朋友也不会跟你绝交。"

原文

孔子见齐景公，公悦焉，请置廪丘之邑以为养[①]。孔子辞而不受。入谓弟子曰："吾闻君子当功受赏[②]，今吾言于齐君，君未之有行，而赐吾邑，其不知丘亦甚矣。"于是遂行。

孔子在齐，舍于外馆[③]，景公造[④]焉。宾主之辞既接，而左右白[⑤]曰："周使适至，言先王庙灾。"景公覆问[⑥]："灾何王之庙也？"孔子曰："此必釐王之庙。"公曰："何以知之？"孔子曰："《诗》云：'皇皇上天，其命不忒。'天之以善，必报其德。祸亦如之。夫釐王变[⑦]文武之制，而作玄黄华丽之饰，宫室崇峻，舆马奢侈，而弗可振[⑧]

也。故天殃所宜加其庙焉，以是占之为然。”公曰：“天何不殃其身，而加罚其庙也?”孔子曰：“盖以文武故也。若殃其身，则文武之嗣，无乃殄[9]乎？故当殃其庙以彰其过。”俄顷[10]，左右报曰：“所灾者，釐王庙也。”景公惊起，再拜曰：“善哉！圣人之智，过人远矣。”

注释

①养：奉养。②当功受赏：即功成受赏。③外馆：即旅馆。④造：到，前往。⑤白：报告。⑥覆问：又问，再问。覆，通“复”。⑦变：更改。⑧振：同“赈”，挽救。⑨殄：灭绝，尽。⑩俄顷：过了一小会儿。

译文

孔子去拜见齐景公，齐景公很高兴，便请求将廪丘城封给孔子作为供养之地。孔子推辞而没有接受。进到屋中对弟子们说：“我听说君子是功成而受赏，现在我只是和齐君说了话，他并没有按照我的话去实施什么行动，就要将城邑赏赐给我，他这么做实在是太不了解我了。”于是就离开了齐国。

孔子在齐国，在旅馆中住宿，景公亲自前去拜访。宾主之间互相致辞问候以后，景公左右侍奉的人上报说：“周朝的使者刚刚到来了，说先王的宗庙遭到了火灾。”景公听了以后问道：“是哪位先王的宗庙遭了火灾？”孔子回答说：“那必定是釐王的宗庙。”景公问道：“您是凭什么知道的呢？”孔子说：“《诗经》上说：‘伟大的上天啊，它所给予的不会有差错。’上天对那些行善的人，必定会回报他的美德。而灾祸也是一样的。釐王更改了文王和武王所制定的制度，并且制作各种色彩艳丽华美的饰品，宫殿的房屋也都建造得高大耸峻，车马用度十分奢侈，并且不可挽救。所以上天便降灾难到他的宗庙中，我就是这样预测的。”景公说：“为什么天灾没有直接降临到他身上，却降临到他的宗庙中呢？”孔子说：“这大概是文王和武王的缘故吧。如果天灾降临其身，那文王和武王的后嗣不就灭绝了吗？因此就降临到他的宗庙，以彰显他的过错。”过了一小会儿，左右侍奉的人就上报说：“受到火灾的是釐王的宗庙。”景公惊讶地站了起来，拜了两拜说道：“太好了，圣人的智慧就是远远地超出了常人啊。”

原文

子夏三年之丧毕，见于孔子。子曰：“与之琴。”使之弦[1]，侃侃而乐。作而曰：“先王制礼，不敢不及。”子曰：“君子也。”闵子三年之丧毕，见于孔子。子曰：“与之琴。”使之弦，切切而悲。作而曰：“先王制礼，弗敢过也。”子曰：“君子也。”子贡曰：“闵子哀未尽，夫子曰君子也；子夏哀已尽，又曰君子也。二者殊情而俱曰君子，赐也惑，敢问之。”孔子曰：“闵子哀未忘，能断[2]之以礼；子夏哀已尽，能引[3]之及礼。虽均[4]之君子，不亦可乎？”

注释

①弦：弹奏。②断：斩断。③引：牵引，这里有延长之义。④均：比较。

译文

子夏服丧三年期满，拜见孔子。孔子说：“将琴给他。”让他弹奏，子夏操起琴从容地弹奏。然后站起来说：“先王所制定的礼仪，我不敢不遵守。”

孔子说："你是君子啊。"闵子骞服丧三年期满，拜见孔子，孔子说："将琴给他。"让他弹奏，闵子骞弹得乐声悲切。然后他站起来说："先王所制定的礼仪，我不敢超过。"孔子说："你是君子呀。"子贡问道："以前闵子的哀痛没有散尽的时候，您说他是君子；现在子夏的哀痛已经消失了，您也称他为君子。两个人感情不同，您都称他们为君子，我想问您一下这其中的缘故。"孔子回答说："闵子的哀痛没有散尽，但是他却能用礼来斩断它；子夏虽然已经不再悲伤了，却能够用礼来加以约束。即便是将他们都和君子相比，又有什么不可以的呢？"

原文

孔子曰："无体[①]之礼，敬也；无服[②]之丧，哀也；无声之乐，欢也。不言而信，不动而威，不施而仁。志，夫钟[③]之音，怒而击之则武，忧而击之则悲。其志[④]变者，声亦随之。故志诚感之，通于金石[⑤]，而况人乎！"

注释

①体：形式。②服：丧服。③钟：古时的一种乐器。④志：心志，心情。⑤金石：泛指乐器。

译文

孔子说："没有形式的礼仪，是恭敬的；不穿丧服的丧礼，是哀痛的；没有声音的音乐，是快乐的。不用言语表达却能让人信服，不用行动却能让人感受到威严，不用施舍却能让人感受到仁爱。记住，编钟的声音，当你愤怒时敲击它，它就会发出猛烈的声音，忧伤时敲击它，就会发出悲伤的声音。敲击它的人心情变了，它的声音也就会随之而变。因此，心里有所感触，能和乐器相通，何况是人呢！"

原文

孔子见罗雀者，所得皆黄口[①]小雀。夫子问之曰："大雀独不得，何也?"罗者曰："大雀善惊而难得，黄口贪食而易得。黄口从[②]大雀则不得，大雀从黄口亦不得。"孔子顾谓弟子曰："善惊以远[③]害，利食而忘患，自其心矣。而独以所从为祸福，故君子慎其所从。以长者之虑，则有全身之阶[④]；随小者之戆[⑤]，而有危亡之败也。"

注释

①黄口：指幼鸟，幼鸟的嘴角总是呈黄色，所以此处以黄口代替幼鸟。②从：跟从。③远：远离。④阶：凭借。⑤戆：痴傻。

译文

孔子看到捕雀的人所捕捉到的都是黄嘴的小雀，就问道："大雀独独捉不到，这是什么原因呢?"捉鸟的人回答说："大雀容易惊觉所以不容易捕捉到，小鸟贪吃食物所以就容易抓到。小雀跟从着大雀的不容易被抓到，大雀跟着小雀的也不容易被抓到。"孔子回过头对弟子们说道："容易惊觉就可以远离灾祸，贪吃食物就容易忘掉祸患，这是其不同的内心导致的。并且因为他跟从的对象而决定祸福，因此君子对待跟从的人一定要谨慎。跟从长者的意见，就有了保全自身的凭借；跟从痴傻无知的小儿，就有危险、败亡的祸患。"

原文

孔子读《易》[1]，至于《损》《益》，喟然[2]而叹。子夏避[3]席问曰："夫子何叹焉?"孔子曰："夫自损者必有益之，自益者必有决之，吾是以叹也。"子夏曰："然则学者不可以益[4]乎?"子曰："非道益之谓也。道弥[5]益而身弥损。夫学者损其自多，以虚受人，故能成其满博哉。天道成而必变，凡持满而能久者，未尝有也。

注释

①《易》：《周易》。②喟然：叹息的样子。③避：离开。④益：增加，弥补。⑤弥：更加。

译文

孔子读《周易》，读到《损》《益》两卦时，长声叹息。子夏离开座位问孔子："先生为什么叹息呢?"孔子说："自己减少的一定会有增加，自己增加的一定会有减少，我是因此而叹息啊。"子夏说："难道通过学习不可以增长吗?"孔子说："并不是说天道的增长。学问越增加，自身就应该越谦虚。谦虚的学者有很多，能够虚心接受别人的教导，所以才能使自己知识丰富。天道形成后就必定会变化，凡是骄傲自满的人能够长久的，还从来没有过。

原文

"故曰：'自贤者，天下之善言不得闻于耳矣。'昔尧治天下之位，犹允恭以持之，克让[1]以接下，是以千岁而益盛，迄今而逾彰[2]。夏桀昆吾[3]，自满而无极，亢意而不节，斩刈[4]黎民如草芥焉。天下

讨之如诛匹夫，是以千载而恶著，迄今而不灭。观此，如行则让长，不疾先；如在舆[5]，遇三人则下之，遇二人则式之。调其盈虚，不令自满，所以能久也。”子夏曰：“商请志之，而终身奉行焉。”

注释

①克让：谦让克己。②彰：显露，彰显。③昆吾：夏商时部落名。④斩刈：砍伐，斩杀。⑤舆：车中装载东西的部分，后泛指车。

译文

“所以说：‘认为自己有才能的人，天下的良言他一句也没听到。’过去尧治理天下时，能够公允谦恭待人，对待下人克己谦让，所以千年以来声名隆盛，到现在更加显著。夏桀和昆吾，自满到了极致，随心所欲，毫无节制，斩杀百姓就像割草芥一样。天下人讨伐他就像诛杀匹夫一样，所以千年以来罪恶显著，到现在还不能泯灭。由此看来，如果行事就要谦让长辈，不能抢先行事；比如，坐车时遇到三个人，就主动下车，遇到两个人，就扶着前边的横木致敬。调节好充实和虚空，不要让自己骄傲自满，这样才能长久立于世。”子夏说：“我要记住这些话，并终身奉行。”

原文

子路问于孔子曰：“请释[1]古之道而行由之意，可乎？”子曰：“不可。昔东夷之子，慕诸夏[2]之礼，有女而寡，为内[3]私婿，终身不嫁。嫁则不嫁矣，亦非贞节之义也。苍梧娆娶妻而美，让与其兄。让则让矣，然非礼[4]之让也。不慎其初，而悔其后，何嗟及矣。今汝欲舍古之道，行子之意，庸知子意不以是为非，以非为是乎？后虽欲悔，难哉！”

注释

①释：放下，放弃。②诸夏：即华夏。③内：通“纳”，招纳。④非礼：不符合礼仪。

译文

子路向孔子问道：“我请求放弃古代的道，而去实行我个人的主张，可以吗？”孔子说：“不可以。以前东夷中有一个人，羡慕华夏礼仪，他的女儿成了寡妇以后，原本要为女儿招一个女婿，女儿却很坚决地终身不再嫁人。原本是可以嫁人却不改嫁，这并不符合贞节之义。苍梧有一个叫娆的人，他娶了一个貌美的妻子，就将妻子让给了自己的兄长。虽然这也是谦让，却不符合礼义。刚开始的时候不谨慎，事后又后悔，嗟叹能有什么用呢？现在你想要舍弃古代的大道，而去施行你自己的主张，哪里知道你的主张不是以对为错、以错为对的呢？以后即便是想后悔，也难了！”

原文

曾子耘瓜[1]，误斩其根。曾皙怒，建[2]大杖以击其背。曾子仆地而不知人久之。有顷，乃苏，欣然而起，进于曾皙曰：“向也参得罪于大人，大人用力教参，得无[3]疾乎？”退而就房，援琴而歌，欲令曾皙而闻之，知其体康也。孔子闻之而怒，告门弟子曰：“参来勿内。”曾参自以为无罪，使人请于孔子。

注释

①耘瓜：在瓜地里锄草。②建：操起，拿起。③得无：大概没有。

译文

曾参在瓜地中锄草，不小心将瓜苗的根给铲断了。曾皙看到了以后大怒，操起大木棍就向他的后背打去。曾参倒地不知人事，过了好一会儿，才苏醒过来，很高兴地站立起来，走到曾皙面前说道："刚才我得罪了父亲大人，您用棍杖教育了我，您没有受伤吧？"回去以后就进入房间中，操起琴一边弹一边歌唱，想要曾皙听到，知道他的身体还好。孔子听到这件事以后很生气，告诉守门的弟子说："曾参来了的话不要让他进来。"曾参认为自己没有过错，就让人向孔子请求拜见。

原文

子曰："汝不闻乎？昔瞽瞍[①]有子曰舜，舜之事瞽瞍，欲使之，未尝不在于侧；索而杀之，未尝可得。小棰则待过[②]，大杖则逃走。故瞽瞍不犯不父之罪，而舜不失烝烝[③]之孝。今参事父，委身以待暴怒，殪[④]而不避，既身死而陷父于不义，其不孝孰大焉？汝非天子之民也，杀天子之民，其罪奚若？"曾参闻之曰："参罪大矣。"遂造孔子而谢过。

注释

①瞽瞍：原指盲人，这里指舜的父亲。瞽瞍对舜很不好，曾多次想要将舜害死。②待过：待罪，指挨打。③烝烝：众多的样子。④殪：死。

译文

孔子说："你没有听说过吗？以前瞽瞍有个儿子名为舜，舜服侍父亲，只要父亲有事情要使唤他，他没有不在身边的时候；但瞽瞍找舜并且想杀死他的时候，从来都找不到。瞽瞍用小棍子打他的时候，他就老实地挨打，当瞽瞍用大木棍打他的时候他就逃跑。因此瞽瞍没有犯下违反父道的罪过，舜也没有丧失众多的孝道。如今曾参你在服侍父亲的时候，舍弃身体去等着父亲大怒，要被打死了还不知道躲避，自己死了以后就会让父亲陷于不义的境地，还有比这样更为不孝的吗？这样一来，你就不是君主的子民，杀害了君主的子民，这样的罪过有哪一种比得上呢？"曾参听到了以后说道："我的罪过很大啊。"于是就到孔子面前谢罪。

原文

荆公子行年十五而摄[1]荆相事，孔子闻之，使人往观其为政焉。使者反[2]，曰："视其朝清净而少事，其堂上有五老焉，其廊下有二十壮士焉。"孔子曰："合二十五人之智以治天下，其固[3]免矣，况荆乎？"

子夏[4]问于孔子曰："颜回[5]之为人奚若？"子曰："回之信[6]贤于丘。"曰："子贡[7]之为人奚若？"子曰："赐之敏贤于丘。"曰："子路[8]之为人奚若？"子曰："由之勇贤于丘。"曰："子张[9]之为人奚若？"子曰："师之庄贤于丘。"子

夏避席而问曰："然则四子何为事先生？"子曰："居，吾语汝。夫回能信而不能反，赐能敏而不能诎，由能勇而不能怯，师能庄而不能同。兼四子者之有以易吾，弗与也。此其所以事吾而弗贰也。"

注释

①摄：代理。②反：通"返"，返回。③固：原本。④子夏：即卜商，卫国人，为人好论精微，以文学称名，孔门七十二贤之一。⑤颜回：字子渊，鲁国人，孔门七十二贤之一，以德行为孔子所褒奖。⑥信：诚实、诚信。⑦子贡：即端木赐，卫国人，以辩才称名，孔门七十二贤之一。⑧子路：即仲由，小孔子九岁，性情刚烈，长于政事。⑨子张：即颛孙师，陈国人，孔子弟子，为人宽容博洽。

译文

荆国的公子十五岁的时候就代理了荆国的宰相事务，孔子听说这件事以后，就派人到那里，察看他如何处理政事。使者回来以后，对孔子说："看他的朝堂清净并且很少有事，堂上坐有五位长者，屋廊下站有二十位壮士。"孔子说道："联合这二十五个人的智慧来治理天下，本来就可以免于危亡，何况只是治理荆国呢？"

子夏向孔子问道："颜回的为人怎么样？"孔子回答说："颜回的诚信要超过我。"子夏问道："子贡的为人怎么样？"孔子说："子贡的聪敏要超过我。"子夏又问："子路的为人怎么样？"孔子回答："子路的勇敢要超过我。"子夏又问："子张的为人怎么样？"孔子回答说："子张的庄重要超过我。"子夏离开席位向孔子问道："那么为什么这四个人都来服侍老师您呢？"孔子回答说："坐下，我告诉你。颜回很诚信却不能灵活地变通，子贡生性聪敏却不能够委屈自己，子路很勇敢却不能表现怯弱，子张很庄重却不能和众人相合。因此将这四个人的所有长处加在一起和我交换，我也不会同意。这就是他们之所以侍奉我并且没有二心的原因。"

原文

孔子游于泰山，见荣声期行乎郕之野，鹿裘带索，鼓琴①而歌。孔子问曰："先生所以为乐者，何也?"期对曰："吾乐甚多，而至者三：天生万物，唯人为贵，吾既得为人，是一乐也；男女之别，男尊女卑，故人以男为贵，吾既得为男，是二乐也；人生有不见日月②，不免襁褓③者，吾既以行年九十五矣，是三乐也。贫者，士之常；死者，人之终。处常得终，当何忧哉?"孔子曰："善哉！能自宽者也。"

注释

①鼓琴：弹琴。②不见日月：指还没有生下来就死在母腹中。③襁褓：包裹婴儿的被子和带子，引申为年幼的婴儿。

译文

孔子在泰山上游览，看到了荣声期在郕国的郊外行走，只见他穿着鹿皮制的衣服，系着绳子做的腰带，弹着琴唱歌。孔子向他问道："您这么快乐的原因是什么呢?"荣声期回答说："我的快乐很多，最快乐的有三点：天地孕育万物，以人最为尊贵，我既然身为人，这是第一大快乐；男女有别，男尊女卑，因此人们都以男子为贵，我既然身为男子，这是第二大快乐；人生中有胎死腹中以及幼年夭折的，我却已经活到了九十五岁，这是第三大快乐。贫困是士人常处的境地，死亡是人的最终归宿。身处常境并得以享尽天年，还有什么值得担忧的呢?"孔子说："好啊！荣声期是能够自我宽慰的人啊。"

原文

孔子曰："回有君子之道四焉：强①于行义，弱于受谏，怵②于待禄，慎于治身。史鳝有君子之道三焉：不仕而敬上，不祀而敬鬼，直己而曲于人。"曾子侍，曰："参昔常闻夫子之三言，而未之能行也。夫子见人之一善而忘其百非③，是夫子之易事也；见人之有善若已有之，是夫子之不争也；闻善必躬行④之，然后导之，是夫子之能劳也。学夫子之三言而未能行，以自知终不及二子者也。"

注释

①强：尽力去做事情。②怵：害怕，担心。③百非：很多缺点。④躬行：亲自去做。

译文

孔子说："颜回身上有君子的四种美德：尽心尽力做仁义的事，虚心听从别人的进谏，害怕接受俸禄，慎重立身行事。史鳝具有君子的三种美德：不做官的时候也能尊敬君主，不祭祀的时候也能恭敬地对待鬼神，严于律己宽以待人。"曾参站在孔子的旁边说："我过去经常听您讲三句话，但是却没能够依照这三句话来做事情。先生您发现别人的一点长处就忘了他所有的短处，所以您能够与人友好相处；发现别人的长处，就像是您自己拥有的一样，因而您不争强好胜；听说了别人的长处必定要身体力行去做，然后把它教给别人，因而您能够不辞辛苦。我学习了您的三句话但是没有去做，因此我自知自己最终不如颜回和史金鳝。"

原文

孔子曰："吾死之后，则商①也日益②，赐也日损③。"曾子曰："何谓也？"子曰："商也好与贤己者处，赐也好说不若己者。不知其子视其父，不知其人视其友，不知其君视其所使，不知其地视其草木。故曰：与善人居④，如入芝兰之室，久而不闻其香，即与之化矣。与不善人居，如入鲍鱼之肆⑤，久而不闻其臭，亦与之化矣。丹之所藏者赤，漆之所藏者黑，是以君子必慎其所与处者焉。"

注释

①商：卜商，字子夏。②益：增加，进步。③损：损失，减少，后退。④居：居住，相处。⑤肆：店铺。

译文

孔子说："我死了以后，子夏能够逐渐进步，但是子贡会逐渐后退。"曾子说："为什么这样说呢？"孔子说："子夏喜欢与强过自己的人相处，子贡喜欢取悦不如自己的人。如果你不了解儿子，看他的父亲的表现；不了解那个人可以观察他的朋友；不了解君王，可以看他任用的大臣；不了解那块土地，可以看它上面生长的草木。所以说：同好人相处，就像进入种满香草的房屋一样，时间长了就不能闻到兰花的香味了，那是因为已经被同化了。同坏人相处，就像进入卖鲍鱼的市场一样，时间长了就闻不到臭味了，也已经被同化了。装丹砂的容器会变成红色，装漆的容器会变成黑色。因此君子一定要谨慎选择和自己相处的人。"

原文

曾子从孔子之齐，齐景公以下卿之礼聘曾子，曾子固辞。将行，晏子送之曰：“吾闻之，君子遗人以财，不若善言。今夫兰本三年，湛之以鹿醢①，既成噉②之，则易之匹马。非兰之本性也，所以湛者美矣，愿子详其所湛者。夫君子居必择处，游必择方，仕必择君。择君所以求仕，择方所以修道。迁风移俗，嗜欲移性，可不慎乎?”孔子闻之，曰：“晏子之言，君子哉！依贤者固不困，依富者固不穷，马蚿斩足而复行，何也?以其辅之者众。”

注释

①鹿醢：用鹿肉做成的酱。②噉：吃。

译文

曾参跟着孔子到齐国，齐景公用对待下卿的礼遇聘请曾子，曾参态度很坚决地推辞掉了。曾参快要离开齐国的时候，晏婴给他送行，说：“我听说，君子赠送别人钱财，还不如赠送别人好的建议。现在有一根生长了三年的兰草根，用鹿肉酱浸泡它，泡好后吃它，味道十分鲜美，可以用来交换一匹马。这不是因为兰草本身就有鲜美的味道，而是用来浸泡它的鹿肉酱味道鲜美，所以希望你明白鹿肉酱的作用。君子居住的时候往往要挑选好的地方，出去游玩的时候也要选择对的方向，做官一定要选择君主。选择君主的原因是寻求官职，选择方向的原因是修养道行。改变风气和风俗习惯的人，喜好改变本性，能够不谨慎吗?”孔子听到晏子这番话，说：“晏子说的话，是君子的话啊。依从贤人，本来就不会困惑，依傍富人，当然不会贫困，马蚿脚断了还能行走，为什么呢?因为它辅助的脚多。”

原文

孔子曰："以富贵而下人，何人不尊；以富贵而爱人，何人不亲？发言不逆[①]，可谓知言矣；言而众向[②]之，可谓知时矣。是故以富而能富人[③]者，欲贫不可得也；以贵而能贵人者，欲贱不可得也；以达而能达人者，欲穷不可得也。"

注释

①逆：违抗。②向：同"响"，响应。③富人：使人富。

译文

孔子说："自己身份富贵却能谦恭地对待别人，谁会不尊敬他？自己富贵却爱护别人，谁会不亲近他？讲话的时候没人违抗，可以称得上讲的是聪明话；说出的话大家都认可，可以称得上懂得把握时机了。所以凭借自己富足也能让别人富足的人，想贫困都不可能；凭借自己尊贵也能让别人尊贵的人，想卑贱都不可能；凭借自己通达能使别人通达的人，想仕途不顺都不可能。"

原文

孔子曰："中人[①]之情[②]也，有余则侈，不足则俭，无禁则淫，无度则逸，从欲则败。是故鞭朴之子不从父之教，刑戮之民不从君之令。此言疾之难忍，急之难行也。故君子不急断[③]，不急制[④]。使饮食有量，衣服有节，宫室有度，畜积有数，车器有限，所以防乱之原[⑤]也。夫度量不可不明，是中人所由[⑥]之令。"

注释

①中人：普通人。②情：情形。③断：决断。④制：制定规则。⑤原：通“源”，根本，根源。⑥由：遵守。

译文

孔子说：“普通人的情况是这样的，有多余的东西就奢侈浪费，不充足就会节俭，不禁止就行为过度，没有限度的时候就会放纵自己的行为，随心所欲就会失败。所以被鞭打的孩子不会听从父亲的教导，受到刑法处置的百姓不会听从君主的命令。这就是所谓动作太快就难以让人接受，命令下达太急就难以实行。所以君子不急于决断，不急于制定规则。使饮食适量，着装的时候有节制，居室有限度，积蓄要有一定的数额，车辆和器具有限量，这些就是防止灾难的根本方法。法规禁令不能不明确，这是普通人遵守的教令。”

原文

孔子曰：“巧①而好度，必攻；勇而好问，必胜；智而好谋，必成。以愚者反之。是以非其人，告之弗②听；非其地，树之弗生。得其人，如聚砂而雨之；非其人，如会聋而鼓之。夫处重③擅宠，专事妒贤，愚者之情也。位高则危，任重则崩，可立而待。”

注释

①巧：灵巧。②弗：不。③重：要位。

译文

孔子说："灵巧而且喜欢思考的人一定可以攻坚；勇敢而且喜欢询问的人必定胜利；聪明而且喜欢谋划的人必定成功。笨人刚好相反。因此，不是合适的人，忠告他也不听；不是合适的地，种上树也不长。得到合适的人，就像往沙堆上洒水一样；不是合适的人，就像对聋人敲鼓一样。身处要位而受专宠，专门干嫉贤妒能的事，这是笨人的本性。地位高贵就危险，责任重大就要崩溃，可以立刻见到这样的结果。"

原文

孔子曰："舟非水不行①，水入舟则没；君非民不治，民犯上则倾②。是故君子不可不严③也，小人不可不整一也。"

注释

①行：行驶。②倾：倾覆，指国家灭亡。③严：严谨。

译文

孔子说："船没有水就不能前行，水进入船舱，船就会沉没；君主远离了百姓就治理不好国家，百姓犯上作乱就会使国家灭亡。所以君子的思想不能不严谨，小人的思想不能不统一。"

原文

齐高庭问于孔子曰："庭不旷山，不直地，衣穰而提贽，精气以问事君子之道，愿夫子告之。"孔子曰："贞以干①之，敬以辅之，施仁无倦。见君子则举②之，见小人则退③之，去汝恶心而忠与之。效其行，修其礼，千里之外，亲如兄弟；行不效，礼不修，则对门不汝通矣。夫终日言，不遗己之忧；终日行，不遗己之患，唯智者能之。故自修者必恐惧以除患，恭敬以避难者也。终身为善，一言则败之，可不慎乎？"

注释

①干：帮助。②举：推举。③退：罢免。

译文

齐国人高庭向孔子问道："我越过高山，不远千里而来，身穿草编织成的衣服，拿着礼物，真心诚意地前来于此，向您询问侍奉君子的方法，希望您能够告诉我。"孔子回答说："忠贞地帮助他，恭敬地辅助他，施行仁义的时候要不知疲倦。看到君子就要推举他，看到小人就要罢免他，去除不好的心思而将忠心贡献给他。效仿他的言行，学习他的礼仪，即便是相隔千里，也能够亲如兄弟；如果不效仿其言行，不学习其礼仪，那么即便是对门的人也不会和你有往来。整天都在说话，也不要遗忘自己的担忧；整天都在做事，也不要遗忘自己的忧虑，唯有聪慧的人才能够做到这些。因此修养自身的人必定会心怀恐惧以消除祸患，恭敬节俭以避开灾难。即使一辈子都是在做好事，一句话却能够将他毁掉，因此能够不谨慎吗？"

辩物第十六

原文

季桓子穿①井，获如土缶，其中有羊焉。使使②问于孔子曰："吾穿井于费，而于井中得一狗，何也?"孔子曰："丘之所闻者，羊也。丘闻之，木石之怪夔、魍魉③，水之怪龙、罔象④，土之怪羵羊⑤也。"

注释

①穿：打井、挖井。②使使：派遣使者。③夔、魍魉：夔，传说中的单足兽。魍魉，山中精怪。④罔象：水怪的一种。⑤羵羊：土怪。

译文

季桓子派人打井，得到了一个土制的器皿，里面有一只羊。他派遣使者前去向孔子询问，说："我在费地打井的时候，在井中得到了一只狗，这是什么呢?"孔子回答说："根据我所知道的，应该是羊吧。我听说山林中的精怪有夔和魍魉，水中的精怪有龙和罔象，土中的精怪则是羵羊。"

原文

吴伐越，隳①会稽，获巨骨一节，专车②焉。吴子使来聘于鲁，且问之孔子，命使者曰："无以吾命也。"宾既将事，乃发币于大夫，及孔子，孔子爵之③。既彻④俎⑤而燕⑥客，执骨而问曰："敢问骨何如为大？"孔子曰："丘闻之，昔禹致群臣于会稽之山，防风后至，禹杀而戮之，其骨专车焉，此为大矣。"客曰："敢问谁守为神？"孔子曰："山川之灵，足以纪纲天下者，其守为神。社稷之守为公侯，山川之祀者为诸侯，皆属于王。"客曰："防风何守？"孔子曰："汪芒氏之君守封嵎山者，为漆姓，在虞夏商为汪芒氏，于周为长瞿氏，今曰大人。"客曰："人长之极几何？"孔子曰："僬侥氏长三尺，短之至也。长者不过十，数之极也。"

注释

①隳：毁坏。②专车：装了满满一车。③爵之：倒酒给他喝。④彻：同"撤"，撤走。⑤俎：祭祀时用来盛祭品的器具。⑥燕：同"宴"，宴饮。

译文

吴国攻伐越国的时候，毁坏了会稽城，得到了一节巨大的骨头，装了满满的一车。吴国的君主派人前往鲁国去问候鲁国的国君，并向孔子询问这件事，对使者说："（关于询问骨头这件事）不要说是我的命令。"使者问候完鲁君以后，就将所带的礼物送给鲁国的各位大夫，到了孔子跟前时，孔子给他倒了一杯酒。礼仪完毕以后，那些盛祭品的器具被撤去，开始了宴饮，使者便拿着骨头问孔子道："敢问您，什么样的骨头才是大的呢？"孔子说："我听说，以前大禹在会稽山上召集群臣，防风氏最后到，大禹就杀了他，他的骨头装了一车，那就是最大的了。”使者问道：“敢问守护的神灵是谁呢？”孔子说：“山川的神灵是足够用来整治天下的，也就是守护神。只祭祀社稷的是公侯，祭祀山川的才是诸侯，他们都隶属于君王。”使者又问道：“防风氏守护的是哪里呢？”孔子说：“他是汪芒国的君王，守护的是封嵎山，姓氏为漆，在虞、夏、商三朝时是汪芒氏，在周代是长瞿氏，现在则称为大人。”使者又问道：“人的身体最高的有多高呢？”孔子说：“僬侥氏的身体高三尺，是最矮的。最高的不超过十尺，这是极点了。”

原文

孔子在陈，陈惠公宾之于上馆①。时有隼集于陈侯之庭而死，楛矢贯之石砮，其长尺有咫②。惠公使人持隼如孔子馆而问焉。孔子曰：“隼之来远矣，此肃慎氏之矢。昔武王克商，通道于九夷百蛮，使各以其方贿③来贡，而无忘职业。于是肃慎氏贡楛矢石砮，其长尺有咫。先王欲昭其令④德之致远物也，以示后人，使永鉴焉，故铭其栝曰‘肃慎氏贡楛矢栝’，以分大姬⑤。配胡公，而封诸陈。古者分同姓以珍玉，所以展⑥亲亲也；分异姓以远方之职贡，所以无忘服⑦也。故分陈以肃慎氏贡焉。君若使有司求诸故府，其可得也。”公使人求，得之金椟，如之。

注释

①上馆：上等旅馆。②咫：长度单位，八寸为一咫。③方贿：当地的特产。④令：美好的。⑤大姬：周武王的女儿。⑥展：展示，表示。⑦服：臣服，顺从。

译文

孔子在陈国的时候，陈惠公将他安置在上等旅馆中。当时有一只隼栖息在陈惠公的朝廷中，死了，射死它的箭，箭杆是用楛木制成的，箭头则是石头做的，长度有一尺八寸。陈惠公便派人拿着这只隼去孔子所住的旅馆中询问。孔子说："这只隼是从很远的地方来的啊，这是肃慎氏的箭。以前周武王讨伐商纣的时候，打通了九夷和百蛮之间往来的道路，让他们各自进贡当地的特产，并且告诫他们不要忘记自己所从事的职务。于是肃慎氏就进贡了这种箭，它是楛木制成的箭杆，石头制成的箭头，长度有一尺八寸。周武王想要以此来昭示后人美德可以使四方朝贡，并成为后人永远的借鉴，于是就在箭栝上刻上了'肃慎氏贡楛矢'，并将箭赏赐给了自己的女儿大姬。后来大姬被许配给封地在陈的胡公（箭也随之到了陈）。古时候将珍宝美玉分给同姓之国，以表示彼此关系的亲密；将远方进贡的物品分给异姓之国，是要他们不要忘记服从。因此就将肃慎氏进贡的箭分给了陈国。如果您派人到府库中去查找的话，是能够找到的。"陈惠公就派人去府库中查找，找到一份写有金字的木简，和孔子所说的相同。

原文

郯子朝鲁，鲁人问曰："少昊氏以鸟名官，何也？"对曰："吾祖也，我知之。昔黄帝以云纪官，故为云师[①]而云名。炎帝以火，共工以水，太昊以龙，其义一也。我高祖少昊挚之立也，凤鸟适至，是以纪之于鸟，故为鸟师而鸟名。自颛顼氏以来，不能纪远，乃纪于近，为民师而命以民事，则不能故也。"孔子闻之，遂见郯子而学焉。既而告人曰："吾闻之，天子失官[②]，学在四夷，犹信。"

注释

①师：长。②官：官学。

译文

郯国的国君去朝拜鲁国，鲁人问道："少昊氏用鸟的名字来封官，是什么原因呢？"郯子回答说："少昊氏是我的祖先，我知道其中的原因。以前黄帝用云来任命官职，因此百官之长都用云来命名。炎帝是用火来命名官职，共工是用水来命名官职，太昊是用龙来命名官职，意义都是一样的。我的祖先少昊挚在建国时，正好有凤鸟飞过，记录下来，因此便设立鸟的长官并以鸟来命名官职。自从颛顼氏以后，不能用远来的祥瑞来命名了，就用近处的事物来命名，因此就设立百姓的长官并用百姓的事物来命名，这是不能（用原来的方式命名）的缘故。"孔子听说了这件事以后，就马上去拜见郯子并向他学习。而后告诉别人说："我听说天子的官学丧失了以后，学问就只能存在于诸侯的小国中了，这些话是真实的。"

原文

邾隐公朝于鲁，子贡观焉。邾子执玉高，其容仰。定公受玉卑，其容俯。子贡曰："以礼观之，二君者将有死亡焉。夫礼，生死存亡之体①，将左右周旋，进退俯仰，于是乎取之；朝祀丧戎，于是乎观之。今正月相朝，而皆不度②，心以亡矣。嘉事③不体，何以能久？高仰，骄也；卑俯，替④也。骄近乱，替近疾。君为主，其先亡乎？"夏五月，公薨，又邾子出奔⑤。孔子曰："赐不幸而言中，是赐多言。"

注释

①体：根本，实质。②不度：不合礼法。③嘉事：指朝礼。④替：衰落，衰弱。⑤奔：逃。

译文

邾隐公到鲁国朝拜，子贡在一旁观看。邾隐公高高地拿着进献的玉站立着，仰着头。定公低着身子接受玉，低着头。子贡说："从礼节上来看，这两个君主大概是要死了。礼是生死存亡的根本。率领手下的人和他人打交道，进退俯仰都要取之于法度；朝拜祭祀以及殡葬征战都要从中看到礼节。如今在正月互相朝拜，却都不符合法度，连礼节的根本都丧失了。朝礼也不符合礼，如何能够长久呢？头高仰显示骄傲；头低俯，显示衰落。骄傲接近动乱，衰落接近疾病。国君是主人，大概会先亡吧？"夏季的五月，定公死了，邾隐公也从鲁国逃走了。孔子说："子贡说中了不幸的事，这是子贡多嘴。"

原文

孔子在陈，陈侯就之燕游[1]焉。行路之人云："鲁司铎灾及宗庙。"以告孔子。子曰："所及者其桓、僖之庙。"陈侯曰："何以知之？"子曰："礼，祖有功而宗有德，故不毁其庙焉。今桓、僖之亲尽矣，又功德不足以存其庙，而鲁不毁，是以天灾加[2]之。"三日，鲁使至，问焉[3]，则桓、僖也。陈侯谓子贡曰："吾乃今知圣人之可贵。"对曰："君之知之，可矣，未若专其道而行其化之善也。"

注释

①燕游：宴饮游玩。燕，同“宴”。②加：加于其上。③焉：代词，代指之前所说的事。

译文

孔子在陈国，陈侯和他一起宴饮游玩。路上的行人说道：“鲁国司铎的火灾殃及了宗庙。”有人将这件事告诉了孔子。孔子说：“火灾所殃及的大概是桓公和僖公的宗庙吧。”陈侯问道：“凭什么知道的呢？”孔子说：“按照礼仪来说，祖宗有功德的话，宗庙就不会被毁坏。而今桓公和僖公历时久远，和后世的亲属关系已超过了五代，而他们自身的功德又不足以保全他们的宗庙，而鲁国没有毁掉它，因此上天就将火灾加于其上。”过了三天，鲁国的使者到来，问起这件事，果然火灾所殃及的就是桓公和僖公的宗庙。陈侯对子贡说：“我现在才知道圣人是多么的值得敬重。”子贡回答说：“您知道了这点，很不错，不如专门采取其道并推行其教化。”

原文

阳虎既奔齐，自齐奔晋，适[①]赵氏。孔子闻之，谓子路曰：“赵氏其世[②]有乱乎？”子路曰：“权不在焉，岂能为乱？”孔子曰：“非汝所知。夫阳虎亲[③]富而不亲仁，有宠于季孙，又将杀之，不克[④]而奔，求容[⑤]于齐。齐人囚之，乃亡归晋。是齐、鲁二国已去其疾。赵简子好利而多信[⑥]，必溺[⑦]其说而从其谋，祸败所终，非一世可知也。”

注释

①适：到。②世：后世。③亲：依附。④克：成功。⑤求容：博取欢心。⑥多信：容易轻信。⑦溺：迷惑。

译文

季孙氏的家臣阳虎逃到齐国以后，又从齐国逃到了晋国，到了赵简子之处。孔子听说这件事以后，对子路说："赵简子的后代大概是要有动乱了吧？"子路说："政权没有掌握在他们手中，怎能作乱呢？"孔子说："事情并不是你所知道的那样。阳虎依附富贵之人却不亲近于仁人，得到了季孙氏的宠爱，却又想要谋害季孙氏，没能成功就逃走了，他想要去博取齐国的欢心。齐人将他关了起来，他便又逃到晋国。这么一来，齐国和鲁国都已经去除了祸患。赵简子喜好小利并且容易轻信，一定会被他的言论迷惑，听从他的阴谋，最后一定会招致祸败，这不是从一代就可以知道的。"

原文

季康子问于孔子曰："今周十二月，夏之十月，而犹有螽[1]，何也？"孔子对曰："丘闻之，火伏[2]而后蛰者毕。今火犹西流，司历过[3]也。"季康子曰："所失者几月也？"孔子曰："于夏十月，火既没矣。今火见，再失闰也。"

注释

①螽：螽斯，一种蝗虫，蚕食庄稼。②火伏：心星潜伏。火，星宿名，又称大火，心星。③过：过错。

译文

季康子向孔子问道："现在是周历的十二月，夏历的十月，却还有螽斯存在，是什么缘故呢？"孔子对他说："我听说，心星潜伏以后蛰虫就没有了。现在心星还在向西移动，这是司历官的过错。"季康子说："是在哪一月错了呢？"孔子说："在夏历的十月，心星潜伏了以后。现在又见到了心星，又错在了闰月。"

原文

吴王夫差将与哀公见晋侯。子服景伯对使者曰："王合诸侯，则伯率侯牧①以见于王；伯合②诸侯，则侯率子男以见于伯。今诸侯会而君与寡君见晋君，则晋成为伯矣。且执事③以伯召诸侯，而以侯终之，何利之有焉？"吴人乃止。既而悔之，遂囚景伯。伯谓太宰嚭曰："鲁将以十月上辛有事④于上帝、先王，季辛而毕。何也世有职焉，自襄已来，未之改之。若其不会，祝宗⑤将曰：'吴实然。'"嚭言于夫差，归之。子贡闻之，见于孔子曰："子服氏之子拙于说矣，以实⑥获囚，以诈得

免。"孔子曰："吴子为夷德⑦，可欺而不可以实。是听者之蔽，非说者之拙也。"

注释

①牧：长官。②合：会合。③执事：供役使的人。这是敬称，指吴王。④有事：祭祀。⑤祝宗：向祖宗祈祷。⑥实：诚实。⑦夷德：蛮夷之人的德行。

译文

吴王夫差将要和鲁哀公一同去晋见晋侯。子服景伯对吴国的使者说："君王会合诸侯的话，霸主就会率领侯爵长官去拜见君王；霸主会合诸侯的话，侯爵就会率领子爵、男爵去拜见霸主。现在诸侯会合，你们的国君和我们的国君去拜见晋侯的话，那晋侯就成为霸主了。况且你们国君以霸主的名义召集诸侯，却以普通诸侯的名义结束，这有什么好处呢？"吴人于是就没有参加。会后又后悔了，于是就将景伯囚禁起来了。景伯对吴国太宰伯嚭说："鲁国将要在十月上辛这一天祭祀天帝以及先王，到季辛那一天才会结束。我们家世世代代都在祭祀中担任官职，自从襄公以来，就没有改变过。假如你们不让我回去祭祀天帝以及先王，那么我以后在向祖宗祈祷的时候就会说：'是吴国把我关押起来，不让我参加祭祀的。'"伯嚭将这些话上报给吴王夫差，夫差听了以后就将景伯放回了鲁国。子贡听到这件事以后，就前去拜见孔子，说道："子服氏的儿子拙于言辞，因为诚实被囚禁，却又因欺骗而被放还。"孔子说："吴王身上有蛮夷人的德行，可以欺骗却不可以告诉他实话。这是听者的弊病，而不是说话者的笨拙。"

原文

叔孙氏之车士曰子钽商，采薪[1]于大野，获麟焉，折其前左足，载以归。叔孙以为不祥，弃之于郭外。使人告孔子曰："有麕而角者，何也？"孔子往观之，曰："麟也。胡为来哉？胡为来哉？"反袂拭面，涕泣沾衿。叔孙闻之，然后取之。子贡问曰："夫子何泣尔？"孔子曰："麟之至，为明王也。出非其时而见害[2]，吾是以伤焉。"

注释

①薪：木柴。②害：遇害。

译文

叔孙氏的车夫名字叫子钽商的，在大野打柴，捉到了一只麒麟，就将它前面的左脚折断，用车子将它带了回来。叔孙氏看到了以后，认为不祥，就让人将麒麟扔到了城外。并派人去问孔子说："有一只獐子却又有角，是什么呢？"孔子就前去观看，看了以后说道："这是麒麟啊。怎么出现的呢？怎么出现的呢？"他将衣袖翻过来用来擦脸上的泪水，泪水将衣袖都沾湿了。叔孙氏听到这件事后，就将麒麟又取了回来。子贡问孔子说："先生您为什么哭泣呢？"孔子回答说："麒麟的降临是圣明君王出现的征兆。然而现在它出现的却不是时候，反倒遇到了伤害，因此我很为此伤心。"

哀公问政第十七

原文

哀公问政于孔子。孔子对曰："文武[①]之政，布[②]在方策[③]。其人存则其政举[④]，其人亡则其政息。天道敏[⑤]生，人道敏政，地道敏树。夫政者，犹蒲卢[⑥]也，待化以成，故为政在于得人。取人以身，修道以仁。仁者，人也，亲亲[⑦]为大[⑧]；义者，宜也，尊贤为大。亲亲之杀[⑨]，尊贤之等，礼所以生也。礼者，政之本也，是以君子不可以不修身。思修身，不可以不事亲；思事亲，不可以不知人；思知人，不可以不知天[⑩]。天下之达道[⑪]有五，其所以行之者三。曰君臣也，父子也，夫妇也，昆弟也，朋友也。五者，天下之达道。智仁勇三者，天下之达德也。所以行之者，一[⑫]也。或生而知之，或学而知之，或困而知之。及其知之，一也。或安而行之，或利而行之，或勉强而行之。及其成功，一也。"公曰："子之言美矣，至矣！寡人实固[⑬]，不足以成之也。"

注释

①文武：周文王和周武王。②布：记载。③方策：方板和竹简。④举：施行。⑤敏：迅速。⑥蒲卢：蒲苇，一种容易生长的野草。⑦亲亲：爱自己的亲人。⑧大：重要。⑨杀：减退。⑩天：天理。⑪达道：天下古今共同遵守的道理。⑫一：专一。⑬固：原本。

译文

鲁哀公向孔子询问如何治国。孔子回答说："周文王和周武王的治国之道，现在还记载在方板和竹简上。当他们在的时候，政策能得以实施，当他们不在了的时候，政策也就不被施行了。天之道就在于迅速地化生万物，人之道就在于勤于政事，地之道在于迅速地让树木生长。治理天下就像蒲卢一样，需要得到雨水的滋润才能成长，因此治理国家就在于要得到民心。选取人才要以他自身的品德和才华为依据，修养自身要靠仁。仁，就是做人的道理，爱自己的亲人是最重要的。义就是应当作的事，尊敬贤能的人是最重要的。从近到远，由亲到疏有等级次序地孝敬亲人，尊敬贤能，这是礼仪产生的依据。礼是治理天下的根基，因此君子不可以不修养己身。想要修养己身，就不可以不侍奉双亲；想要侍奉双亲就不可以不了解他人；想要了解他人就不可以不懂得天理。天下通行的道理有五条，用来实现的方法有三种。这五条是君臣之道、父子之道、夫妇之道、兄弟之道、朋友之道。这五点是天下所通行的道理。智慧、仁义、勇敢是天下通行的道理。用以实现的方法就是专一。有的人是生下来就知道，有的人是通过学习才知道，有的人是经过艰难的探索才知道。等到他们知道以后，就是一样的了。有的人是安心地去实行，有的人是顺利地得以施行。有的人是勉力而为得以施行。等到他们成功的时候，就又都是一样的了。"鲁哀公说："你说得好极了，我的确不足以实现它们啊！"

原文

孔子曰："好学近乎智，力行近乎仁，知耻近乎勇。知斯三者，则知所以修身；知所以修身，则知所以治人；知所以治人，则能成天下国家者矣。"公曰："政其尽此而已乎?"孔子曰："凡为天下国家有九经①，曰修身也，尊贤也，亲亲也，敬大臣也，体群臣也，重庶民也，来百工也，柔②远人也，怀③诸侯也。夫修身则道立，尊贤则不惑，亲亲则诸父兄弟不怨，敬大臣则不眩④，体群臣则士之报礼重，重庶民则百姓劝⑤，来百工则财用足，柔远人则四方归之，怀诸侯则天下畏之。"

注释

①经：经久不变的常道。②柔：笼络。③怀：安抚。④眩：迷惑不明。⑤劝：勉力向上。

译文

孔子说："喜欢学习就近于有智慧，努力做事就近于有仁义，知道羞耻就近于勇敢了。知道这三方面，就知道修养自身的方法了；知道修养自身的方法，就知道治理民众的方法了；知道了治理民众的方法，就能够完成治理天下国家的大业了。"鲁哀公说："治理政事到了这个地步大概就可以了吧?"孔子说："治理天下的方法有九种，即修养自身，尊敬贤能，侍奉双亲，尊敬大臣，体谅群臣，爱护百姓，招徕各种手艺人，笼络远方的少数民族，安抚诸侯。修养自身就能够建立起道德，尊敬贤能就不会有困惑，侍奉双亲就不会造成兄弟间的怨恨，敬重大臣就不会受到迷惑，体谅群臣，士子们的回报就会隆重，爱护百姓，百姓就会勉力向上，招徕各种手艺人，财用器物就会很充足，笼络远方的少数民族，四方之人就会前来归依，安抚诸侯，全天下人都会敬重他。"

原文

公曰："为之奈何？"孔子曰："斋[1]洁盛服，非礼不动，所以修身也。去谗远色，贱利而贵德，所以尊贤也。爵其能，重其禄，同其好恶，所以笃亲亲也。官盛[2]任使，所以敬大臣也。忠信重禄，所以劝士也。时使薄敛，所以劝百姓也。日省[3]月试，饩[4]廪称[5]事，所以来百工也。送往迎来，嘉善而矜[6]不能，所以绥远人也。继绝世，举废邦，治乱持危，朝聘以时，厚往而薄来，所以怀诸侯也。治天下国家有九经，其所以行之者，一也。凡事豫[7]则立，不豫则废[8]。言前定则不跲[9]，事前定则不困，行前定则不疚，道前定则不穷。在下位不获于上，民弗可得而治矣。获于上有道：不信于友，不获于上矣。信于友有道：不顺于亲，不信于友矣。顺于亲有道：反诸身不诚，不顺于亲矣。诚身有道：不明于善，不诚于身矣。诚者，天之道也；诚之者，人之道也。夫诚，弗勉而中，不思而得，从容中道，圣人之所以定体也。诚之者，择善而固执之者也。"

注释

①斋：斋戒。②官盛：官员众多。③省：考察。④饩：赠送食物。⑤称：适合，相当。⑥矜：怜惜、怜悯。⑦豫：同"预"，事先准备。⑧废：失败。⑨跲：跌倒。

译文

鲁哀公问道："该怎么做呢？"孔子说："斋戒整洁以后，穿上华美的礼服，不符合礼的就不去做，这是用来修身的方法。去除谗言远离美色，看轻利益而珍视德行，这是用来尊贤的方法。根据他们的才能授予他们官爵，增加他们的俸禄，一样对待他们的好恶，这是用来让亲近的人更加亲近的方法。分配给他们很多的官员供他们任用，这是用来敬重大臣的方法。给忠信的人以丰厚的俸禄，这是用来勉励士人的方法。在征收赋税的时候要减轻他们的负担，这是用来爱护百姓的方法。经常对他们进行考察，按照他们创造的成果给予相应的回报，这是用来招徕百工的方法。迎接前来的人，欢送离开的人，表彰那些有才能的人，怜悯那些没有才能的人，这是用来安抚远方之人的方法。赐给那些已经消亡的朝代的后人以封地，振兴那些荒废了的邦国，治理乱政扶持危政，朝拜拜访都有规定的日期，赐给诸侯的礼物要丰厚，接受的礼物要薄，这是用来安抚诸侯的方法。治理天下的方法有九种，用以实现的方法却是一样的。凡事预先做了准备的话，就能够做成，没有准备就会失败。说话前先准备好就不会有差错，事情事先准备好就不会陷入困境，行动事先确定好就不会陷入困顿，推行道时事先思量好就不会陷入不得志的境地。处在下位的人不被上面的人信任，就不能得到人民并治理他们。能被上面的人任用却不能被友人信任，就不是真正地被上面的人任用。不能让父母顺心，就得不到朋友的信任。顺从于父母而自身却不真诚，也就不能算是顺从父母。自身能够忠诚，却不明白什么是善，就不能使自己忠诚。忠诚，是天下最大的道；人能够忠诚，就是人伦之道。而忠诚是不需要经过努力也不需要经过思考就可以达到的，一举一动符合于道义，这是由圣人自身体现出来的。忠诚就是让人选择为善并且坚定地把握它。"

原文

公曰："子之教寡人备[1]矣，敢问行之所始？"孔子曰："立爱自亲始，教民睦也；立敬自长始，教民顺也。教之慈睦，而民贵有亲；教以敬，而民贵用命。民既孝于亲，又顺以听命，措诸天下，无所不可。"公曰："寡人既得闻此言也，惧不能果[2]行而获罪咎。"

注释

①备：完备，详备。②果：事情得以实现。

译文

鲁哀公说："您教给我的已经很完备了，敢问您，该从哪里入手实行呢？"孔子说："树立仁爱应当从爱自己的父母做起，这就能够教给人民和睦；树立恭敬应当从尊敬长者做起，这样可以教给人民顺从。教导人民慈爱和睦的话，人民就会乐意孝敬自己的父母以及亲人；教导人们恭敬的话，人民就会乐于听从命令。人民既懂得孝敬父母亲人，又乐于听从命令，用这种方法去治理天下，那就没有什么是不可以的了。"鲁哀公说："我已经听到了这些话，却又担心自己做不到而犯错误。"

原文

宰我问于孔子曰："吾闻鬼神之名而不知所谓，敢问焉。"孔子曰："人生有气有魂。气者，神之盛[1]也。众生必死，死必归土，此谓鬼。魂气归天，此谓神。合鬼与神而享[2]之，教之至也。骨肉毙于下，化为野土，其气发扬于上，此神之著[3]也。圣人因物之精，

制为之极④，明命鬼神，以为民之则。而犹以是为未足也，故筑为宫室，设为宗祧⑤，春秋祭祀，以别亲疏，教民反古复始，不敢忘其所由生也。众人服自此，故听且速焉。教以二端⑥，二端既立，报以二礼⑦，建设朝事，燔燎膻芗⑧，所以报气也。荐黍稷，羞肺肝，加以鬱鬯，所以报魄也。此教民修本反始崇爱，上下用情，礼之至也。君子反古复始，不忘其所由生，是以致其敬，发其情，竭力从事，不敢不尽⑨也，此之谓大教。昔者文王之祭也，事死如事生，思死而不欲生，忌日则必哀，称讳则如见亲，祀之忠也。思之深，如见亲之所爱。祭欲见亲颜色⑩者，其唯文王与？《诗》云：'明发不寐，有怀二人。'则文王之谓与？祭之明日，明发不寐，有怀二人，敬而致之，又从而思之。祭之日，乐与哀半，飨之必乐，已至必哀。孝子之情也，文王为能得之矣。"

注释

①盛：旺盛。②享：祭祀。③著：显露。④极：标准，这里指礼仪规定。⑤宗祧：即宗庙。⑥二端：生和死两件事。⑦二礼：黍和稷两种用来祭祀的物品。⑧燔燎膻芗：祭祀时所散发的香气。⑨尽：尽全力。⑩颜色：模样，容颜。

译文

宰我向孔子问道："我听说过鬼神这个名称，却不知道它指的是什么，冒昧向您请教。"孔子说："人生下来就有气有魂。气是说人体内生命力旺盛。人必定会死，死了以后必定会回归到泥土中，这就是所谓的鬼了。魂气上升回到天上，就叫作神。将鬼和神放在一起祭祀，这是教化的最高境界。骨头和肉都放置在土地下，化成泥土，而其气上升扬起，就是神的显露了。圣人根据万物的精气，制定出了万物生成的规则，明确地将这命名为鬼神，作为治理人民的准则。但这些还不足够，因此就建筑宫殿和房屋，建造宗庙，每到春天和秋天都举行祭祀，用以区别亲疏，教导民众不要遗忘远古和初始，让人们不敢忘记人产生的根源。众人自此很快地服从于教化，听从命令。教给他们生死之事，生死之事建立了以后，就献上黍和稷这两种东西作为祭品，以报答祖先，制定拜见的事，燃起柴火，祭祀的香味弥漫，这是用来报答祖先的气，也就是鬼。然后献上黍米饭、糜子米饭，又献上熟的肺和肝，以及用郁金香的草汁和黍米酿成的酒，以此去报答魂灵也就是神。教给人民治理的根本，不忘祖先，崇尚仁爱，对上面和下位的人都怀有感情，这就是礼的极致了。君子反思远古和初始，不忘记自己生命的源头，所以要对祖先表示尊敬，倾注自己的感情，竭尽全力去做事，不敢不尽全力，这就是大教化。以前文王祭祀的时候，侍奉死者就像是侍奉生者一样，每每想到死去的亲人就不想继续活下去，每逢父母的忌日必定很悲伤，说起父母的名讳就像见到父母本人一样，这样对双亲的祭祀是多么忠诚啊。深切地思念父母，就像是见到了父母一样。祭祀的时候想要看到父母的容颜，大概只有文王一个人吧。《诗经》上说：'明发不寐，有怀二人'，说的就是文王啊。在祭祀的第二天，天亮了还不能入睡，深切地怀念父母，恭敬地将他们的魂灵请来，紧接着又思念他们。在祭祀那天，快乐和悲伤各有一半，让他们享受祭品的时候就感到高兴，等到祭祀完了，又感到哀伤。这就是孝子的感情啊，文王是能够做到这些的人。"

卷　五

颜回第十八

原　文

鲁定公问于颜回曰："子亦闻东野毕之善御①乎？"对曰："善则善矣，虽然②，其马将必佚③。"定公色不悦，谓左右曰："君子固④有诬人也。"

注　释

①善御：擅长驾驭。御，通"驭"。②虽然：即使这样，虽然这样。③佚：走散，走失。④固：固然。

译　文

鲁定公向颜回问道："你也听过东野毕擅长驾驭马车吗？"颜回回答道："他确实擅长驾驭马车，虽然是这样，他的马还是会走丢。"鲁定公听了以后，脸上的神色显得不高兴，他对身边的人说："君子中固然也有骗人的人。"

原文

颜回退。后三日，牧[1]来诉之曰："东野毕之马佚，两骖曳[2]两服入于厩。"公闻之，越[3]席而起，促[4]驾召颜回。

注释

①牧：养马的人。②曳：带领。③越：越过。④促：急忙。

译文

颜回退下。三天以后，饲养马的人过来告诉鲁定公说："东野毕的马走失了，两匹骖马带着两匹服马回到马厩。"定公听到以后，越过席位站起来，就让人驾车去请颜回回来。

原文

回至，公曰："前日寡人问吾子以东野毕之御，而子曰'善则善矣，其马将佚'，不识吾子奚[1]以知之?"颜回对曰："以政[2]知之。昔者帝舜巧于使民，造父巧于使马。舜不穷其民力，造父不穷其马力，是以舜无佚民，造父无佚马。今东野毕之御也，升马执辔[3]，衔体正矣；步骤驰骋[4]，朝礼毕矣；历险致远，马力尽矣，然而犹[5]乃求马不已。臣以此知之。"

注释

①奚：怎么。②政：政事。③辔：拴马的缰绳。④步骤驰骋：纵马狂奔。步，缓行。骤，疾走。⑤犹：还。

译文

颜回回来后，定公说："前些天我问您东野毕驾驭马车的事情，您说'他确实是擅长驾驭马车，但是他的马还是会走失'，我不知道您是怎么预料到的？"颜回回答说："我是从政治情况中知晓的。以前舜帝擅长役使百姓，造父精通于使唤马匹。舜帝不让百姓的力量用光，造父也不让马匹的力气竭尽，所以舜帝没有流失的子民，造父也没有走失的马匹。现在东野毕驾驭马车，骑上马背，抓紧缰绳，摆正马嚼子；时而快跑，时而慢跑，步法早已调理完成；纵马于峻险之地，马的精力都用尽了，但还是让马不停奔跑。我是根据这些知道他的马会丢失掉的。"

原文

公曰："善！诚[①]若吾子之言也。吾子之言，其义大矣，愿少进[②]乎？"颜回曰："臣闻之，鸟穷则啄，兽穷则攫[③]，人穷则诈，马穷则佚。自古及今，未有穷其下而能无危[④]者也。"公悦，遂以告孔子。孔子对曰："夫其所以为颜回者，此之类[⑤]也，岂足多哉？"

注释

①诚：确实。②少进：稍加引申。少，稍微，略微。进，阐释，引申。③攫：用爪子抓取。④危：危险，祸害。⑤类：类别。

译文

定公说："很好！确实像您说的一样。您的一番话语，意义深远，您能不能稍微进一步解释一下呢?"颜回答道："我听说，鸟走投无路就会乱啄东西，野兽走投无路就会用爪子乱抓，人陷入困境就会奸诈狡猾，马筋疲力尽就会走失。从古到今，没有使百姓陷入困境而自身没有危险的人。"定公十分高兴，就把这番话告诉了孔子。孔子说："他之所以是颜回，就是他经常有这样的表现，没有什么值得称赞的。"

原文

孔子在卫，昧旦[①]晨兴[②]，颜回侍侧[③]，闻哭者之声甚哀。子曰："回，汝知此何所哭乎?"对曰："回以此哭声非但为死者而已，又有生离别者也。"子曰："何以知之?"对曰："回闻桓山之鸟生四子焉，羽翼既成，将分于四海，其母悲鸣而送之，哀声有似于此，谓其往而不返也。回窃以音类[④]知之。"孔子使人问哭者，果曰："父死家贫，卖子以葬，与之长决[⑤]。"子曰："回也，善于识音矣!"

注释

①昧旦：天还未完全明亮。②晨兴：大早上就起床。③侍侧：在一旁侍奉。④类：类似。⑤长决：即"长诀"，永久地分开，诀别。

译文

孔子在卫国的时候，有一天天还没有完全亮的时候起床，颜回在一旁侍奉，听到了一阵十分哀伤的哭声。孔子问道："颜回，你知道这哭声是因何而起的吗？"颜回回答说："我认为这哭声不只是因为死去的亲人，还因为在世的人却要活生生地被分开。"孔子说："你是根据什么知道的呢？"颜回回答说："我听说恒山上有一种鸟，它生了四只小鸟，这四只小鸟羽翼丰满以后，就要各自分开，分布于四海，母鸟会悲切地鸣叫着为它们送行，那种哀切之声和这哭声有些相似，都是一去不复返的意思。我是根据声音相似而得知的。"孔子派人去询问哭的人，哭的人果然回答说："我的父亲死了，家中又十分贫困，只好卖了儿子以埋葬父亲，现在正在和儿子诀别啊。"孔子说道："颜回真的是善于识别声音啊！"

原文

颜回问于孔子曰："成人①之行②若何？"子曰："达③于情性之理，通④于物类之变，知幽明之故，睹游气之原，若此可谓成人矣。既能成人，而又加之以仁义礼乐，成人之行也。若乃穷⑤神知礼，德之盛⑥也。"

注释

①成人：德才兼备之人。②行：品行，品德。③达：熟知。④通：知晓，了解。⑤穷：研究，更深层次的理解。⑥盛：高大，崇高。

译文

颜回向孔子问道："德才兼备之人的品行是什么样的?"孔子说："他们熟知人类本性，知晓天地万物变化，知晓暗明的缘由，看得见浮游云气的本源，如果能做到这些就可以称得上德才兼备之人。既然称得上德才兼备之人，又能用仁义礼乐约束自己，这就可以称得上是德才兼备之人品行的表现了。如果能够深究万物精微之理，那样的话他的德行就很高。"

原文

颜回问于孔子曰："臧文仲、武仲孰贤?"孔子曰："武仲贤哉。"颜回曰："武仲世称圣人，而身不免于罪，是智不足称①也；好言兵讨②，而挫锐于邾，是智不足名③也。夫文仲，其身虽殁④而言不朽，恶有未贤?"孔子曰："身殁言立，所以为文仲也。然犹有不仁者三，不智者三，是则不及武仲也。"回曰："可得闻乎?"孔子曰："下展禽⑤，置六关⑥，妾织蒲⑦，三不仁。设虚器⑧，纵逆祀⑨，祠海鸟⑩，三不智。武仲在齐，齐将有祸，不受其田，以避其难，是智之难也。夫臧武仲之智而不容于鲁，抑⑪有由焉。作而不顺，施而不恕也夫。《夏书》曰：'念兹在兹'，顺事恕施。"

注释

①称：称赞、称道。②兵讨：武力征讨。③名：称道。④殁：死。⑤下展禽：使展禽在下位任职。下，使……下。展禽，即柳下惠。⑥六关：六道关卡。⑦织蒲：编织蒲席。⑧虚器：不属于自己地位应得的器物。⑨逆祀：颠倒祭祀礼仪。⑩祠海鸟：为海鸟设礼祭祀。⑪抑：大概。

译文

颜回向孔子问道："臧文仲和臧武仲这两个人谁更为贤能？"孔子回答说："武仲更为贤能。"颜回问道："武仲虽然被世人称为圣人，但自身却没能免受罪责，这是因为他的智慧不值得人称许；他喜欢以武力征讨，却在邾国受到了挫败，这是因为他的智慧不值得人称道。而文仲虽然死掉了，他的言论却流传不朽，怎么能说他不如武仲贤能呢？"孔子回答说："身死而言论得以流传，这正是文仲被称为文仲的原因。但是他依然还有三件不仁德的事和三件不明智的事，这是他比不上武仲的地方。"颜回问道："我能够听一听是什么事吗？"孔子回答说："将贤能的柳下惠置于下位，设置六道关卡，让自己的妻妾去编织蒲席贩卖，这是三件不仁德之事。拥有不属于自己的器具，任由手下人颠倒祭祀的次序，为海鸟设礼祭祀，这是三件不明智之事。武仲在齐国的时候，齐国将要面临祸事，武仲便不接受齐国封给他的田地，来避免自己和齐国一同遭难这是智者也难以做到的。而武仲虽然很聪慧，却不能容于鲁国，大概是有原因的吧。事情已经发生了却不顺应它的发展，事情已经施行了却不宽恕它。《夏书》说：'念兹在兹'，顺事恕施。"

原文

颜回问君子。孔子曰："爱近仁①，度近智②，为己不重，为人不轻，君子也夫。"回曰："敢问其次③。"子曰："弗学④而行，弗思而得，小子勉⑤之。"

注释

①爱近仁：爱护关心他人达到仁爱的程度。②度近智：事情先考虑再做，达到明智的程度。③其次：即不如君子的程度。④弗学：不学习。弗：不，没有。⑤勉：努力。

译文

颜回问孔子，什么样的人能够称得上君子。孔子说："关心爱护他人达到仁爱的程度，做事前深思熟虑达到明智的程度，替自己考虑的少，替别人考虑的多，这样的人就可以称得上君子。"颜回说："冒昧地问一下什么叫不如君子呢？"孔子说："没有学习就去做，没有思考就想获得，你好好努力吧！"

原文

仲孙何忌问于颜回曰："仁者一言而必有益于仁智[1]，可得闻[2]乎？"回曰："一言而有益于智，莫如豫；一言而有益于仁，莫如恕[3]。夫知其所不可由[4]，斯[5]知所由矣。"

注释

①仁智：仁义道德和智慧。②闻：听。③恕：推己及人，尊重别人。④由：应该做的事情。⑤斯：语气词，那样的话。

译文

仲孙何忌向颜回问道："仁者说的每一个字都有利于仁德、智慧，您能不能说给我听？"颜回说："说的每一个字都有利于智慧，什么都不如'豫'字；说的每一个字都有利于仁义道德，什么都不如'恕'字。那么，就知道什么不能做，什么事情可以做。"

原文

颜回问小人。孔子曰："毁[①]人之善以为辩，狡讦[②]怀诈以为智，幸[③]人之有过，耻学而羞[④]不能，小人也。"

注释

①毁：诋毁，诽谤。②狡讦：内心狡诈，邪恶。③幸：庆幸。④羞：认为是羞耻，瞧不起。

译文

颜回问孔子什么样的人是小人。孔子说："诽谤别人的长处反而认为自己善辩，揭发别人的缺点反而认为自己聪明，别人有过失的时候他幸灾乐祸，认为学习是可耻的，瞧不起没有才能的人，这样的人就是小人。"

原文

颜回问子路曰："力猛[①]于德而得其死者，鲜[②]矣，盍慎[③]诸焉?"孔子谓颜回曰："人莫不知此道之美，而莫之御[④]也。莫之为也。何居为[⑤]闻者，盍日思也夫!"

注释

①猛：胜过，超越。②鲜：很少。③慎：谨慎，小心。④莫之御：指不能控制的意思。⑤何居为：为什么坐着。

译文

颜回向子路问道："勇力胜过品德的人，死得真正有价值的人很少，这些人为什么不谨慎啊？"孔子对颜回说："人不是不知道谨慎为人的好处，而是控制不住自己，没有认真去这样做。为什么人往往都是空坐着去听而不去做呢？为什么每天不多点思考呢？"

原文

颜回问于孔子曰："小人之言①有同乎君子者，不可不察②也。"孔子曰："君子以行③言，小人以舌言。故君子于为义之上相疾也，退而相爱；小人于为乱④之上相爱也，退而相恶。"

注释

①言：言论，话语。②察：明察。③行：行动。④乱：混乱。

译文

颜回问孔子说："小人说的话和君子的话有相同的，不能不仔细分辨啊。"孔子说："君子是用自己的行动说话，小人只是在用自己的舌头说话。所以君子在仁义的事上急于互相劝勉，而平时君子和人相处时互相爱护；小人在制造混乱的问题上和别人意见相同，而平时小人之间的相处是相互憎恨的。"

原文

颜回问："朋友之际如何？"孔子曰："君子之于朋友也，心必有非[①]焉，而弗能谓[②]，吾不知其仁人也。不忘久德[③]，不思久怨，仁矣夫。"

注释

①非：不对，不正确。②谓：动词，说出来。③久德：积累自己的仁德。

译文

颜回问："如何处理朋友之间的关系呢？"孔子说："君子对待朋友，心中一定知道对方有不对的地方，但是如果不对朋友说，我不认为他是仁德的人。不忘记以前朋友的仁德，不记着从前长久积存的怨恨，这样才能称得上仁德。"

原文

叔孙武叔见未仕[①]于颜回，回曰："宾[②]之。"武叔多称人之过，而己评论之。颜回曰："固[③]子之来辱也，宜有得于[④]回焉。吾闻诸孔子曰：'言人之恶，非所以美己；言人之枉[⑤]，非所以正己。'故君子攻其恶，无攻人之恶。"

注释

①未仕：没有做官。②宾：动词，用宾客的礼节。③固：本来。④有得于：从……中得到。⑤枉：不正直。

译文

叔孙武叔没有做官时受到颜回的接待，颜回对手下人说："用宾客之礼接待他。"武叔喜欢揭示别人的过失并且做出评论。颜回说："这样做会自取其辱，你应该在我这里有所收获。我听孔子说：'讨论别人的坏处，并不能使自己显得多么美好；说别人不正直，也不能使自己的品德正直。'所以君子只批评自己的缺点，但不会攻击别人不正确的地方。"

原文

颜回谓子贡曰："吾闻诸夫子，身不用礼而望①礼于人，身不用德②而望德于人，乱③也。夫子之言，不可不思④也。"

注释

①望：指望，想让别人这样。②德：品德，道德。③乱：不讲道理，不合常理。④思：思考。

译文

颜回对子贡说："我曾经听先生说过，自己不讲究礼仪但是想让别人讲究礼仪，自己不讲究仁德但是想让别人讲究仁德，是不合常理的。先生说的话，我们不能不思考啊！"

子路初见第十九

原文

子路见孔子，子曰："汝何好乐[1]？"对曰："好长剑。"孔子曰："吾非此之问也。徒谓以子之所能，而加之以学问，岂可及[2]哉？"子路曰："学岂益[3]哉也？"孔子曰："夫人君而无谏臣则失正，士而无教友则失听。御狂马不释策，操弓不反檠。木受绳则直[4]，人受谏则圣。受学重问，孰不顺[5]哉？毁[6]仁恶[7]士，必近于刑。君子不可不学。"

注释

①好乐：喜欢的事，爱好。②及：达到。③益：益处。④直：正直。⑤顺：做成功，顺利。⑥毁：诽谤，诋毁。⑦恶：憎恨，怨恨。

译文

子路见到孔子，孔子说："你爱好什么？"子路回答道："我很喜欢长剑。"孔子说："我指的不是这个。我是说依靠你的能力再加上你学习的知识，谁能达到你的程度？”子路说：“难道学习真的有益处吗？”孔子说：“贤明的君王如果没直谏的臣子，就会有失正道，士人如果没有值得结交的良友就会得不到善意的提醒。驾驭狂乱的马不能没有鞭子，能用的弓弩不用再拿檠来校正。木头用墨绳矫正就会很直，人听从了别人给他的建议就会圣明。吸收知识，重视学问，谁不能顺利成功？谤毁仁者憎恨士人，就和犯刑罚差不多了。所以君子不能不学习。”

原文

子路曰：“南山有竹，不揉①自直。斩而用之，达②于犀革。以此言之，何学之有？”孔子曰：“括而羽③之，镞而砺④之，其人之不亦深乎？”子路再拜，敬而受教。

注释

①揉：使弯木变直。②达：穿过，穿透。③羽：羽毛。这里用为动词，装上羽毛。④砺：打磨得更加锋利。

译文

子路说：“南山的竹子，不用矫正就很挺直。砍下来用来做箭杆，可以穿透犀牛的皮。如果这样说的话，怎么还用得着学习呢？”孔子说：“做好箭栝再装上羽毛，把箭头再磨得更锋利些，那它不是可以射得更深吗？”子路向孔子拜了两拜，恭敬地接受孔子的教诲指导。

原文

子路将行[①]，辞[②]于孔子。子曰："赠汝以车乎？赠汝以言乎？"子路曰："请以言。"孔子曰："不强[③]不达，不劳无功[④]，不忠无亲，不信无复，不恭[⑤]失礼。慎[⑥]此五者而已。"

注释

①将行：将要出远门。②辞：告辞。③强：坚持努力。④功：成果，收获。⑤恭：恭敬。⑥慎：慎重，注意。

译文

子路将要出远门，向孔子辞行。孔子说："你是要我赠送马车呢？还是要赠送忠告呢？"子路说："请您送给我忠告。"孔子说："如果不坚持努力就达不到你想要的目标，不辛勤劳动就得不到收获，不尽心尽力就没有亲近的人，不讲信用别人就不会相信你，不恭敬就会失去礼仪。在这五个方面一定要慎重。"

原文

子路曰："由请终身奉[①]之。敢问亲交取亲若何[②]？言寡[③]可行若何？长为善士而无犯若何？"孔子曰："汝所问苞在五者中矣。亲交取亲，其忠[④]也；言寡可行，其信[⑤]乎；长为善士而无犯[⑥]，其礼也。"

注释

①奉：记住，信奉。②若何：怎么办。③言寡：说很少的话。④忠：忠心，忠诚。⑤信：信任。⑥犯：违背。

译文

子路说："我会终生记住的。请问怎么样才能让刚认识的人信任你呢？说话少，怎么样才能够与别人保持良好的关系呢？怎么才能真正长久地做一个仁善的人呢？"孔子说："你刚才问的话，正是我刚才讲的五点啊。要想取得刚认识的朋友的信任就要对别人忠心；要想说很少的话就与人保持良好的关系就要诚信；要想长久地做一个仁慈的人就要讲究礼节。"

原文

孔子为鲁司寇，见季康子①，康子不悦。孔子又见之。宰予进②曰："昔予也常闻诸夫子曰：'王公不我聘③则弗动④。'今夫子之于⑤司寇也日少，而屈节⑥数矣，不可以已乎？"

注释

①季康子：春秋时鲁国大夫。②进：上前说话。③聘：聘请。④弗动：不会去行动。⑤之于：当，担任。⑥屈节：折节，不顾面子委屈自己。

译文

孔子在任鲁国司寇的时候，前去拜见季康子，季康子很不高兴。孔子仍然要去拜见季康子。宰予对孔子说："以前我曾经听先生说：'如果君王大臣们不聘请我的话，我是不会主动前去拜见他们的。'但是现在先生担任司寇没有多久时间，就多次折节委屈自己，不可以停止吗？"

原文

孔子曰："然①，鲁国以②众相陵③，以兵相暴④之日久矣，而有司不治，则将乱也。其聘我者，孰大于是哉？"鲁人闻之曰："圣人将治，何不先自远⑤刑罚。"自此之后，国无争者。孔子谓宰予曰："违⑥山十里，蟪蛄之声犹在于耳，故政事⑦莫如应⑧之。"

注释

①然：是，确实。②以：凭借。③相陵：欺侮别人。④相暴：侵侮别人。⑤自远：自己远离。自觉不做违法的事情。⑥违：离开。⑦政事：治理国家大事。⑧应：迎合，适应。

译文

孔子说："是的，鲁国以多欺少，以兵侵侮别人，这样的情况已经很久了，如果当官的再不过问这件事的话，鲁国就会混乱。他们聘请我做司寇，还有什么比这更重要的吗？"鲁国的百姓听说了这番言论后，说："圣明的人将要治理我们的国家了，我们为什么不避免去做那些违法乱纪的事情呢？"从此以后，鲁国的百姓没有相互争吵的人了。孔子对宰予说："离开山十里远，还是能听到蟪蛄的鸣声，所以治理政事一定要先听取意见，然后实行。"

原文

孔子兄子有孔篾者，与宓子贱偕仕[①]。孔子往过孔篾而问之曰："自汝之仕，何得何亡[②]？"对曰："未有所得，而所亡者三：王事若龙，学焉[③]得习？是学不得明[④]也；俸禄少，饘粥不及亲戚，是骨肉益疏[⑤]也；公事多急，不得吊死问疾，是朋友之道阙[⑥]也。其所亡者三，即谓此也。"

注释

①偕仕：一块儿做官。②何得何亡：得到什么，失去什么。③焉：怎么。④明：明了，清楚。⑤疏：生疏，疏远。⑥阙：丢失，失去。

译文

孔子的兄长有个儿子叫孔篾，和宓子贱一块儿做官。孔子去看他并且问他说："你当官，收获了什么？失去了什么？"孔篾说："我没有得到过什么，却失去了三样东西：官场上的事情一件接一件，学过的东西怎么能有时间去温习？所以越学越不明了；俸禄少得可怜，粥饭不能接济亲戚，所以亲人之间的关系越来越疏远；公事很多且大部分都很紧迫，就没有时间吊问死者，慰问生病的朋友，所以朋友之间的感情逐渐失去了。我所失去的东西就是这三样。"

原文

孔子不悦，往过[①]子贱，问如孔篾。对曰："自来仕者，无所亡，其有所得者三：始诵[②]之，今得而行之，是学益[③]明也；俸禄所供，被及亲戚，是骨肉益亲也；虽有公事，而兼[④]以吊死问疾，是朋友笃[⑤]也。"孔子喟[⑥]然谓子贱曰："君子哉若人！鲁无君子者，则子贱焉取此。"

注释

①过：看望。②诵：学习。③益：更加。④兼：抽出时间。⑤笃：感情深厚。⑥喟：感慨。

译文

孔子听了这些话，很不高兴，接着孔子去看望宓子贱，问了和孔篾同样的问题。宓子贱说："自从我做官以来，没有失去过什么，但是却得到了三样东西：曾经学过的东西，如今得到了贯彻实行，所以学过的东西就更加明了；所得俸禄，送给亲戚，亲人们的感情更加亲近了；虽然公务繁忙，但仍能抽出时间去吊问死者，慰问病人，所以朋友之间的感情深厚了。"孔子很感慨地对宓子贱说："你是一个君子啊！鲁国没有像你一样的君子，那么子贱是从什么地方学到这么优良的品质呢？"

原文

孔子侍坐于哀公，赐之桃与黍焉。哀公曰："请食。"孔子先食黍而后食桃，左右皆掩口而笑。公曰："黍者所以雪桃[①]，非为食之

也。”孔子对曰：“丘知之矣。然夫黍者，五谷之长，郊礼宗庙以为上盛。果属有六，而桃为下，祭祀不用，不登郊庙。丘闻之：君子以贱雪贵，不闻以贵雪贱。今以五谷之长雪果之下者，是从上雪下。臣以为妨于教，害于义，故不敢。”公曰：“善哉。”

注释

①雪桃：擦拭桃子。

译文

孔子在哀公身旁陪坐，哀公将桃子和黍赐予孔子，然后说：“请吃吧。”孔子先把黍吃掉了，然后才去吃桃子，侍奉在左右的人都捂着嘴笑。哀公说道：“黍是用来擦拭桃子的，并不是用来吃的。”孔子回答说：“我知道。但是黍是五谷中最为尊贵的，祭祀宗庙的时候它是最上等的祭品。而水果的种类有六种，桃子是最低下的，祭祀时也不会用它，它是不能摆在祭祀的宗庙中的。我听说：君子都是用卑贱的东西去擦拭贵重的东西，没有听过用贵重的东西去擦拭卑贱的东西。如今却用五谷中最为尊贵的去擦拭水果中最为低下的，这就是以上等擦拭下等。我认为这是妨碍于礼义的，所以我不敢这么做。”哀公说道：“你说得很对啊。”

原文

子贡曰：“陈灵公宣①淫于朝，泄冶正谏而杀之，是与比干谏而死同②，可谓仁乎？”子曰：“比干于纣，亲③则诸父④，官则少师，忠报之心在于宗庙⑤而已，固必以死争之，冀⑥身死之后，纣将悔悟，其本志情在于仁者也。泄冶之于灵公，位在大夫，无骨肉之亲，怀宠不去，仕于乱朝，以区区之一身，欲正⑦一国之淫昏，死

而无益，可谓狷矣。《诗》云：‘民之多辟[⑧]，无自立辟。’其泄冶之谓乎?”

注释

①宣：宣扬。②同：相同，一样。③亲：亲戚。④诸父：古代天子对同姓诸侯或诸侯对同姓大夫的称呼。⑤宗庙：先辈，祖先。⑥冀：希望。⑦正：纠正，改正。⑧辟：邪僻。

译文

子贡说：“陈灵公在朝堂上宣扬淫乱，泄冶直言劝谏，灵公杀死了他，这种做法和比干劝谏却遭杀害是一样的，是不是称得上仁德呢?”孔子说：“比干对于纣王来说，要是论亲戚的话是他的诸父，论官职的话是少师，他的行为是为了自己的先辈和国家大计，因此必定以死进谏，希望借自己的死能让纣王醒悟，他本来的思想、志趣是为了仁义道德。泄冶对于陈灵公，论官职是大夫，没有亲戚之间的关系，受到了宠信没有离开自己的国度，在混乱不堪的朝廷里当官，想用自己的微薄之身纠正一个国家的淫乱和黑暗，死了也没有什么益处，可说是性情拘谨耿直。《诗经》上说：‘百姓多邪僻的行为，自己立法没有用。’说的就是泄冶的事。”

原文

孔子相[①]鲁，齐人患其将霸，欲败其政，乃选好[②]女子八十人，衣以文饰[③]而舞容玑[④]，及文马四十驷，以遗[⑤]鲁君。陈[⑥]女乐，列文马于鲁城南高门外。季桓子微服[⑦]往观之再三，将受焉。告鲁君为周道[⑧]游观。观之终日，怠于政事。子路言于孔子曰：“夫子可以行矣。”孔子曰：“鲁今且郊[⑨]，若致膰[⑩]于大夫，是则未废其常，

吾犹可以止也。”桓子既受女乐，君臣淫荒，三日不听国政，郊又不致膰俎。孔子遂行，宿于郭屯⑪。师已送曰：“夫子非罪⑫也。”孔子曰：“吾歌可乎？”歌曰：“彼妇人之口，可以出走；彼妇人之谒（请），可以死败。优哉游哉，聊以卒岁。”

注释

①相：辅助。②好：貌美。③文饰：漂亮的穿戴之物。④容玑：齐国的舞曲名。⑤遗：赠送。⑥陈：陈列。⑦微服：百姓的衣服。⑧周道：大道，官道。⑨郊：郊祀。⑩致膰：送来腊肉。膰，祭祀用的烤肉。⑪郭屯：城外的村庄。⑫罪：过错。

译文

孔子在鲁国辅佐国君，齐国人害怕鲁国会成为霸主，想要败坏鲁国的政事，就挑选了八十名貌美的女子，让她们穿上漂亮的衣服精心修饰，并训练她们跳齐国的容玑舞，又挑选了一百六十匹精良的马，用来送给鲁国的国君。在鲁国城南的大门外，那些女子排列着起舞，马匹也都陈列在那里。季桓子穿着平民的衣服前往那里再三观看，将要接受这些赠送。他上报给鲁君，一起到官道上观赏游玩。就这样终日观赏，荒怠了政事。子路对孔子说：“您应当离开这里了。”孔子说：“鲁国现在就要举行郊祀了，如果鲁君能给大夫送去膰肉，那就还不算废掉常礼，那样的话我还可以留在这里。”桓子接受了跳舞的女子以后，君臣全都溺于声色之中，三天都不上朝，到了郊祀的时候又不给大夫送膰肉。于是孔子就离开了，在城外的村庄中留宿。子路送走老师时说道：“我的老师是没有过错的。”孔子说：“我可以唱歌吗？”接着唱歌道："那些妇人的嘴可以让贤人出走；那些妇人的请求可以导致国家败亡。还是悠闲自得地生活吧，以此来度过我的余生。"

原文

澹台子羽有君子之容[1]，而行不胜[2]其貌。宰我有文雅之辞，而智不充其辩[3]。孔子曰："里语云：'相马以舆[4]，相士以居。'弗可废[5]矣。以容取[6]人，则失之子羽；以辞取人，则失之宰予。"孔子曰："君子以其所不能畏人，小人以其所不能不信人。故君子长[7]人之才，小人抑[8]人而取胜焉。"

注释

①容：容貌。②胜：超过，比得上。③辩：辩解，辩论。④舆：车。⑤废：废除。⑥取：选择，挑选。⑦长：推崇，欣赏。⑧抑：抑制。

译文

澹台子羽有着君子的容貌，但是他的所作所为却比不上他的容貌。宰我有着文雅的言辞，但是他的智慧却满足不了他的善辩。孔子说："俗语说：'识别马的好坏要看它拉车子的情况，辨别一个人的好坏可以看他日常的表现。'这些言论是不能废除的。凭借着相貌识别人，在子羽身上就会失误；凭借言辞辨别人，在宰我身上就会失误。"孔子说："君子因为自己没有才干才敬畏别人，小人因为自己没有才干而不相信人。所以君子能够推崇别人的才能，小人却靠压制别人来取得胜利。"

原文

孔篾问行己之道①。子曰："知而弗为，莫如②勿知；亲而弗信，莫如勿亲。乐之方至，乐而勿骄；患之将至，思③而勿忧。"孔篾曰："行己乎?"子曰："攻④其所不能，补其所不备。毋以其所不能疑人，毋以其所能骄人。终日言，无遗己忧；终日行，不遗己患。唯智者有之。"

注释

①行己之道：为人处世的方法。②莫如：还不如。③思：思虑。④攻：改掉。

译文

孔篾问有关为人处世的方法。孔子说："知道了但是不去实施，还不如不知道；接近别人但是不信任，还不如不接近。高兴的事情来到时不得意忘形，忧患来到时深思却不过于忧虑。"孔篾说："那我应该怎么做呢?"孔子说："改掉自己的缺点，弥补自己不具备的技能。不能因为自己有缺点而怀疑别人，同时也不要因为自己有才干而小瞧别人。每天说话的时候，不要给自己留下祸患；每天做事情的时候，也不要给自己留下后患。只有智慧的人才能具备。"

在厄第二十

原文

楚昭王聘①孔子，孔子往拜礼焉，路②出于陈、蔡。陈、蔡大夫相与③谋曰："孔子圣贤，其所刺讥皆中诸侯之病。若用④于楚，则陈、蔡危矣。"遂使徒兵距⑤孔子。

注释

①聘：聘请，邀请。②路：途经，路过。③相与：一起，相互。④用：被任用。⑤距：通"拒"，阻挡，拦截。

译文

楚昭王聘请孔子到他的国家，孔子就前去拜见，路过陈国和蔡国。陈国和蔡国的大夫在一块儿商量说："孔子是圣贤的人，他做出的每一次对政事的评论都切中诸侯失误的地方。如果他被楚国任用的话，那么陈国和蔡国就会很危险。"于是他们派步兵去挡截孔子。

原文

孔子不得行，绝粮七日，外无所通[①]，藜羹不充，从者[②]皆病。孔子愈慷慨[③]讲诵，弦歌不衰。乃召子路而问焉，曰："《诗》云：'匪兕[④]匪虎，率彼旷野。'吾道非乎，奚[⑤]为至于此？"

注释

①外无所通：和外面失去联系。通，联系。②从者：随从，跟随的人。③慷慨：慷慨激昂。④兕：犀牛。⑤奚：什么，何。

译文

孔子不能前行，断粮七天，和外界失去了联系，连一点儿粗劣的粮食都吃不到了，跟随孔子的人都病倒了。孔子却慷慨激昂地给随从的人讲诵礼仪，弹琴、唱歌从不停止。孔子把子路找来问："《诗经》上说：'不是犀牛，不是老虎，却都跑在荒野中。'我的道不对吗？为什么会沦落到这种地步呢？"

原文

子路愠[①]，作色[②]而对曰："君子无所困[③]。意者夫子未仁与？人之弗吾信也；意者夫子未智与[④]？人之弗吾行也。且由也昔者闻诸夫子：'为善者天报之以福[⑤]，为不善者天报之以祸[⑥]。'今夫子积德怀义，行之久矣，奚居之穷也？"

注释

①愠：生气，不高兴。②作色：脸上有不高兴的神色。③困：困扰，扰乱。④智与：足够的智慧。与，非常，极其。⑤福：好运。⑥祸：灾难，祸害。

译文

子路听完这些话后心里很是生气，脸上露出不高兴的神色说："没有什么是可以困扰君子的。可能您还不是太仁德，别人不相信您；可能您还不是太智慧，别人就不推行您的主张。况且我也曾经听您说过：'做好事的人，上天就会降下好运来报答他；做坏事的人，上天就会降下灾难来惩罚他。'现在您正在积累仁义道德，心里装着道义，推行您的主张已经很久了，为什么还落得如此的下场呢？"

原文

子曰："由未之识[①]也，吾语[②]汝。汝以仁者为必信[③]也，则伯夷、叔齐不饿死首阳；汝以智者为必用[④]也，则王子比干不见剖心；汝以忠者为必报[⑤]也，则关龙逢不见刑；汝以谏者为必听[⑥]也，则伍子胥不见杀。夫遇不遇者，时也；贤不肖者，才也。君子博学深谋而不遇时[⑦]者，众矣，何独丘哉？且芝兰生于深林，不以无人而不芳；君子修道立德，不为穷困而败节。

注释

①识：理解。②语：告诉。③信：信任。④用：任用，受到重视。⑤报：报答。⑥听：听从。⑦时：机遇，时机。

译文

孔子说："你还是没有完全理解啊，我来告诉你。你认为仁德的人一定会得到别人的信任，如果这样的话，那伯夷和叔齐就不会饿死在首阳山了；你认为智慧的人一定会得到别人的任用，如果是这样的话，那比干就不会被剖心了；你认为忠心的人一定会得到别人的报答，如果这样的话，那关龙逄就不会被杀了；你认为进谏的话一定会被别人听从，如果这样的话，那伍子胥就不会被杀害了。能否遇见贤明的君主，是由天时来决定的；是否贤能，是由自己的才干决定的。君子知识渊博、深谋远虑却遇不到机遇的，并不是只有我一个人。况且芝兰生长在深山老林中，不会因为没有人赞赏就没有香气；君子修身养性树立道德，不会因为不得志陷入困境就改变志向。

原文

"为之者，人也；生死者，命①也。是以晋重耳之有霸心，生于②曹卫；越王勾践之有霸心，生于会稽。故居下而无忧者，则思③不远；处身而常逸④者，则志⑤不广。庸知其终始乎？"

注释

①命：天命。②生于：在……产生。③思：思想，思虑。④逸：安逸。⑤志：志气，志向。

译文

“事在人为，但是生死就要听从天命了。所以，晋文公重耳在曹国、卫国的时候就有了称霸天下的愿望；越王勾践在会稽的时候就产生了称雄天下的决心。所以，处在下位又没有忧患的人，他的想法就不长远；安身立命贪图安逸的人，他的志向就不会远大。怎样才能了解立志的来龙去脉呢？”

原文

子路出，召子贡，告如子路。子贡曰：“夫子之道[①]至大[②]，故天下莫能容夫子，夫子盍少贬[③]焉？”子曰：“赐，良农能稼[④]，不必能穑[⑤]；良工能巧，不能为顺[⑥]；君子能修其道，纲[⑦]而纪之，不必其能容[⑧]。今不修其道而求其容，赐，尔志不广矣，思不远矣。”

注释

①道：道理，主张。②至大：很大，博大精深。③贬：降低。④稼：种植。⑤穑：收获庄稼。⑥顺：修理。⑦纲：纲要，大纲。⑧容：接受，接纳。

译文

子路退下，孔子又把子贡找来，把同样的问题向子贡问了一遍。子贡说：“您的学问博大精深，天下的人都不能接受，您为什么不稍微降低自己主张的标准呢？”孔子说：“子贡啊，优秀的农夫知道怎么种植，但是不一定知道怎么收获庄稼；优秀的工匠虽然会做出精巧的器具，但是不一定知道怎么修理；君子能够修养道德行为，掌握纲要，梳理好头绪，不一定会被别人接受。现在，不修养自己的道德行为而要别人接受你的主张，子贡，你的志向不是很远大，你的思虑不是很长远啊！”

原文

子贡出，颜回入，问亦如之。颜回曰：“夫子之道至大，天下莫能容。虽然，夫子推①而行②之，世不我用，有国者之丑③也，夫子何病④焉？不容，然后见⑤君子。”孔子欣然叹曰：“有是哉，颜氏之子！吾亦使尔多财，吾为尔宰⑥。”

注释

①推：推行主张。②行：实施，实行。③丑：耻辱。④病：担忧，不满。⑤见：显现，显示。⑥宰：掌管家务和财产的人。

译文

子贡退下，颜回进来，孔子也问了同样的问题。颜回说：“您的学识实在是博大精深，天下没有人能够接受。即使这样，您仍然推行，世人没有采纳我们的主张，是国君们的耻辱，您担忧什么呢？不被接受才更表明是君子。”孔子听了以后很高兴，发出感慨：“太有学识了，颜家的孩子！如果有一天你有钱了，我会为你做管家。”

原文

子路问于孔子曰：“君子亦有忧乎？”子曰：“无也。君子之修行①也，其未得之，则乐其意；既得之，又乐其治。是以有终身之

乐，无一日之忧。小人则不然，其未得也，患[2]弗得之；既得之，又恐失之。是以有终身之忧，无一日之乐也。”

注释

①修行：修养品行。②患：担心，害怕。

译文

子路问孔子说：“是不是君子也有忧虑的时候啊？”孔子说：“没有啊！君子修身养性，品德没有全部养成，但他会为自己的思想感到高兴；养成良好品德之后，他又会为自己的成功高兴。所以君子的一生都很快乐，没有一天是忧虑的。小人的情况却恰恰相反，在没有得到的时候，担心会得不到；一旦拥有了，又担心会失去。所以，小人的一生都是在忧虑的日子中度过的，没有一天是快乐的。”

原文

曾子弊衣[1]而耕于鲁，鲁君闻之而致邑[2]焉，曾子固辞[3]不受。或曰：“非子之求，君自致之，奚固辞也？”曾子曰：“吾闻受人施者常畏[4]人，与人者常骄[5]人。纵君有赐，不我骄也，吾岂能勿畏乎？”孔子闻之曰：“参之言足以全[6]其节也。”

注释

①弊衣：破旧的衣服。②致邑：请他到城邑里为官。③辞：推辞，拒绝接受。④畏：敬畏。⑤骄：骄傲，傲慢。⑥全：保全。

译文

曾子身穿着破旧的衣服在鲁国境内种地，鲁国的国君听说这件事后就请他到城邑里做官，曾子很坚决地推辞了。有人问："不是你自己要求的，而是国君主动给你的，为什么你坚决地推辞掉啊？"曾子说："我听说过接受了别人的东西就会害怕他，而赠送给别人东西的人又经常地怠慢别人。即使君主主动赠送给我，又没有傲慢地对我，我怎么能不害怕呢？"孔子听见这件事情以后说："曾参的言语足以保全自己的名节了。"

原文

孔子厄[①]于陈、蔡，从者七日不食。子贡以所赍[②]货，窃犯围而出，告籴[③]于野人[④]，得米一石焉。颜回、仲由炊之于坏屋之下，有埃墨[⑤]堕饭中，颜回取而食之。子贡自井望见之，不悦，以为窃食也。入问孔子曰："仁人廉士，穷改节[⑥]乎？"孔子曰："改节即何称于仁廉哉？"子贡曰："若回也，其不改节乎？"子曰："然。"子贡以所饭告孔子。子曰："吾信回之为仁久矣，虽汝有云，弗以疑也，其或者必有故乎？汝止，吾将问之。"召颜回曰："畴昔[⑦]予梦见先人，岂或启佑[⑧]我哉？子炊而进饭，吾将进[⑨]焉。"对曰："向有埃墨堕饭中，欲置之，则不洁；欲弃之，则可惜。回即食之，不可祭[⑩]也。"孔子曰："然乎，吾亦食之。"颜回出，孔子顾谓二三子曰："吾之信回也，非待今日也。"二三子由此乃服之。

注释

①厄：受困。②赍：携带。③籴：买。④野人：乡野之人，即当地的村民。⑤埃墨：烟熏的墨尘。⑥改节：改变名节。⑦畴昔：以前。⑧启佑：开导，保佑。⑨进：进奉（祭祀品）。⑩祭：祭祀。

译文

孔子被困在了陈、蔡，跟从他的人一连七天都没有吃到东西了。子贡带着所携带的东西，偷偷地从包围圈中跑了出去，向当地的村民央求，换回了一石米。颜回和子路两个人在土屋下面煮饭，有灰尘掉进了饭中，颜回就把那块被灰尘弄脏了的饭拿起来吃了。子贡从井边看到了，心中很不高兴，以为颜回是在偷吃东西。就走进屋中，向孔子问道："那些仁人和有操守的人，有因为穷困而改变了名节的吗？"孔子说道："改变了名节的话又怎么能称得上仁德有操守呢？"子贡说道："那像颜回这样的人，他是不会改变名节的吧？"孔子说："是的。"子贡便把颜回偷吃饭的事告诉了孔子。孔子说道："我向来相信颜回属于仁人之列，虽然你说了这样的事，我也不会怀疑他，这中间必定是有缘故的。你先不要说话，我来问一问他。"于是便招来颜回说道："之前我梦到了祖先，难道是祖先在开导我吗？你快去煮好饭，我要去向祖先进奉祭祀。"颜回回答说："之前有灰尘落到了饭中，如果留在饭中则不干净；我想要把饭丢掉，又觉得可惜。自己便把那部分吃掉了，因此不适合再用来祭祀了。"孔子说："这种情况的话，我也会吃掉它。"颜回出去后，孔子扭头对其他的几个弟子说："我对颜回的信任是由来已久的，并非只是今天。"弟子们因此才都对颜回信服。

入官第二十一

原文

子张问入官于孔子。孔子曰："安身取誉①为难。"子张曰："为之如何②？"孔子曰："己有善勿专③，教不能勿怠④，已过勿发，失言勿掎⑤，不善勿遂，行事勿留。君子入官，自此六者，则身安誉至而政从矣。且夫忿⑥数者，官狱所由生也；拒谏者，虑之所以塞⑦也；慢易者，礼之所以失也；怠惰者，时之所以后⑧也；奢侈者，财之所以不足也；专独者，事之所以不成也。君子入官，除此六者，则身安誉至而政从⑨矣。

注释

①誉：声誉，荣誉。②如何：怎么办。③专：独有。④怠：懈怠。⑤掎："踦"字之误，曲为之说，曲护。⑥忿：愤怒，憎恶。⑦塞：阻塞，阻碍。⑧后：推迟。⑨从：顺利。

译文

子张询问有关为官之道的事情。孔子说："要想自己的官位安稳并且取得良好的声誉是很难的。"子张说："对此怎么办呢？"孔子说："自己有了好处不要独自享受，教导别人不要懈怠，出现失误以后不要再重蹈覆辙，说错话不要为自己曲意辩护，不好的事情不要继续做，做事情的时候不要拖泥带水。君子在做官的时候能够达到这六点，就可以使官位安稳，获得良好的声誉，政事也就顺利了。此外，心里时常有愤怒的情绪就会产生犯罪的念头；不听从别人的劝谏常常会使考虑问题的深度受到阻碍；行为轻慢常常会使人缺乏应有的礼节；懒惰松懈常常致使时机迟迟不来；奢侈浪费往往使财富不是很充足；专制独裁往往使事情不容易办成。君子在做官的时候能够避免这六点，就可以获得安稳的官位，受到百姓的称誉，政事也就顺利了。

原文

"故君子南面①临官，大域之中而公②治之，精智而略行之，合③是忠信，考④是大伦，存是美恶，进是利而除是害，无求其报焉，而民之情可得也。夫临之无抗⑤民之恶，胜之无犯⑥民之言，量之无佼⑦民之辞，养之无扰于其时，爱之无宽于刑法。若此，则身安誉至而民⑧得也。

注释

①南面：古代南面是君王临朝的方向，表示尊贵。②公：公道，秉公执法。③合：一块儿，一起。④考：考虑，想到。⑤抗：欺压。⑥犯：冒犯，触犯。⑦佼：欺骗。⑧民：民心，民意。

译文

“所以君子身居要职，管理广袤的土地，就要秉公执法，办事公道，精明睿智，执行起来大刀阔斧，把忠信结合起来，考虑哪些符合伦理规范，把好事和坏事放在一起考察，推广有利的主张，废除有害的做法，不要求得到回报，那么就可以获得百姓的支持了。如果在治理国家的时候没有欺压百姓的想法，说服百姓的时候没有冒犯百姓的言论，考虑问题的时候没有欺骗百姓的言辞，为百姓生计考虑，不违背农时，爱护百姓的时候不纵容他们而置法律于不顾。如果官员都这样做的话，那么就会获得安稳的官位，赢得百姓的美誉，得到民心的支持了。

原文

“君子以临官，所见则迩①，故明不可蔽②也。所求于迩，故不劳而得也。所以治者约③，故不用众而誉立。凡法象在内，故法不远而源泉不竭④。是以天下积而本⑤不寡，短长得其量，人志治而不乱政。德贯乎心，藏⑥乎志，形⑦乎色，发乎声。若此，而身安誉至民咸⑧自治矣。

注释

①迩：附近，身边的事情。②蔽：蒙蔽，蒙骗。③约：简约，不费力。④竭：竭尽。⑤本：根源，根本。⑥藏：隐藏，遮掩。⑦形：显露。⑧咸：都。

译文

“君子做官的时候，首先观察身边发生的事情，就可以做到心里明了而不受到蒙骗。先从自己身边寻找，那样得到想要的东西的时候就会很省事。治理国家的时候要抓住重点，这样就可以不用役使很多的百姓，同时得到美誉。君王在执政的过程中以身作则，百姓就会跟随，就像泉水不干涸一样。所以，治理国家会有很多人才帮助自己，根据每一个人的才能任用，人才各得其用，政治就不会混乱。好的德行贯彻在心中，隐藏在心灵深处，流露在言论行为中。如果这样的话，官位就会安稳，就能获得良好的声誉，百姓就都很自觉地服从君王的治理了。

原文

“是故临官①不治则乱，乱生则争之者至。争之至，又于乱。明君必宽裕以容②其民，慈爱优柔之，而民自得③矣。行④者，政之始也；说者，情之导⑤也。善政行易⑥则民不怨，言调说和则民不变。法在身则民象⑦之，明在己则民显⑧之。

注释

①临官：在官职上。②容：接纳，容纳。③自得：自觉地遵守。④行：实践。⑤导：疏导，疏通。⑥行易：容易实施。⑦象：效法，跟着做。⑧显：清楚，明晰。

译文

“照此推测，身居要职但是不善于治理就会造成混乱的状况，百姓的生活混乱就会招来争权逐利的小人。那样百姓的生活就会更加混乱不堪。贤明的君主一定要宽容地对待百姓，慈爱地安抚百姓，那么百姓就会自觉地服从君王的治理了。实践是治理国家的开端；言论是疏导情绪的方法。治理国家大事的时候政策得当，百姓就不会有怨怒，言语平和，语气委婉，百姓就会很忠心。自己带头执行法规，百姓就会仿效君王的做法，自己胸怀坦荡，百姓做事情的时候就会很清楚。

原文

“若乃供①已而不节②，则财利之生者微矣。贪③以不得，则善政必简④矣。苟以乱⑤之，则善言必不听也；详以纳之，则规谏日至。言之善者，在所日闻；行之善者，在所能为。

注释

①供：供养，供奉。②节：节约，节俭。③贪：贪图小便宜。④简：难以执行。⑤乱：国家混乱。

译文

“如果只是享受供养而不节约财物，那样就会少了很多生财之道；贪图小利而不获得有用的东西，即使是很好的措施也执行不了。如果国家混乱不堪，那么好的建议也就不能听从；如果仔细审慎地采纳别人的建议，那么每天就会有很多的人来进谏。言论想要正确无误，就要每天都听取建议；行为要想端正，就要踏踏实实地做事情。

原文

“故君上者，民之仪[①]也；有司执政者，民之表[②]也；迩臣便僻者，群仆之伦[③]也。故仪不正则民失，表不端则百姓乱，迩臣便僻[④]则群臣污矣。是以人主不可不敬[⑤]乎三伦。君子修身反道，察里言[⑥]而服[⑦]之，则身安誉至，终始在焉。

注释

①仪：法度、准则。②表：表率，准则。③伦：类。④便僻：曲意逢迎。⑤敬：恭敬，敬重。⑥里言：有道理的话。⑦服：遵守，施行。

译文

“所以君王是子民的表率；治理国家的官员是子民的标准；君王身边的大臣是群臣们的榜样。如果表率不端正，百姓就没有法度；表率不正确的话，百姓就会混乱；君王身边的大臣曲意逢迎，群臣就会学坏。所以治理国家的君王不能不恭敬地把这诸多伦理道德熟记在心。君子修身养性，要不断地提高自己的品德，明察有道理的话而后施行，那样就可以使地位安稳，赢得百姓的称赞，从而受益一生。

原文

“故夫女子必自择丝麻，良工必自择完材，贤君必自择左右。劳[①]于取人，佚[②]于治事。君子欲誉，则必谨[③]其左右。为上者，譬如缘木焉，务高而畏下滋甚。六马之乖离[④]，必于四达之交衢[⑤]；万

民之叛道，必于君上之失政。上者尊严而危，民者卑贱而神。爱之则存⑥，恶⑦之则亡。长民者⑧必明此之要。

注释

①劳：辛劳，受累。②佚：安逸。③谨：谨慎，慎重。④乖离：不听使唤，离散。⑤交衢：四通八达的道路，常指十字路口。⑥存：巩固，存在。⑦恶：厌恶。⑧长民者：指统治者，君王。

译文

“所以女子织布的时候一定要自己挑选丝麻，技能好的工匠一定要自己选择好材料，贤明的君王一定要自己挑选辅佐自己的大臣。在选择人才的时候辛苦一点，就会使自己在治理国家的时候安逸一点。君王要想赢得天下的敬仰，一定要对下面的大臣严格要求。获得高位的人，就像爬树一样，爬得越高就越害怕摔下来。拉车的六匹马分散乱跑，一定是在十字路口旁；百姓叛乱，一定是君王在治理国家的时候措施不得力。君王有威信并时刻有危机感，百姓地位卑贱却可以像神一样尊贵。爱护百姓，自己的地位就会巩固；厌恶百姓，自己的地位就会丧失。做君王的人一定要明白这个道理。

原文

“故南面临官，贵而不骄，富而能供，有本而能图末①，修事而能建业②，久居而不滞③，情近而畅乎远，察一物而贯④乎多。治一物而万物不能乱者，以身本者也。君子莅民⑤，不可以不知民之性⑥而达诸民之情⑦。既知其性，又习⑧其情，然后民乃从命矣。

注释

①末：其他的事情。②建业：建功立业。③滞：不畅通。④贯：贯穿，由此及彼。⑤莅民：管理百姓。⑥性：性情，性格。⑦情：事情的本来面目。⑧习：熟悉，知晓。

译文

“所以身居要职但不骄傲蛮横，富贵但能举止得体，看到事情的根本也能够顾及其他，做好现在的事又能够考虑将来的事，经常在屋子里视野却不闭塞，对眼前的事物能够考虑深远，观察一件事情的时候能够联想到其他很多事情。聚精会神地做一件事情，不会被其他的事情干扰，这是因为他把注意力全部放在这件事情上了。君王管理百姓，不可能不了解他们的品质就能知晓他们的实情。既知道百姓的品性，又能了解他们的实情，那样百姓才能听从安排。

原文

“故世举[①]则民亲之，政均[②]则民无怨。故君子莅民，不临以高，不导以远，不责[③]民之所不为，不强[④]民之所不能。以明[⑤]王之功，不因其情，则民严而不迎；笃之以累年之业，不因其力，则民引[⑥]而不从。若责民所不为，强民所不能，则民疾[⑦]，疾则僻[⑧]矣。”

注释

①举：兴旺发达。②政均：政策公正合理。③责：责怪，责备。④强：强迫，强求。⑤明：显示。⑥引：隐藏，不表达真实情感。⑦疾：疾苦，疲惫。⑧僻：指发生不良的事情。

译文

“所以世道兴旺发达，百姓才能敬仰君王，政治清明，百姓才能没有怨恨。君子在治理国家的时候，不要高高在上脱离百姓，不要让百姓做虚妄的事情，不要因为百姓不想去做而责备他们，不要强迫百姓做他们没有能力做的事情。为了展示自己的丰功伟绩，不依据百姓的实情行动，那么百姓就会表里不一；为了建立自己的百年基业，不依据百姓的能力行动，百姓就会逃避不再听从君王的命令。如果百姓不愿意做事情而去责怪他们，强迫他们做自己能力不济的事情，百姓就会疲惫不堪，感到疲惫不堪后，百姓就会做出不正当的事情。”

原文

古者圣主冕①而前旒，所以蔽②明也；纮统③充耳，所以掩聪也。水至清则无鱼，人至察④则无徒⑤。枉⑥而直之，使自得之；优而柔之，使自求之；揆⑦而度之，使自索之。民有小过，必求其善以赦⑧其过；民有大罪，必原⑨其故以仁⑩辅化。如有死罪，其使之生，则善也。

注释

①冕：帽子。②蔽：遮掩。③纮紞：垂在冠冕的带子。④察：观察得太仔细、苛刻。⑤徒：跟随。⑥枉：纠正。⑦揆：度量。⑧赦：赦免，释放。⑨原：原谅，宽恕。⑩仁：仁德。

译文

古代贤明的君王戴着前面挂着玉石的帽子是为了遮住亮光；垂在冠冕的带子塞住耳朵是为了蒙蔽听觉。水太清了就会养不成鱼，人太过于苛刻就没有人跟随了。纠正别人的错误就要改正，要让百姓自己认识到过错；宽容对待百姓，让他们自己发现错误；根据百姓的情况教育他们，让他们自己认识到是非。百姓犯了很小的过失，要发现他们的贤能之处，凭借这贤能之处免除他们的过错；百姓犯了大的罪过，一定要寻找他们犯这样罪的原因，用仁义道德来让他们醒悟，让他们改正。如果他们犯了死罪，尽可能地宽恕他们，让他们保全性命，这样做的话是好事。

原文

是以上下亲而不离①，道化流而不蕴②。故德者，政之始③也。政不和，则民不从其教④矣。不从教，则民不习⑤。不习，则不可得而使⑥也。

注释

①离：脱离。②蕴：积聚。③始：开始，开端。④教：教化，教导。⑤习：学习，贯彻执行。⑥使：使用，指使。

译文

所以君王上下亲近而不脱离百姓疾苦，君王的治国措施才能不被积聚而得以实行。所以仁德是治理国家的开端。政策措施不和百姓的实际情况相符合，百姓就不会服从教导。不服从教导，百姓就不能很好地贯彻君王的治国举措。这样，君王就不能得到百姓的信任而使唤他们了。

原文

君子欲言之见信也，莫善乎先虚①其内；欲政之速行②也，莫善乎以身③先之；欲民之速服也，莫善乎以道御④之。故虽服必强⑤。自非忠信，则无可以取亲于百姓者矣。内外不相应，则无可以取信于庶民者矣。此治民之至道⑥矣，入官之大统矣。”子张既闻孔子斯言，遂退而记之。

注释

①虚：虚心。②行：实行，执行。③身：身体力行。④御：统治。⑤强：勉强，勉为其难。⑥道：道理，技巧。

译文

君王要想让百姓相信自己的治国举措，最好的办法是虚心听取百姓的建议；要想在很短的时间内推行政策，最好的办法就是君王率先实施，以身作则；要想百姓服从君王的命令，最好的办法就是遵循事理。否则，即使百姓服从了君王的命令也是勉为其难的。不依靠忠信，就不能得到百姓的爱戴。百姓不遵从君王的命令，那么君王就不能取得百姓的信任了。以上的话就是治理百姓最重要的准则，也是做官者最重要的纲领。”子张听完后，退下来把这番话记录下来。

困誓第二十二

原文

子贡问于孔子曰：“赐倦于学，困于道矣，愿息①而事君，可乎?”孔子曰：“《诗》云：‘温恭②朝夕，执事有恪③。’事君之难也，焉可息哉!”曰：“然则赐愿息而事亲。”孔子曰：“《诗》云：‘孝子不匮④，永锡尔类。’事亲之难也，焉可以息哉!”曰：“然则赐请愿息于妻子⑤。”孔子曰：“《诗》云：‘刑于寡妻，至于兄弟，以御⑥于家邦。’妻子之难也，焉可以息哉!”

注释

①息：休息。②恭：恭敬，谦和。③恪：谨慎，小心。④匮：匮乏，穷尽。⑤妻子：妻子和子女。⑥御：治理，应用。

译文

子贡向孔子问道：“我在学习的时候感到困倦，在研究道义的时候感到困扰，我想停下来去侍奉君王以得到休息，这样可以吗?”孔子说：“《诗经》

上说：‘侍奉君王的时候必须从早上到晚上都要温和恭敬，为君王办事情的时候要格外小心。’侍奉君王是件困难的事情，怎么能够得到休息呢？”子贡说：“那么我想停下来去侍奉父母以得到休息。”孔子说：“《诗经》上说：‘孝子的孝心是没有穷尽的，上天永远赐福于孝子。’侍奉父母是件困难的事情，怎么能得到休息呢？”子贡说：“那么我想侍奉妻子和子女以得到休息。”孔子说：“《诗经》上说：‘给妻子做榜样，然后把这种榜样扩大到兄弟，用这样的方法来治理国家。’侍奉妻子和子女是件困难的事情，怎么能够得到休息呢？”

原文

曰：“然则赐愿息于朋友。”孔子曰：“《诗》云：‘朋友攸摄①，摄以威仪。’朋友之难也，焉可以息哉！”曰：“然则赐愿息于耕②矣。”孔子曰：“《诗》云：‘昼尔于茅③，宵尔索绹④，亟⑤其乘屋，其始播百谷。’耕之难也，焉可以息哉！”曰：“然则赐将无所息者也？”孔子曰：“有焉，自望其广，则睪如⑥也；视其高，则填如也；察其从，则隔如也。此其所以息也矣。”子贡曰：“大哉乎死也！君子息焉，小人休焉。大哉乎死也！”

注释

①攸摄：相互帮助。②耕：耕种。③茅：茅草，杂草。④索绹：搓线拧绳。⑤亟：急忙，紧急。⑥睪如：高大的样子。睪：通“皋”。

译文

子贡说：“那我想侍奉朋友以得到休息。”孔子说：“《诗经》上说：‘朋友之间要相互帮助，这样才能使威仪显赫。’侍奉朋友是件困难的事情，怎么能够获得休息呢？”子贡说：“那么我想去耕种田地、种植树木以获得休息。”

孔子说："《诗经》上说：'白天的时候去割草，晚上的时候去搓线拧绳，赶快爬上房顶修葺房屋，又要开始耕种田地了。'耕种田地是件困难的事情，怎么能够获得休息呢？"子贡说："那我就没有时间休息了吗？"孔子说："有啊，远远地看那里的坟墓，高高的；看它高高的样子，又填得实实的；从侧面看又是一个个隔开的。这就是休息的地方了。"子贡说："死亡的意义真是很重大啊！君子是在这个地方停下来休息的。小人也是在这个地方休息的。死亡的意义真是很重大啊！"

原文

孔子自卫将入晋，至河[①]，闻赵简子杀窦犨鸣犊及舜华，乃临河而叹曰："美哉水，洋洋乎！丘之不济[②]此，命也夫！"子贡趋[③]而进曰："敢问何谓也？"孔子曰："窦犨鸣犊、舜华，晋之贤大夫也。赵简子未得志之时，须此二人而后从政。及其已得志也，而杀之。丘闻之，刳胎杀夭[④]，则麒麟不至其郊；竭泽而渔，则蛟龙不处其渊；覆巢破卵，则凰凰不翔其邑。何则？君子违[⑤]伤其类者也。鸟兽之于不义，尚知避之，况于人乎！"遂还，息于邹，作《槃操》以哀之。

注释

①河：古代的河都是专指黄河。②济：渡河。③趋：快走。④刳胎杀夭：剖腹取胎，杀害幼兽。⑤违：通"讳"，忌讳。

译文

孔子将要从卫国到晋国去，到了黄河边上，听说赵简子杀害了窦犨鸣犊以及舜华，就对着河水感叹道：“壮美的黄河水啊，你是这么的盛大啊！我不能渡河，也是命中注定的吧！”子贡快步走到孔子前，问道：“敢问您为什么这么说呢？”孔子说：“窦犨鸣犊和舜华都是晋国贤良的大夫。在赵简子还没有得志的时候，需要依靠这两个人才能得以治政。而当他得志了以后，却杀害了这两个人。我听说，如果剖腹取胎，杀死幼兽的话，麒麟就不会来到这个国家的郊外；如果竭泽而渔的话，蛟龙是不会在这个国家的深渊中居住的；如果弄翻鸟巢打破鸟卵的话，凤凰是不会飞翔到他的都邑的。为什么呢？因为君子忌讳自己受到同样的伤害啊！鸟兽对于那些不义之人，尚且知道躲避，何况是人呢？”于是就返回到邹地休息，并作《槃操》这首曲子来哀悼他们。

原文

子路问于孔子曰：“有人于此，夙兴夜寐，耕芸树艺，手足胼胝①，以养其亲。然而名不称孝，何也？”孔子曰：“意②者身③不敬与？辞不顺④与？色不悦与？古之人有言曰：‘人与己与不汝欺。’今尽力养亲，而无三者之阙⑤，何谓无孝之名乎？”孔子曰：“由，汝志⑥之，吾语汝：虽有国士之力，而不能自举其身，非力之少，势⑦不可矣。夫内行⑧不修，身之罪也；行修而名不彰，友之罪也。行修而名自立。故君子入则笃行，出则交贤，何为无孝名乎？”

注释

①胼胝：茧子。②意：料想。③身：行动。④顺：顺服，谦逊。⑤阙：通“缺”，缺点。⑥志：记。⑦势：情势，形势。⑧内行：内心的道德。

译文

子路向孔子问道：“有这样一种人，他很早就起来很晚才睡觉，每日辛劳地耕地植树，致使手足都磨出了茧子，以此来奉养双亲。然而他却没有得到孝子的名声，这是什么原因呢？”孔子说：“想来是因为他行动不恭敬，言辞不谦恭，面色不温和吧？古人说过这样的话：‘别人的心灵和自己的心灵都是相通的，是不会欺骗你的。’如今尽了全力奉养双亲并且没有上面所说的三个缺点的人，怎么会没有孝子的名声呢？”孔子又说：“仲由你要记住，我告诉你：即便是有闻名全国的勇士那样的力气，也不能将自己举起来，并非因为力气小，而是情势不许可。内在的德行不修养的话，是自身的过错；如果修养了德行而名声却没有得以彰显，那就是友人的过错了。修养德行的话名声自然会树立。因此君子在家要行为淳厚，在外要和贤良的人相交，这样的话怎么会没有孝子的名声呢？”

原文

孔子遭厄①于陈、蔡之间，绝粮七日，弟子馁病②，孔子弦歌。子路入见曰：“夫子之歌，礼乎？”孔子弗应，曲终而曰：“由，来！吾语汝：君子好③乐，为无骄④也；小人好乐，为无慑也。其谁之子，不我知而从我者乎？”子路悦，援戚⑤而舞，三终而出。明日，免于厄。子贡执辔曰：“二三子从夫子而遭此难也，其弗忘矣！”孔子曰：“善。恶何也？夫陈、蔡之间，丘之幸也。二三子从丘者，皆幸也。吾闻之，君不困不成王⑥，烈士不困行不彰。庸知⑦其非激愤厉志之始，于是乎在？”

注释

①遭厄：遭受危难困苦。②馁病：饥饿并且筋疲力尽。③好：喜好，喜欢。④无骄：不骄纵。⑤援戚：援，执，拿。戚，一种兵器，形状像斧子。⑥成王：成就王业。⑦庸知：岂知。

译文

孔子被困在陈、蔡之间，断粮了七天，弟子都饿得筋疲力尽，孔子却依然诵诗弹琴、歌唱不止。子路进去见孔子说道："老师您现在歌唱，符合礼吗?"孔子没有回应，一曲完结了以后说道："仲由，你过来！我告诉你：君子喜好音乐是为了不自我骄纵；小人喜好音乐是为了消除胆怯。哪个人不理解我却又跟从我呢?"子路听了很高兴，拿起兵器挥舞起来，乐曲停止几次才出去。第二天围困结束了。子贡拉着马缰绳说道："弟子们追随老师所遭受到的这次危难，恐怕是不能忘记的了。"孔子说道："说得好。为什么这么说呢？这次被困在陈、蔡之间，是我的幸运。你们追随我并遇此难，也是你们的幸运。我听说，君王不经历困难就不能成就王业，有志功业、重义轻生的正直人士不经历危难他的声名也不会彰显。哪里知道发愤励志的开始，不在于此呢?"

原文

孔子之[1]宋，匡人简子以甲士[2]围之。子路怒，奋[3]戟将与战。孔子止之曰："恶[4]有修仁义而不免俗者乎？夫《诗》、《书》之不讲，礼乐之不习，是丘之过也。若以述先王好古法而为咎[5]者，则非丘之罪也。命夫！歌，予和汝。"子路弹琴而歌，孔子和之。曲三终，匡人解甲而罢。孔子曰："不观高崖，何以知颠坠之患；不临深泉，何以知没溺之患；不观巨海，何以知风波之患。失之者，其不在此乎？士慎此三者，则无累[6]于身矣。"

注释

①之：到、去。②甲士：兵士。③奋：挥舞。④恶：怎么，哪里。⑤咎：过错，罪责。⑥累：受累，牵累。

译文

孔子前往宋国，匡人简子派兵士围住了他们。子路十分恼怒，挥舞戟想要和他们交战。孔子制止了子路，对他说："哪里有修行仁义的人不原谅世俗中的那些恶行呢？如果说不讲《诗》《书》，不习礼乐，那就是我的过错。如果将宣扬先王美德、喜好古法当作一种罪责的话，那就不是我的过错了。大概就是命了。你来歌唱，我应和你。"于是子路弹琴歌唱，孔子在旁边应和。唱了几首曲子以后，匡人解除武装散去了。孔子说道："不看高崖，如何能知道从高崖上坠下来的祸患？不到达深渊处，如何能知道被淹没溺水的祸患？不观看大海，如何能得知波涛所引起的祸患？丢失掉生命不就在这些地方吗？士人应当谨慎地对待这三件事，那样的话就不会让自身受到牵累了。"

原文

子贡问于孔子曰："赐既为人下①矣，而未知为人下之道②，敢问之。"子曰："为人下者，其犹土乎？汨之深则出泉，树其壤则百谷滋③焉，草木植焉，禽兽育④焉。生则出焉，死则入焉。多其功⑤而不意，恢其志⑥而无不容。为人下者以此也。"

注释

①下：下属，下级。②道：道理，技巧。③滋：滋生，生长。④育：繁育，繁殖。⑤功：功劳，作用。⑥志：胸怀，志向。

译文

子贡问孔子说："我现在已经是别人的下属了，但是不知道怎么做好下属的工作，所以冒昧地问一下您的建议。"孔子说："成为别人的下属，就要和土地差不多吧？土地挖掘得越深就越可能得到泉水，在上面种植就能生长出很多庄稼，草木在上面成长，动物们在上面繁衍后代。它们生长在上面，死的时候埋葬在下面。土地有很多的功绩，但是它自己却从来不在意，它用宽广的胸怀包容着万物。做别人的下属就要和土地一样。"

原文

孔子适①郑，与弟子相失②，独立东郭门外。或人③谓子贡曰："东门外有一人焉，其长④九尺有六寸，河目⑤隆颡⑥，其头似尧，其颈似皋繇，其肩似子产，然自腰已下，不及禹者三寸，累然⑦如丧家之狗。"子贡以告，孔子欣然而叹曰："形状未也，如丧家之狗，然⑧乎哉！然乎哉！"

注释

①适：到。②相失：互相失去联络，失散。③或人：有人。④长：身高。⑤河目：形容眼眶上下平正而长的眼睛。⑥隆颡：高而隆起的额头。⑦累然：狼狈不堪的样子。⑧然：这样。

译文

孔子到郑国去，和弟子们走散了，独自一个人在外城东门外站立。有人看到后告诉子贡说："东门外面站立着一个人，身高有九尺六寸，眼眶上下平正而长，额头很高并且隆起，他的头像尧，脖颈像皋繇，肩膀像子产，但是从腰部以下，比大禹要短三寸，样子狼狈，像一条丧家之犬。"子贡将这些话告诉了孔子，孔子高兴地感叹道："形貌未必如此，但是他所说的像一条丧家之犬，却的确如此，的确如此啊！"

原文

孔子适卫，路出于蒲，会[①]公叔氏以蒲叛卫，而止之。孔子弟子有公良儒者，为人贤长，有勇力，以私车五乘从夫子行。喟然曰："昔吾从夫子遇难于匡，又伐树于宋。今遇困于此，命也夫！与其见夫子仍遇于难，宁我斗死[②]。"挺剑而合众[③]，将与之战。蒲人惧，曰："苟无适卫，吾则出[④]子。"乃盟孔子，而出之东门。孔子遂适卫。子贡曰："盟可负乎?"孔子曰："要[⑤]我以盟，非义也。"卫侯闻孔子之来，喜而于郊迎之。问伐蒲。对曰："可哉。"公曰："吾大夫以为蒲者，卫之所以恃晋、楚也，伐之无乃不可乎?"孔子曰："其男子有死之志，吾之所伐者，不过四五人矣。"公曰："善！"卒不果伐。他日，灵公又与夫子语，见飞雁过而仰视之，色不悦。孔子乃逝[⑥]。

注释

①会：适逢。②斗死：拼命战死。③合众：集合众人。④出：放出。⑤要：要挟。⑥逝：离去，离开。

译文

孔子前往卫国，途经蒲地时，适逢遇到公叔氏背叛了卫国，占据了蒲地，孔子因此被滞留在那里。孔子的弟子中有一个叫公良儒的人，他身材高大，贤良而又有勇力，他带着自己的五辆车子跟从孔子游历。这时感慨道："以前我跟从您在匡地遇到过危难，在宋国受到过伐树之难。现在又被困在这里，这都是命啊！与其看着您还在这里处于危难之中，我宁可和他们拼命。"于是拿起剑，召集众人，将要和蒲人战斗。蒲人感到害怕，说道："如果你们不去卫国，我就放你们走。"于是就和孔子订立了盟约，将孔子等人从东门放了出去。孔子最终还是去了卫国。子贡问道："盟约可以违背吗？"孔子说："要挟我订立盟约，这本身就是不义之事。"卫灵公听说孔子来了，非常高兴，并亲自到郊外迎接他。向孔子询问讨伐蒲地的事。孔子回答说："可以。"灵公说："我的大夫们认为，蒲地是我们卫国用来对付晋国和楚国的据点，讨伐它恐怕是不可以的吧。"孔子说："蒲地的男子们有保家卫国、宁死不屈的志向，我所说的讨伐，不过只是讨伐那几个叛乱的人罢了。"灵公说道："很好。"最终果然没有去讨伐蒲地。过了一些天，灵公又和孔子谈论，看到空中有大雁飞过就抬起头观看，面有不快。孔子于是就离开了卫国。

原文

卫蘧伯玉贤，而灵公不用，弥子瑕不肖[①]，反任之。史鱼骤谏而不从。史鱼病将卒，命其子曰："吾在卫朝，不能进蘧伯玉，退[②]弥子瑕，是吾为臣不能正[③]君也。生而不能正君，则死无以成礼。我死，汝置尸牖[④]下，于我毕矣。"其子从之。灵公吊焉，怪而问焉。其子以其父言告公。公愕然失容曰："是寡人之过也。"于是命之殡于客位[⑤]。进蘧伯玉而用之，退弥子瑕而远[⑥]之。孔子闻之曰："古之列谏之者，死则已矣，未有若史鱼死而尸谏。忠感其君者也，可不谓直乎？"

注释

①不肖：没有才能。②退：罢免。③正：匡正。④牖：窗户。⑤客位：房屋的正厅。⑥远：疏远，远离。

译文

卫国的蘧伯玉很贤能，但是灵公却不任用他，反而任用没有才能的弥子瑕。史鱼屡次进谏但是灵公没有听从。史鱼生病快要死的时候，命令他的儿子说："我在卫国做官却不能举荐蘧伯玉，罢免弥子瑕，我做臣子的却不能匡正国君。活着的时候不能纠正国君，那么死的时候也就不能成礼。我死后，你把我的尸体放在窗户下面，对我来说就算完成责任了。"他的儿子听从了他的嘱咐。卫灵公吊唁的时候，看到这种情况很奇怪，就问史鱼的儿子是什么原因。史鱼的儿子把父亲的话告诉了卫灵公。灵公大惊失色，说："这是我的过错啊！"于是命令把史鱼的尸体放在房子的正屋。召进蘧伯玉让他得到重用，罢免了弥子瑕的官职并远离他。孔子听说这件事情后说："古代刚直进谏的人死后就意味着结束了，却没有像史鱼这样用自己的尸体进谏的。他的忠诚感动了君主，难道不能认为是正直的吗？"

五帝德第二十三

原文

宰我问于孔子曰："昔者吾闻诸荣伊曰'黄帝三百年。'请问：黄帝者，人也，抑非人也？何以能至三百年乎？"孔子曰："禹、汤、文、武、周公，不可胜①以观也，而上世②黄帝之问，将谓先生难言之故乎！"宰我曰："上世之传，隐微③之说，卒采之辩，暗忽之意，非君子之道者，则予之问也固④矣。"孔子曰："可也，吾略闻其说。黄帝者，少典之子，曰轩辕。生而神灵，弱⑤而能言，幼齐叡庄，敦敏诚信。长聪明，治五气，设五量，抚万民，度四方。服牛乘马，扰驯猛兽，以与炎帝战于阪泉之野，三战而后克⑥之。始垂衣裳，作为黼黻⑦。治民以顺天地之纪⑧，知幽明之故，达死生存亡之说。播时百谷，尝味草木，仁厚及于鸟兽昆虫。考日月星辰，劳耳目，勤心力，用水火财物以生民。民赖其利，百年而死；民畏其神，百年而亡；民用其教，百年而移⑨。故曰黄帝三百年。"

注释

①胜：尽、完。②上世：上古，远古。③隐微：隐讳。④固：一定，坚持。⑤弱：年幼。⑥克：战胜。⑦黼黻：礼服上所绣的花纹。⑧纪：纲。⑨移：改变。

译文

宰我向孔子问道："以前我听说荣伊说过'黄帝统治了三百年。'请问：黄帝是人，抑或不是人？为什么能统治三百年之久呢？"孔子说："大禹、商汤、周文王、周武王、周公这些人尚且说不尽，而你所说的这个关于上古时代的黄帝的问题，更是连老前辈也很难说得清的。"宰我说："上古时代的传言，大都说得很隐讳，很多过去的事情还在论辩，意义十分晦涩飘忽，这些都是君子所不谈及的，因此我一定要弄个明白。"孔子说："好吧，我大略听到过这种说法。黄帝是少典的儿子，名字叫作轩辕。他生下来就很神灵，很小的时候就能说话，童年时就很伶俐聪明并且诚信敦厚。长大了以后更加聪明，能够治理五行之气，设计了五种用来测量的量器，安抚了万民，并游历了四方。他骑着牛乘着马，驯服了各种猛兽，和炎帝在阪泉交战，打了三次以后将炎帝制伏。天下一派太平景象，而后人民开始穿上了有花纹的衣服。他顺应天地之道以治理人民，让人民懂得了昼夜阴阳的规律，并且通达了生死存亡的道理。他根据季节播种了百谷，种植各种草木，他的仁厚德泽施及鸟兽昆虫。他考察日月星辰，耳目疲劳，用尽心力，用水火以及财物养育百姓。他在世的时候，人民受了他一百年的恩泽；他死了以后，人民敬奉他的精神一百年；而后，人民沿用他的教令教化一百年。因此说黄帝统治了三百年。"

原文

宰我曰："请问帝颛顼？"孔子曰："五帝用说①，三王有度②。汝欲一日遍闻远古之说，躁哉予也！"宰我曰："昔予也闻诸夫子曰'小子毋或宿③'，故敢问。"孔子曰："颛顼，黄帝之孙，昌意之子，曰高阳。洪渊④而有谋，疏通⑤以知远，养财以任地⑥，履时以象⑦天。依鬼神而制义，治气性⑧以教众，洁诚以祭祀，巡⑨四海以宁民。北至幽陵，南暨⑩交趾，西抵流沙⑪，东极蟠木。动静之类，小大之物，日月所照，莫不砥属。"

注释

①说：传说。②度：猜度。③宿：隔夜。④渊：深远。⑤疏通：通达。⑥任地：因地制宜。⑦象：效仿。⑧气性：五行之气。⑨巡：巡查。⑩暨：到。⑪流沙：沙漠。

译文

宰我说："请问颛顼是一个什么样的人？"孔子说："上古的五帝只有传说，近古的三王只能靠猜测。你想要在一天之中听完所有的关于远古的传说，宰予你太急躁了。"宰我说："以前我曾听老师您说过'子弟不要将问题留过夜'，因此才敢相问。"孔子说："颛顼是黄帝的孙子，昌意的儿子，名字叫作高阳。他学识深远而又有谋略，通达又有远见，他因地制宜地种植庄稼以聚财，按照时节以效仿天象。根据鬼神的意旨来制定各项规则，治理五行之气来教化民众，他穿戴整洁虔诚地举行祭祀，巡查于四海之中以让百姓得以安宁。国土北到幽陵，向南到交趾，向西到沙漠，向东到蟠木。所有动或者静的物类，大大小小的事物，只要是日月照射到的地方，就没有不属于他的。"

原文

宰我曰："请问帝喾？"孔子曰："玄枵之孙，乔极之子，曰高辛。生而神异，自言其名。博施厚利，不于其身。聪以知远，明以察微。仁而威，惠而信，以顺天地之义。知民所急，修身而天下服。取地之财而节用之，抚教万民而诲利之。历日月之生朔[①]而迎送之，明鬼神而敬事之。其色也和[②]，其德也重，其动也时，其服也哀。春夏秋冬，育护天下。日月所照，风雨所至，莫不从化[③]。"

注释

①朔：每个月的初一。②和：温和。③化：感化。

译文

宰我问："请问帝喾是一个什么样的人？"孔子说："他是玄枵的孙子，乔极的儿子，名字叫作高辛。他生下来就很神奇灵异，能自己叫自己的名字。他广博丰厚地给人民施以利益，而不考虑自身。他很聪明并且有远见，他很精明并能体察细微之事。他很仁厚而有威仪，他施人以恩惠并且诚信，顺应天地的规律。知道人民所急需的，他修养自身而让天下人都信服。他从土地中获取物资并且节约地使用，安抚教导人民让他们获益。他通过观察日月的晦朔来予以迎接或者欢送，明晓鬼神之事并且恭敬地祭祀它们。他的神色很温和，德行高尚，他的举动都符合时宜，他用穿丧服来表示悲哀。不管春夏秋冬，他都在保护培育着天下万物。日月所照射到的，风雨所能及的，没有什么不被他感化。"

原文

宰我曰："请问帝尧？"孔子曰："高辛氏之子，曰陶唐。其仁如天，其智如神。就[①]之如日，望之如云。富而不骄，贵而能降[②]。伯夷典礼，夔、龙典乐。舜时而仕，趋视四时[③]，务先民始之。流[④]四凶而天下服。其言不忒[⑤]，其德不回[⑥]。四海之内，舟舆所及，莫不夷说。"

注释

①就：靠近。②降：能屈能伸。③四时：四季。④流：流放。⑤忒：差错。⑥回：违背。

译文

宰我问："请问帝尧是一个什么样的人？"孔子回答说："他是高辛氏的儿子，名字叫作陶唐。他像上天一样仁厚，像神灵一样明智。靠近他时会感觉像太阳一样温暖，远远望去他又像白云一样圣洁。他家境富裕却不骄纵，身份高贵却又能屈能伸。他让伯夷执掌礼，让夔、龙执掌乐。他推举舜担任官职，让他巡查四季作物的生长情况，让他做百姓的表率。帝尧又将共工、驩兜、三苗、鲧四凶流放，天下人都为之信服。他说的话从来没有差错，他的德行也从来不违背纲常。四海之内，凡是舟和车能到达的地方，人们没有不喜爱他的。"

原文

宰我曰："请问帝舜？"孔子曰："乔牛之孙，瞽瞍之子也，曰有虞舜。孝友①闻于四方，陶渔②事亲。宽裕而温良，敦敏而知时，畏天而爱民，恤远而亲近。承受大命，依于二女。叡明智通，为天下帝。命二十二臣，率尧归职，躬己而已。天平地成，巡狩③四海，五载一始。三十年在位，嗣④帝五十载。陟⑤方岳，死于苍梧之野而葬焉。"

注释

①孝友：善父母称为“孝”，善兄弟称为“友”。②陶渔：用陶器捕鱼。③巡狩：巡查。④嗣：继承。⑤陟：登上。

译文

宰我问道：“请问帝舜是一个什么样的人？”孔子说：“他是乔牛的孙子，瞽瞍的儿子，名字叫作有虞舜。他孝敬父母、友爱兄弟的名声流传于四方，他用陶器捕鱼以侍奉双亲。他为人宽厚而温和善良，机敏而又知晓时机，对上天敬畏，对民众爱护，体恤那些远方的少数民族而又亲近周围邻里。他承受了治理天下的大命，并依靠两位贤妻的帮助。他凭着聪明和谋略，成了天下的帝王。他任命的二十二位大臣都是尧的旧职，所有一切都是亲自去做的。天下太平、地上收成好的时候，他在四海巡查，每五年一次。他三十岁被任用，但接续尧帝位的时间是五十年。他登上了四方之岳，在朝会的时候，死在了苍梧的野外，并且埋葬在那里。”

原文

宰我曰：“请问禹？”孔子曰：“高阳之孙，鲧之子也，曰夏后。敏给[1]克齐，其德不爽[2]，其仁可亲，其言可信。声为律[3]，身为度[4]。亹亹[5]穆穆[6]，为纪为纲。其功为百神主，其惠为民父母。左准绳[7]，右规矩[8]，履四时，据四海。任皋繇、伯益以赞其治，兴六师以征不序。四极之民，莫敢不服。”孔子曰：“予，大者如天，小者如言，民悦至矣。予也非其人也。”宰我曰：“予也不足以戒敬承[9]矣。”他日，宰我以语子贡，子贡以复孔子。子曰：“吾欲以颜状[10]取人也，则于灭明改之矣；吾欲以言辞取人也，则于宰我改之

矣；吾欲以容貌取人也，则于子张改之矣。”宰我闻之，惧，弗敢见焉。

注释

①敏给：敏捷。②爽：差错。③律：法则。④度：法度。⑤亹亹：形容勤勉的样子。⑥穆穆：形容庄严的样子。⑦准绳：标准。⑧规矩：规则。⑨承：顺承。⑩颜状：面貌。

译文

宰我问道：“请问大禹是一个什么样的人？”孔子说：“他是高阳的孙子，鲧的儿子，名字叫作夏后。他机敏而能成事，他的德行没有差错，仁慈而可亲，言语可信。他所说的话可以成为法则，他自身的行为可以成为法度。他勤勉又庄严，遵守纲纪。他的功德让神灵都有了归属，他的恩惠可以为民父母。他遵守一切法则法规，遵守四时的规律，占据了四海之地。他任用皋繇和伯益，以辅助他的治理，统领各路军队讨伐叛乱。四海之内的人民，没有谁是不臣服于他的。”孔子又说：“宰予啊！大禹的功德大的就像天一样广阔，小的方面就算一句话，人民也都喜欢到了极点。宰予啊，我也说不清他的所有德行。”宰我说：“我还不够资格顺从地当面接受这样的教导。”过了几天，宰我将这些话告诉了子贡，子贡又告诉了孔子。孔子说：“我想要通过外貌来判断一个人，灭明让我改变了这种想法；我想要通过言辞来判断一个人，宰我让我改变了这种想法；我想要通过容貌来判断一个人，子张又让我改变了这种想法。”宰我听到这些话以后，很是害怕，不敢去见孔子了。

卷六

五帝第二十四

原文

季康子问于孔子曰："旧闻五帝之名，而不知其实，请问何谓五帝？"孔子曰："昔丘也闻诸老聃①曰：'天有五行，水火金木土，分时化育，以成万物。其神谓之五帝。'古之王者，易②代而改号，取法五行，五行更③王，终始相生，亦象④其义。故其为明王者，而死配五行。是以太皞配木，炎帝配火，黄帝配土，少皞配金，颛顼配水。"

注释

①老聃：即老子。②易：改变。③更：更改。④象：仿效。

译文

季康子向孔子问道："我以前听说过五帝的名称，却不知道它的真正含义，请问什么是五帝呢？"孔子说："以前我听老聃说过：'天有五行，即金木水火土，它们在不同的时节化育，因此就生成了万物。五行的神就称为五帝。'古代的君王，更换朝代以及国号，都是从五行中取法的。帝王也按照五行而更替，从始至终都是相承相生，并且效仿五行的含义。因此那些贤明的君王，死了以后也是以五行与之相配。因此用木来配太皞，以火来配炎帝，以土来配黄帝，以金来配少皞，以水来配颛顼。"

原文

康子曰："太皞氏其始之木何如？"孔子曰："五行用事①，先起于木。木，东方，万物之初②皆出焉③，是故王者则④之，而首以木德王⑤天下。其次则以所生之行转相承也。"康子曰："吾闻勾芒为木正⑥，祝融为火正，蓐收为金正，玄冥为水正，后土为土正，此则五行之主而不乱，称曰帝者，何也？"孔子曰："凡五正者，五行之官名，五行佐成上帝，而称五帝。太皞之属配焉，亦云帝，从其号。昔少皞氏之子有四叔，曰重，曰该，曰修，曰熙，实能金木及水，使重为勾芒，该为蓐收，修及熙为玄冥。颛顼氏之子曰黎，为祝融。共工氏之子曰勾龙，为后土。此五者，各以其所能业⑦为官职。生为上公，死为贵神，别称五祀，不得同帝。"

注释

①用事：运行。②初：开始。③焉：代词，于此。④则：效法。⑤王：成就王业。⑥正：正中。⑦业：从事。

译文

季康子问道："太皞氏是从木开始的，这是什么原因呢？"孔子说："五行的运行，是从木最先开始的。木配东方，万物开始都从这里产生，因此帝王也效仿它，第一个就以木为德在天下成就了王业。然后根据自己从属的行来转换以及承接。"季康子问道："我听过勾芒是木正，祝融是火正，蓐收是金正，玄冥是水正，后土是土正，这些主管五行的神没有被胡乱给予称呼而是被称为帝，这是什么原因呢？"孔子说："这五正就是五行的官方名称，是五行辅佐他们成为帝王，因此被称为五帝。太皞等人正是和它们相配，也称为帝，是从属于他们的称呼。以前少皞氏有四个儿子，名字分别是重、该、修、熙，他们能驾驭金、木以及水，于是命重做勾芒也就是木神，该做蓐收也就是金神，修和熙做玄冥也就是水神。颛顼氏的儿子名字叫作黎担任祝融，也就是火神。共工氏的儿子名字叫作勾龙担任后土，也就是土神。他们五个人，各自以自己从事的职业担任官职。在世的时候是上公，死了以后就成为贵神，也称五祀，只是不能和帝的地位等同。"

原文

康子曰："如此之言，帝王改号，于五行之德各有所统[①]，则其所以相变者，皆主何事？"孔子曰："所尚[②]则各从其所王之德次焉。夏后氏以金德王，色尚黑，大事敛[③]用昏，戎事[④]乘骊，牲[⑤]用玄。殷人用水德王，色尚白，大事敛用日中[⑥]，戎事乘翰[⑦]，牲用白。周人以木德王，色尚赤，大事敛用日出[⑧]，戎事乘騵[⑨]，牲用骍[⑩]。此三代之所以不同。"康子曰："唐虞二帝，其所尚者何色？"孔子曰："尧以火德王，色尚黄。舜以土德王，色尚青。"康子曰："陶唐、有虞、夏后、殷、周，独不得配五帝，意者德不及上古耶？将有限乎？"孔子曰："古之平治水土，及播殖百谷者众矣。唯勾龙氏兼[⑪]食于社[⑫]，而弃为稷神[⑬]，易代奉之，无敢益[⑭]者，明不可与等。故

自太皞以降，逮于颛顼，其应五行而王数非徒五，而配五帝，是其德不可以多也。”

注释

①统：统辖、管辖。②尚：崇尚。③敛：通“殓”，将死者入棺。④戎事：战争。⑤牲：用于祭祀以及食用的家畜。⑥日中：白色。⑦翰：白色的马。⑧日出：红色。⑨骠：毛赤腹白。⑩骍：红色。⑪兼：配。⑫社：土神。⑬稷神：谷神。⑭益：多。

译文

季康子说：“这么来说，帝王更改国号相对五行的德行来说，是由于他们各自有不同的管辖，那么他们之所以如此相继变化，都主些什么事呢？”孔子说：“他们崇尚的和他们各自称王凭借的德行相关。夏朝人是以金德来称王于天下的，他们崇尚的是黑色，在大事以及丧事殡殓都用日落的时刻，征战时所乘的马是黑色，用来祭祀或者食用的家畜是黑色的。殷朝人是以水德来称王天下的，他们崇尚的是白色，大事以及丧事殡殓用太阳正中的时刻，征战时乘的马是白色的，用来祭祀或者食用的家畜是白色的。周朝人是以木德来称王天下的，他们崇尚的是红色，大事以及丧事殡殓用太阳刚出的时刻，征战时所乘的马是红色的，用于祭祀或者食用的家畜是红色的。这就是三代不同的地方。”季康子问道：“那么唐尧以及虞舜二帝崇尚的是哪一种颜色呢？”孔子说：“尧是以火德称王天下的，崇尚的是黄色。舜是以土德称王天下的，崇尚的是青色。”季康子又问道：“陶唐、有虞、夏后、殷、周独不和五帝相配，想来是他们的德行比不上上古吗？还是存在什么限制呢？”孔子说：“古代治理洪水以及播种百谷的人有很多，唯独有勾龙氏配得上飨食土神，弃则是谷神，后来朝代更改以后对他们的供奉依然不敢有所增多，这是为了表明不能和帝相等同。因此自从太皞以来，一直到颛顼，他们顺应五行称王，数目不仅仅是五，却和五帝相配，这是因为他们德行不能超过的缘故。”

执辔第二十五

原文

闵子骞为费宰，问政[①]于孔子。子曰：“以德以法。夫德法者，御民之具[②]，犹御马之有衔[③]勒也。君者，人也；吏者，辔[④]也；刑者，策[⑤]也。夫人君之政，执其辔策而已。”

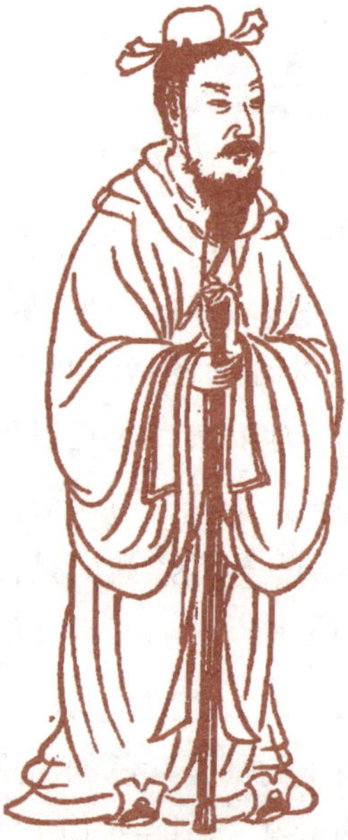

注释

①政：政事。②具：工具，器具。③衔：马嚼子。④辔：勒马的缰绳。⑤策：鞭子。

译文

闵子骞任费地宰的时候，向孔子问有关治理国家政事的方法。孔子说：“治理国家政事要凭借仁德和法规。仁德和法规是治理百姓的工具，就像驾驭马匹的时候要用马嚼子和笼头一样。国君好比驾车人，官员好比缰绳，刑罚则好比马鞭。国君要执政，只需要掌握好缰绳和马鞭就可以了。”

原文

子骞曰：“敢问古之为[1]政？”孔子曰：“古者天子以内史为左右手，以德法为衔勒，以百官为辔，以刑罚为策，以万民为马，故御天下数百年而不失。善御马者，正[2]衔勒，齐[3]辔策，均[4]马力，和马心。故口无声而马应[5]辔，策不举而极[6]千里。善御民者，壹[7]其德法，正其百官，以均齐民力，和安民心。故令不再而民顺从，刑不用而天下治。

注释

①为：治理。②正：端正。③齐：齐整。④均：均匀，均衡。⑤应：顺应，应和。⑥极：到达。⑦壹：统一。

译文

闵子骞说：“冒昧地问一下古代的人是怎么治理国家的呢？”孔子说：“古代的君王用内史作为身边的左右手，用仁德和法规作为笼头和嚼子，用百官作为缰绳，用刑罚作为马鞭，用百姓作为马，所以他们能够治理好国家以至于几百年都不会有什么过失。善于驾驭马匹，端正马的笼头和嚼子，整齐缰绳和马鞭，均匀马匹的力量，让马齐心协力，所以口中不发出声音就能让马配合，不用举起马鞭就能让马跑到千里之外的地方。善于治理百姓的人，要统一仁德和法规，端正百官的行为，用来使百姓的力量得到均衡，使民心得到安定。所以法令不用重复申告就能使百姓顺从，刑罚不用再次施行就能使天下得到治理。

原文

“是以天地德之，而兆民怀[1]之。夫天地之所德，兆民之所怀，其政美[2]，其民而众称之。今人言五帝三王者，其盛无偶[3]，威察若存，其故何也？其法盛，其德厚，故思其德，必称其人，朝夕祝之，升闻于天。上帝俱歆[4]，用永厥世，而丰其年。

注释

①怀：服从，顺从。②美：美好，井井有条。③无偶：没有能够比得上的。④歆：祭祀时神灵享用的香气。这里是欣羡、悦服的意思。

译文

“所以天地认为他们有道德，百姓就会归顺他们。天地认为他们有德，百姓归顺，他们把国家政事治理得井井有条，百姓都会称赞他们。现在的人说到五帝、三王的时候，还在称赞他们的盛世独一无二，威严明察，好像他们还活着一样，这是什么原因呢？他们的法制兴盛，恩德厚重，所以思念他们的德政，称赞他们，每天都在祝祷他们，上天都能够听到。上天欣羡、悦服，称赞他的朝代，并使他们丰收。

原文

“不能御民者，弃[1]其德法，专用刑辟[2]。譬犹御马，弃其衔勒，而专用棰策，其不制也，可必矣。夫无衔勒而用棰策，马必伤，车必败[3]。无德法而用刑，民必流[4]，国必亡。治国而无德法，则民无

修[5]；民无修，则迷惑失道。如此，上帝必以其为乱天道也。苟乱天道，则刑罚暴，上下相谀，莫知[6]念患，俱无道故也。

注释

①弃：放弃，丢弃。②刑辟：刑罚。③败：毁坏，损害。④流：流失，出走。⑤修：此处指修养。⑥知：考虑。

译文

“不擅长管理百姓的人，抛弃仁德和法规，只用刑罚。这就像驾马不用笼头和嚼子，而是专用马鞭，一定没有办法驾驭。不用笼头和嚼子而专用马鞭，马匹一定会受到伤害，那么马车也会受到损害。不用仁德和法规而用刑罚，百姓一定会跑到别的地方去，那么国家也就会灭亡。治理国家不用仁德和法规而用刑罚，那么百姓就没有修养，没有修养就感到迷惑不走正道。这样上天会认为他们违背天道。如果违背了天道，那么刑罚就会更加残暴，上下之间相互阿谀奉承，没有人再考虑会有祸患，都是没有遵循天道的缘故。

原文

“今人言恶[1]者，必比之于桀纣，其故何也？其法不听[2]，其德不厚。故民恶其残虐[3]，莫不吁嗟，朝夕祝[4]之，升闻于天。上帝不蠲[5]，降之以祸罚。灾害并生，用殄厥世。故曰德法者御民之本。

注释

①恶：坏人，恶人。②听：听从，接受。③残虐：残酷暴虐。④祝：通“诅”，诅咒。⑤蠲：减免，免除。

译文

“现在的人说到残暴的人，一定会把他们比作是夏桀和商纣，这是什么原因呢？是因为他们的法制民众不听从，同时仁德也不厚重。所以百姓憎恶他们的残酷暴虐，没有不叹气的，早晚都诅咒他们。让天帝听到了。天帝也不减免他们的罪过，降下灾难用来惩罚他们。灾难连年降临，夭亡了他们的朝代。所以说仁德和法规是驾驭民众的根本。

原文

“古之御天下者，以六官总治焉。冢宰①之官以成道，司徒之官以成德，宗伯之官以成仁，司马之官以成圣，司寇②之官以成义，司空之官以成礼。六官在手以为辔，司会③均仁以为纳。故曰御四马者执六辔，御天下者正六官。是故善御马者，正身以总辔，均马力，齐马心，回旋曲折，唯其所之。故可以取④长道，可赴急疾。此圣人所以御天地与人事之法则也。

注释

①冢宰：周官名，为百官之长。②司寇：官名。掌管刑狱。③司会：官名。为冢宰的副职。④取：奔赴。

译文

“古代统治天下的君王，用六官来治理国家。冢宰之类的官员用来成就‘道’，司徒之类的官员用来成就‘德’，宗伯之类的官员用来成就‘仁’，司马之类的官员用来成就‘圣’，司寇之类的官员用来成就‘义’，司空之类的官员用来成就'礼'。掌控了六类官员就好像手里掌握了缰绳，司会使仁义均匀就好像拥有了内侧的缰绳。所以说驾驭四马的人掌握六条缰绳，统治国家的人要掌握好六类官员。所以善于驾驭马匹的人，使身体端正，掌握马的缰绳，使马的力气均衡，让马协调一致，即使回旋曲折，也可以到想到的地方。因此可以使用马奔赴距离远的道路，使用马匹应付紧急的事件。这就是圣明的君王用来治理天下和百姓的法则。

原文

"天子以内史为左右手，以六官为辔，已而与三公为执六官，均五教①，齐五法。故亦唯其所引②，无不如志③。以之道则国治，以之德则国安，以之仁则国和，以之圣则国平④，以之礼则国定，以之义则国义，此御政之术⑤。

注释

①教：教化。②引：指引，引导。③志：志向。④平：平定，平和。⑤术：方法。

译文

"国君用内史作为左右手，用六官作为缰绳，然后和三公一起来掌管六官，使五教均匀，使五法齐备。所以只要有所指引，没有不如愿的。用道义来治理国家，国家就能太平；用德行来治理国家，国家就会平安；用仁义来治理国家，国家就会和谐；用圣明来治理国家，国家就会平定；用礼仪治理国家，国家就会安定；用信义治理国家，国家就会长治久安。这些就是治理国家的办法。

原文

“过失，人之情[1]莫不有焉。过而改之，是为不过。故官属不理，分职不明，法政不一，百事失纪，曰乱。乱则饬[2]冢宰。地而不殖，财物不蕃[3]，万民饥寒，教训不行，风俗淫僻，人民流散，曰危。危则饬司徒。父子不亲，长幼失序[4]，君臣上下，乖离异志，曰不和。不和则饬宗伯。贤能而失官爵，功劳而失赏禄，士卒疾怨，兵弱不用，曰不平。不平则饬司马。刑罚暴乱，奸邪不胜，曰不义。不义则饬司寇。度量不审[5]，举事失理，都鄙不修，财物失所[6]，曰贫。贫则饬司空。

注释

①情：常情，情理。②饬：责备，责怪。③蕃：丰厚，充足。④序：次第。⑤审：详查，细究。⑥所：场所，地方。

译文

“过错是人之常情，每个人都会犯。有了过错改正，就可以认为不是过错。所以官员管理不完善，职责不明确，法规不统一，各种事情都失去纲纪变得杂乱无章，这叫作乱。混乱了就责难冢宰。土地荒芜不种植，财物不丰富，百姓饥寒交迫，教化不实行，风俗习惯淫乱邪僻，百姓流离失所，这称作危险。危险就整饬司徒。父子不亲近，长幼失去次第，君臣不一条心一致对外，这叫作不和。不和就整饬宗伯。贤能的人士没有得到官爵，有了功劳但是没有赏赐，士兵们怨恨不已，兵力孱弱，这叫作不平。不平就整饬司马。刑罚残酷，邪恶的事情到处蔓延，这叫作不义。不义就整饬司寇。度量不详查，事情失去常理，大邑小邑得不到修整，财物没有储藏的地方，这叫作贫穷。贫穷就整饬司空。

原文

“故御[1]者，同是车马，或以取千里，或不及[2]数百里，其所谓进退缓急异也。夫治者，同是官法，或以致平[3]，或以致乱者，亦其所以为进退缓急异也。

注释

①御：驾驭。②及：达不到。③平：安定，平和。

译文

“所以驾驭马车的人，即使是同一辆车，有的人能够到达千里之外，有的却到不了几百里的地方，这就是驾驭马车的时候进退缓急不一样的原因。同样的官法交给不同的官员执行，但是有的人能把国家治理得安定，有的人却把国家治理得混乱不堪，这也是治理国家进退缓急不同的原因。

原文

“古者天子常以季冬[1]考德正法，以观治乱。德[2]盛者，治也；德薄者，乱也。故天子考德，则天下之治乱可坐庙堂之上而知之。夫德盛则法修[3]，德不盛则饬，法与政咸德而不衰。故曰王者又以孟春[4]论吏之德及功能，能德法者为有德，能行德法者为有行，能成德法者为有功[5]，能治德法者为有智。故天子论吏而德法行，事治而功成。夫季冬正法，孟春论[6]吏，治国之要。”

注释

①季冬：冬天的最后时段。②德：德政，品德。③修：修理、整治。④孟春：春天的第一个月。⑤功：功绩。⑥论：评价，讨论。

译文

“古代，天子常常在冬季末考查德行端正法规，用来观察国家是安定或者混乱。德政兴盛，国家就能安定；德政薄弱，国家就混乱。所以君王考查德政，了解天下的安定情况，坐在高高的庙堂上就可以知晓了。德政兴盛，法规就可以得到修治；德政薄弱，法规就应该整顿了，法规和政治都依德而行就可以长盛不衰。所以说：天子应该在春季的第一个月评价官员的德行、功绩、才能，能够把德政和法规统一的人是有德行的，能够将德政和法规统一的人是能干的，能够凭借德政和法规有所作为的人是有功绩的，能够用德政和法规治理国家政事并取得成就的人是有智慧的。所以天子评价官员就能够实行德政和法规，政事治理好的，就称作大功告成。冬末使法规调整，春初用以评价官员，是治理国家的关键。”

原文

子夏问于孔子曰：“商闻易[①]之生人及万物、鸟兽昆虫，各有奇耦，气分不同。而凡人莫知其情，唯达道德者能原[②]其本焉。天一，地二，人三。三三如九，九九八十一。一主[③]日，日数十，故人十月而生。八九七十二，偶以从奇，奇主辰，辰为月，月主马，故马十二月而生。七九六十三，三主斗，斗主狗，故狗三月而生。六九五十四，四主时，时主豕，故豕四月而生。五九四十五，五为音，音主猿，故猿五月而生。四九三十六，六为律，律主鹿，故鹿六月

而生。三九二十七，七主星，星主虎，故虎七月而生。二九一十八，八主风，风为虫，故虫八月而生。其余各从其类矣。鸟鱼生阴而属于阳，故皆卵生。鱼游于水，鸟游于云，故立冬则燕雀入海化为蛤。蚕食而不饮，蝉饮而不食，蜉蝣不饮不食，万物之所以不同。介鳞④夏食而冬蛰，龁⑤吞者八窍而卵生，龃嚼者九窍而胎生，四足者无羽翼，戴角者无上齿，无角无前齿者膏，有角无后齿者脂。昼生者类父，夜生者似母，是以至阴主牝⑥，至阳主牡⑦。敢问其然⑧乎？"

注释

①易：万事万物的阴阳消长变化。②原：探究、推原。③主：代表。④介鳞：介虫和鳞虫。⑤龁：咬。⑥牝：动物中的雌性。⑦牡：动物中的雄性。⑧然：这样，如此。

译文

子夏向孔子询问："我听说世间的阴阳变化生出了人类和万物，鸟兽昆虫，它们各有奇偶，气分各不相同。而一般人不知道其中的情由，只有有德者才能探究其中的本原。天为一，地为二，人为三。三三得九，九九八十一。一代表日，日数十，所以人是十个月出生。八九七十二，偶和奇相从，奇代表辰，辰为月，月代表马，所以马是十二个月出生。七九六十三，三代表斗星，斗代表狗，所以狗是三个月出生。六九五十四，四代表时间季节，时间季节代表猪，所以猪四个月出生。五九四十五，五为音，音代表猿猴，所以猿猴五个月出生。四九三十六，六代表音律，律代表鹿，所以鹿是六个月出生。三九二十七，七代表星，星代表虎，所以虎是七个月出生。二九一十八，八代表风，风代表虫，所以虫八个月出生。那些其余的就各自从属于自己所属的类别了。鸟鱼降生于阴，却属于阳，所以它们是卵生。鱼在水中游，鸟飞在空中，所以立冬以后燕雀就进入到大海中化成蛤蜊。蚕吃东西却不饮水，蝉饮水却不吃东西，蜉蝣不吃也不饮，万物都有各自不同之处。介虫和鳞虫在夏季进食，到了冬季就蛰伏了，吞咬类的动物有八个孔穴，并且是卵生，咀嚼类的动物有九个孔穴，并且是胎生，四只脚的动物没有翅膀，头上长角的动物没有上面的牙齿，没有角也没有前齿的动物有膏状的油脂，有角没有后齿的动物有脂状油脂。白天出生的动物像父亲，夜晚出生的动物像母亲，因此至阴就代表雌性，至阳代表雄性。敢问您是这样的吗?”

原文

孔子曰：“然，吾昔闻老聃亦如汝之言。”

子夏曰：“商闻《山书》曰：‘地东西为纬，南北为经。山为积德，川为积刑。高者为生，下者为死。丘陵为牡，溪谷为牝。蚌蛤龟珠，与日月而盛虚。是故坚土之人刚，弱[1]土之人柔，墟土之人大，沙土之人细，息土之人美，秏土[2]之人丑。食水者善游而耐寒，食土者无心而不息，食木者多力而不治，食草者善走而愚，食桑者有绪而蛾，食肉者勇毅而捍[3]，食气者神明而寿，食谷者智惠而巧，不食者不死而神。故曰羽虫三百有六十，而凤为之长；毛虫三百有六十，而麟为之长；甲虫三百有六十，而龟为之长；鳞虫三百有六十，而龙为之长；裸虫[4]三百有六十，而人为之长。此乾坤之美也。殊形异类之数，王者动必以道，静必顺理，以奉天地之性，而不害其所主，谓之仁圣焉。’”

子夏言终而出，子贡进曰：“商之论也何如?”孔子曰：“汝谓何也?”对曰：“微[5]则微矣，然则非治世之待也。”孔子曰：“然，各其所能。”

注释

①弱：软弱。柔：柔和。②秏：秏同“耗”，指土地稀疏贫瘠。③捍：通“悍”，强悍。④裸虫：泛指无羽毛鳞甲的动物。⑤微：精微。

译文

孔子说："说得对，我以前听老子也说过类似的话。"

子夏说："我听到《山书》上说：大地东西方向为纬，南北为经。山是道德所积之地，江河是刑罚的所在。高处的为生，低处的为死。丘陵为雄性，溪谷为雌性。蚌、蛤、龟、珠，因日月的变化而有盛虚的不同。因此坚硬土地上的人刚强，薄弱土地上的人柔和，土丘之地的人高大，沙土之地的人矮小，肥沃土地上的人长相英俊，而贫瘠土地上的人丑陋。吃水的动物善于游泳而且耐寒，吃土的动物没有心脏不用呼吸，吃树木的动物力量大而难以驯服，吃草的动物善于奔跑而且愚蠢，吃桑的动物擅长吐丝而且能变成飞蛾，吃肉的动物勇猛而强悍，吃气的动物聪明并且长寿，吃谷类的动物有智慧而且灵巧，不吃东西的不死亡而成为神仙。因此，有羽毛的动物有三百六十种，凤凰为第一；有毛的动物有三百六十种，麒麟为第一；有甲的动物有三百六十种，而龟为第一；有鳞的动物有三百六十种，龙为第一；无羽毛鳞片的动物有三百六十种，而人类为第一。这是天地的美妙之处。不同类别、不同形状的动物各有其数，君王一定要根据'道'来行动，安静必定以'道'来安静，一定要依顺道理，遵循天地的特点，却不伤害其中本质的东西，称为仁人中的圣者。"

子夏说完后就出去了，子贡上前问道："子夏说的怎样？"孔子说："你认为怎样呢？"子贡回答说："精微是精微，然而并不是治世所能用得到的。"孔子说："说的是，不过各自说说自己知道的罢了。"

本命解第二十六

原文

鲁哀公问于孔子曰："人之命[①]与性[②]，何谓也？"孔子对曰："分于道谓之命，形于一谓之性。化[③]于阴阳，象形而发谓之生，化穷数尽[④]谓之死。故命者，性之始也；死者，生之终也。有始则必有终矣。

注释

①命：性命。②性：性别。③化：变化。④尽：穷尽，结束。

译文

鲁哀公向孔子问道："人的生命和性别指的是什么呢？"孔子说："从天地自然中分离出来的，叫作命，形成于阴阳之中的，叫作性。开始于阴阳的变化，根据形象而生长，叫作生；变化停止，气数穷尽，叫作死。所以命是性的开始阶段；死是生的终结。有开始的时候就会有结束的时候。

原文

“人始生而有不具[1]者五焉：目无见，不能食，不能行，不能言，不能化[2]。及生三月而微煦[3]，然后有见。八月生齿，然后能食。三年囟合[4]，然后能言。十有六而精通，然后能化。阴穷[5]反[6]阳，故阴以阳变；阳穷反阴，故阳以阴化。是以男子八月生齿，八岁而龀[7]。女子七月生齿，七岁而龀，十有四而化[8]。一阳一阴，奇偶相配，然后道合化成。性命之端，形于此也。”

注释

①具：具备，拥有。②化：生育，繁衍后代。③煦：眼珠转动。④合：合拢，在一块。⑤穷：穷尽，尽头。⑥反：通“返”，转变。⑦龀：指儿童换牙齿。⑧化：化育，生育。

译文

“一个人刚生下来的时候不具备五种功能：眼睛看不见东西，不能吃饭，不能走路，不能说话，不能生育。等到出生三个月后眼睛才能轻轻地转动，然后才能看见东西。等到八个月的时候，口中长出牙齿，然后才能吃饭。等到出生三年，囟门合拢，才能够咿呀学语。等到十六岁的时候精气畅通，才能生育。阴到达穷尽的时候就能转变成阳，所以阳是阴转变而来的；阳到达穷尽就转变成阴，所以阴是阳转变而来的。因此男孩子到了八个月大的时候长出牙。到了八岁的时候开始换牙。女孩子到了七个月大的时候长出牙齿，到了七岁的时候开始换牙，十四岁的时候就可以生育了。一阴一阳，奇偶相配，然后天道就化合而成了。性别生命的开始，也就从这里形成了。”

原文

公曰："男子十六精通[①]，女子十四而化，是则可以生民矣。而礼男必三十而有室[②]，女必二十而有夫也，岂不晚哉?"孔子曰："夫礼，言其极，不是过[③]也。男子二十而冠[④]，有为人父之端[⑤]。女子十五许嫁，有适[⑥]人之道。于此而往，则自婚矣。群生闭[⑦]藏乎阴，而为化育之始。故圣人因[⑧]时以合偶，穷天数也。霜降而妇功[⑨]成，嫁娶者行焉。冰泮[⑩]而农桑起，婚礼而杀[⑪]于此。男子者，任[⑫]天道而长万物者也。知可为，知不可为；知可言，知不可言；知可行，知不可行者也。是故审[⑬]其伦而明其别，谓之知，所以效[⑭]匹夫之德也。女子者，顺男子之教而长其理者也，是故无专制[⑮]之义，而有三从之道。幼从父兄，既嫁从夫，夫死从子，言无再醮[⑯]之端。教令不出于闺门，事在供酒食而已。无阃[⑰]外之非义也，不越境而奔丧。事无擅为，行无独成，参[⑱]知而后动，可验而后言。昼不游庭，夜行以火，所以效匹妇之德也。"

注释

①精通：精气畅通。②室：妻子。③过：超过。④冠：即行冠礼，表示成年。⑤端：开始，开端。⑥适：古代女子出嫁称"适"。⑦闭：关闭，阻塞。⑧因：因循，按照。⑨妇功：即女工、女红，女子从事的刺绣针线等活。⑩冰泮：冰雪融化。泮，融化。⑪杀：结束。⑫任：担任，担当。⑬审：详知，明悉。⑭效：仿效。⑮专制：独自行事，自作主张。⑯再醮：指改嫁。⑰阃：门槛。⑱参：通"三"，多次。

译文

鲁哀公说："男子到了十六岁的时候精气就开始通畅，女子到了十四岁的时候就有了生育能力，那样就可以生育下一代人了。而按照礼制规定，男子三十岁才娶妻，女子二十岁有丈夫，不是太晚了吗?"孔子说："礼说的是最迟限度，是说不要超过这一限度。男子到了二十岁行冠礼，就能够为人父了。女子十五岁允许嫁人，有了出嫁的道理。从这以后，男女双方才开始婚嫁。众生关闭而藏于阴，这就是化育的开始。因此圣人依照时节来让男女成婚，穷尽天道。到了霜降，女红也完成了，就可以谈论嫁娶之事了。冰雪融化以后农桑之事就开始了，而婚嫁之事也就到此结束了。男子是担当天道并助生万物的人，男子应当知道什么事情可以做，什么事情不可以做；什么话可以说，什么话不可以说；什么举措可行，什么举措不可行。因此明悉他们的类别并明晓他们的差别，这就叫作知，也就是一般男子所要有的德行。女子要听从男子的教导，并且扩大男子所教的道理，因此不可以自作主张，应当做到三从。年幼时顺从父兄，嫁人以后顺从丈夫，丈夫死后顺从儿子，总而言之就是没有再嫁的理由。家里的命令不应由妇女发出，她们所做的事情也只是供应酒食罢了。她们在家门外不能有违背礼制之举，不可以到超出规定的地方去奔丧。不可以擅自行事，不可以独自采取行动，做事情要三思而后行，要先得到验证再发表言论。白天不在庭院中游玩，夜晚要点着火烛做事，这就是一般妇女所要有的德行。"

原文

孔子遂言曰："女有五不取[①]：逆家子[②]者，乱[③]家子者，世有刑人[④]子者，有恶疾[⑤]子者，丧父长子者。妇有七出[⑥]，三不去。七出者：不顺父母者，无子者，淫僻者，嫉妒者，恶疾者，多口舌者，窃盗者。三不去者：谓有所取而无所归[⑦]，一也。与共更三年之丧[⑧]，二也。先贫贱后富贵，三也。凡此，圣人所以顺男女之际，重婚姻之始也。"

注释

①取：同"娶"。②逆家子：悖逆道德之家的女子。③乱：乱伦。④刑人：受过刑罚，形体残缺的人，古代多用来代指奴隶。⑤恶疾：严重的疾病。⑥七出：封建社会中休妻的七个理由。⑦无所归：指女子的娘家无人，无家可归。⑧共更三年之丧：指为公婆守丧三年。

译文

孔子接着补充道："有五种女子是不能娶的：悖逆道德之家的女子，淫秽乱伦人家的女子，受过刑罚之家的女子，家中有严重疾病的女子，早年丧父之家的长女。妇人有七种情况是可以将她休掉的，有三种情况是不可以休掉的。七种情况是：不孝顺父母的，没有生养儿子的，淫乱的，嫉妒的，重病的，多嘴多舌的，偷盗的。三种不出的情况是：娶来时有家而后来无家可归的，这是第一种。为公婆服了三年丧的，这是第二种。夫家先前贫贱后来富贵的，这是第三种。所有这些，就是圣人顺从男女的关系，重视婚姻开始的依据。"

原文

孔子曰："礼之所以象五行也，其义①四时也，故丧礼有举②焉。有恩，有义，有节，有权。其恩厚者其服重，故为父母斩衰三年，以恩制者也。门内之治恩掩③义，门外之治义掩恩。资于事④父以事君，而敬⑤同。贵贵尊尊，义之大也。故为君亦服衰三年，以义制者也。

注释

①义：规格。②举：祭祀，举行。③掩：超过。④事：侍奉，服侍。⑤敬：恭谨。

译文

孔子说："礼节的根据是天地五行，取法于四季变换，因此在举行丧礼的时候，既做到有恩有义，又受礼节和权力的制约。对恩情厚重的人丧礼就要隆重，因此为父母要服三年的斩衰丧礼，这是受恩德规定的。在家族内部，礼服的标准是恩德胜过仁义；在家族以外，礼服的标准是仁义胜过恩德。用侍奉父亲的礼节侍奉君王，尊敬态度是相同的。尊敬高贵者，遵从位尊者，这是最大的道义。因此，为君王也要服丧三年，这是按照道义来制约的。

原文

"三日而食，三月而沐，期①而练②。毁不灭性，不以死伤生，丧不过三年。苴（齐）衰不补，坟墓不修。除服之日鼓素琴，示民有终也。凡此，以节制③者也。资于事父以事母，而爱④同。天无二

日，国无二君，家无二尊，以一治之。故父在为母齐衰期者，见无二尊也。

注释

①期：规定的时间和期限。②练：古代祭名，父母去世第十一个月后，可穿煮过的白练，故称。③制：规定。④爱：敬爱。

译文

“服丧时，三天以后才吃饭，三月以后才可以洗澡，到了期限就穿煮过的白练。哀恸但不伤害性命，不能因为死人而伤害活着的人。守丧的期限不要超过三年。穿齐衰的丧服不缝补，坟墓不要培新土。除去丧服那一天，要弹奏素琴，向人表示哀痛的终结。这样做是按照礼节的要求。依据服侍父亲的礼节来服侍母亲，并且敬爱相同。但是天上不能有两个太阳，一个国家不能有两个国君，家里没有地位相同的两位尊长，只能让一位尊长来主管。所以父亲在世的时候，为母亲服齐衰，要体现出没有两位尊长。

原文

“百官备[1]，百物具，不言而事行者，扶而起；言而后事行者，杖而起；身自执[2]事行者，面垢[3]而已。此以权制者也。亲始死，三日不怠[4]，三月不懈，期悲号，三年忧，哀之杀[5]也。圣人因杀以制节也。”

注释

①备：具备。②执：执行做事情。③垢：由于哭泣的时候把容貌弄得很脏。④怠：疲倦，懈怠。⑤杀：减少。

译文

“拥有百官，万事齐备，不用说话就能办好事情的人，哭丧结束后应让人搀扶起来；下达命令以后事情才能办好的人，扶着木杖起来；亲自去把事情办成的老百姓，哭丧的时候要哭得容貌十分难看才能停止。这是按照权力规定的。亲人刚去世，哭声要在三天以内不要间断，三个月内不要懈怠，一年祭奠亲人的时候都要悲伤地号啕大哭，忧伤要持续三年，然后才能逐渐减少。圣人就是凭借这个来制定丧礼的。”

论礼第二十七

原文

孔子闲居，子张、子贡、言游侍，论及于礼。孔子曰：“居①！汝三人者，吾语汝以礼周流②无不遍也。”子贡越席而对曰：“敢问如何？”子曰：“敬而不中③礼谓之野，恭而不中礼谓之给④，勇而不中礼谓之逆。”子曰：“给夺慈仁。”子贡曰：“敢问将何以为中礼

者?”子曰：“礼乎，夫礼，所以制中也。”子贡退。言游进曰：“敢闻礼也，领恶而全好者与?”子曰：“然。”子贡问：“何也?”子曰：“郊社[5]之礼，所以仁鬼神也；禘尝[6]之礼，所以仁昭穆[7]也；馈奠[8]之礼，所以仁死丧也；射飨[9]之礼，所以仁乡党也；食飨之礼，所以仁宾客也。明乎郊社之义，禘尝之礼，治国其如指诸掌而已。是故居家有礼，故长幼辨；以之闺门有礼，故三族[10]和；以之朝廷有礼，故官爵序；以之田猎有礼，故戎事闲；以之军旅有礼，故武功成。是以宫室[11]得其度[12]，鼎俎[13]得其象[14]，物得其时，乐得其节，车得其轼，鬼神得其享，丧纪[15]得其哀，辩说得其党[16]，百官得其体[17]，政事得其施。加于身而措[18]于前，凡众之动，得其宜也。”

注释

①居：坐下。②周流：广泛流传。③中：符合。④给：谄媚的意思。⑤郊社：对天地的祭祀，在周代，冬至那天在南郊祭天称为“郊”，夏至那天在北郊祭地称为“社”，合称“郊社”。⑥禘尝：禘，在夏季举行的祭祀，是宗庙的四时祭之一。尝，秋季的祭祀。⑦昭穆：在古代的宗法制度中，宗庙的次序是，始祖居中，接下来的父子尊为昭穆，居左的为“昭”，居右的为“穆”。⑧馈奠：馈，赠送。奠，祭。⑨射飨：射，乡射之礼。飨，拿酒食等物去款待他人。⑩三族：父、子、孙三代。⑪宫室：在古代泛指一切房屋。⑫度：法度。⑬鼎俎：一种祭器。⑭象：形状。⑮丧纪：即丧事。⑯党：同伙的人。⑰体：礼仪。⑱措：运用。

译文

孔子在家中闲居，子张、子贡、子游在一旁侍坐，他们在谈话中说到了礼。孔子说："你们三个人坐下来，我来告诉你们，礼是无所不在的。"子贡越过座席问道："请问礼是什么样的呢？"孔子回答说："诚敬却不符合礼的叫作粗野，谦恭却不符合礼的叫作谄媚，勇猛而不符合礼的叫作忤逆。"孔子又说："谄媚很容易将仁慈和仁德混淆。"子贡问道："请问怎么做才符合礼呢？"孔子回答说："礼啊，是可以让一切行为都恰到好处的依据。"子贡退下来。子游上前问道："请问礼就是去掉坏的保全好的吗？"孔子回答说："是的。"子贡问道："如何做呢？"孔子说："郊社的祭天地之礼是为了让鬼神得到仁爱；禘尝的祭夏秋之礼是为了让昭穆得到仁爱；馈奠之礼是为了让死者得到仁爱；乡射时的酒食款待是为了让乡人得到仁爱；用酒食款待人的礼是为了让宾客得到仁爱。明白了郊社之礼，禘尝之礼，治理国家就能像在手掌上画画一样容易了。因此，日常生活有了礼，长辈和后辈间有了分别；家庭内部有了礼，家族三代间就能和睦相处；朝廷有了礼，官爵职位就有了次序；田猎时有了礼，军事活动就可以娴熟自如了；军队中有了礼，战功就得以建立了。因此建造房屋应当遵循其法度，所用的祭器也应当符合其形状，万物都各得其时，音乐符合其节度，车辆有了定式，鬼神都得到祭祀，丧事都有适度的悲哀，辩论游说都有和自己相合的人，百官都遵循礼仪，政事得以顺利施行。将各种礼仪施加到自身和眼前的事情上，所有人的举动就都能够适宜了。"

原文

言游退。子张进曰："敢问礼何谓①也？"子曰："礼者，即事之治也，君子有其事必有其治。治国而无礼，譬犹瞽②之无相③，伥伥④乎何所之？譬犹终夜有求于幽室之中，非烛何以见？故无礼则手足无所措，耳目无所加⑤，进退揖让无所制⑥。

注释

①何谓：是什么。②瞽：盲人。③相：扶持，给盲人领路的人。④伥伥：不知所措的样子。⑤加：感知，感受。⑥制：规矩，规则。

译文

子游退下。子张上前说："请问什么是礼呢？"孔子说："礼是处理事情的方法，君子办事情的时候一定要有处理的办法。治理国家的时候没有礼，就好像盲人没有了带路的人，茫然该往哪里走？就像夜里在黑暗的屋子里找东西，没有蜡烛能看见什么呢？所以没有礼，手和脚都不知道往哪里放，耳朵和眼睛感知不到任何东西，前进、后退、作揖、谦让都失去了尺度。

原文

"是以其居处长幼失其别[1]，闺门[2]三族失其和，朝廷官爵失其序，田猎戎事[3]失其策，军旅失其势[4]，宫室失其度，鼎俎[5]失其象，物失其时，乐失其节，车失其轼，鬼神失其享，丧纪失其哀，辩说失其党[6]，百官失其体，政事失其施。加于身而措[7]于前，凡动之众失其宜。如此，则无以祖[8]洽[9]四海。"

注释

①别：区别。②闺门：表示关系很近，同族之间。③戎事：战争。④势：形势，情况。⑤鼎俎：祭祀用的器具。⑥党：关系很好的朋友。⑦措：施行。⑧祖：开始。⑨洽：协调一致。

译文

“所以，长期这样下去，长和幼就没有什么区别，家族之间就没有往昔的安定团结，朝廷上的官制就失去了应有的秩序，打猎和作战的时候就会失去指挥，军队就会失去有利的形势，宫室就会失去应有的准则，祭祀用的器具就会失去原有的标准，耕种作物就会失去原有的季节，音乐就会失去应有的节拍，车辆失去了轼，鬼神失去了祭品，丧事失去应有的悲哀，辩论的时候就会失去拥护的人，官员们就会失职，国家的大政方针得不到实施。礼没有加在自身和眼前的事情上，众多的变动和时事不再适宜。这样的话，四海之内不能协调一致。”

原文

子曰：“慎听之，汝三人者。吾语汝，礼犹有九焉，大飨有四焉。苟知此矣，虽在畎亩①之中，事之，圣人矣。两君相见，揖让而入，入门而悬兴②。揖让而升堂，升堂而乐阕③。下管④《象》舞，夏籥序兴。陈其荐俎⑤，序其礼乐，备其百官。如此而后君子知仁焉。行中规，旋⑥中矩，銮和中《采荠》。客出以《雍》⑦，彻⑧以《振羽》。是故君子无物而不在于礼焉。入门而金⑨作，示情也；升歌《清庙》，示德也；下管《象》舞，示事也。古之君子，不必亲相与言也，以礼乐相示而已。夫礼者，理也；乐者，节⑩也。无理不动⑪，无节不作。不能《诗》⑫，于礼谬⑬；不能乐，于礼素⑭；于薄⑮德，于礼虚⑯。”子贡作⑰而问曰：“然则夔其穷与？”子曰：“古之人与？上古之人

也。达于礼而不达于乐谓之素，达于乐而不达于礼谓之偏[18]。夫夔达于乐而不达于礼，是以传于此名也。古之人也，凡制度在礼，文为在礼，行之其在人也。”三子者，既得闻此论于夫子也，焕若发蒙[19]焉。

注释

①畎亩：即田间。②悬兴：奏起悬挂的钟鼓等乐器。悬，代指悬挂的钟鼓。兴，兴奏。③乐阕：音乐停止。阕，停止。④下管：堂下吹奏管乐。⑤俎：古代祭祀时用来装载祭品的器物。⑥旋：周旋。⑦雍：古代宴会结束时所奏的乐曲名。⑧彻：通“撤”，撤除。⑨金：金属类的乐器。⑩节：节制。⑪动：举动，行动。⑫诗：专指《诗经》。⑬谬：差错。⑭素：单调，单一。⑮薄：浅薄。⑯虚：虚假。⑰作：站起。⑱偏：偏颇。⑲蒙：蒙昧。

译文

孔子说：“你们三个人仔细听着。我告诉你们，礼一共有九项，而大飨之礼有四项。如果知道了这些礼，即使是身在田野之间，遵从了这些礼也会成为圣人。两个国家的君王相见，进入大门时应当相互作揖谦让，进入以后钟鼓应当齐鸣。两个人相互作揖谦让着登上大堂，登上大堂以后钟鼓之声就应当停止。堂下的管乐《象》的乐曲开始奏起，接着持龠的人又开始跳《大夏》等舞蹈。将祭祀用的器物陈列好，按照礼乐的次序安排仪式，百官执事也都应当准备好。这样一来，君子才能够从中看到仁爱的精神。行动周旋都符合规矩，车上的铃铛也和《采荠》的乐曲相合。客人离开时，奏起《雍》的乐曲以送别，撤除供品时奏起《振羽》曲。所以君子没有一件事是不符合礼的。进门时鸣金，表示欢迎之情；登堂时唱起《清庙》之歌，表示赞美其功德之意；堂下吹奏《象》的乐曲，表示祖先的功业。古代的君子，相见时不必用言语表达亲近敬爱之意，用礼乐就可以互相传达了。礼就是条理，乐就是调节。没有条理就不能去行动，不加调节就不能去做事。不知道《诗》

的，礼节上就会出现谬误；不知道乐的，礼节上就会很单一；道德浅薄，礼节就会显得虚假。”子贡站起来问道：“按这么说来，夔对礼精通吗？”孔子说道：“你所说的夔是古代的人吗？他是上古时代的人啊。精通礼而不精通音乐的，叫作质朴；精通音乐而不精通礼的，叫作偏颇。夔精通音乐而不精通礼，所以流传下来的只是精通音乐的名声。古代的人，各种制度都存在于礼中，修饰制度靠礼，执行制度就应当靠人了。”三个人听了孔子的这番话都豁然开朗，蒙昧尽除了。

原文

子夏侍①坐于孔子，曰：“敢问《诗》云：‘恺悌②君子，民之父母’，何如斯可谓民之父母？”孔子曰：“夫民之父母，必达③于礼乐之源④，以致五至而行三无，以横⑤于天下。四方有败⑥，必先知之。此之谓民之父母。”

注释

①侍：侍奉，服侍。②恺悌：性情温和，亲近待人。③达：通达，熟知。④源：源泉。⑤横：闻名，知名。⑥败：灾难，祸害。

译文

子夏侍奉孔子坐着，说：“请问《诗经》上说：‘亲近待人的君子，好比是百姓的父母。’那什么样的人才能被称作百姓的父母呢？”孔子说：“百姓的父母，一定知道礼乐的根源，致力于五至，实行三无，用以善及天下。四方有难的时候，一定预先知道。这样的人才能称得上百姓的父母。”

原文

子夏曰："敢问何谓五至？"孔子曰："志[1]之所至[2]，《诗》亦至焉；《诗》之所至，礼亦至焉；礼之所至，乐亦至焉；乐之所至，哀亦至焉。《诗》礼相成[3]，哀乐相生。是以正[4]明目而视之，不可得而见；倾[5]耳而听之，不可得而闻；志气塞[6]于天地，行之充于四海，此之谓五至矣。"

注释

①志：志气，心中想的。②至：到达，产生。③成：相辅相成。④正：擦亮。⑤倾：张开耳朵倾听。⑥塞：充塞，充满。

译文

子夏问："请问什么是五至？"孔子说："心中想的什么，《诗经》中的诗句就能表达出来；《诗经》表达出来的，礼节就随之产生；礼节产生的地方，乐就会出现；乐出现的地方，哀就会产生。《诗经》和礼节相辅相成，哀伤和欢乐也相互产生。所以这种情景，即使擦亮眼睛也不能看见；张开耳朵也不能听到；然而这种志气充满天地之间，实行的时候充满四海之内，这就是五至。"

原文

子夏曰："敢问何谓三无？"孔子曰："无声之乐，无体[1]之礼，无服之丧[2]，此之谓三无。"子夏曰："敢问三无，何《诗》近[3]之？"孔子曰："'夙夜基命宥密'，无声之乐也；'威仪逮逮，不可选也'，无体之礼也；'凡民有丧，扶伏救之'，无服之丧也。"

注释

①体：形式，一定形状。②丧：丧事。③近：相近，接近。

译文

子夏问："请问什么是三无？"孔子说："没有声音的音乐，没有形式的礼节，没有穿丧服的丧事，这就是三无。"子夏说："请问什么诗句接近三无的意思呢？"孔子说："'夙夜基命宥密'（朝夕谋政以安民），这句诗接近无声的音乐；'威仪逮逮'（仪容文雅安和），这句诗接近无仪式的礼仪；'凡民有丧，扶伏救之'（凡是民众有急难，竭力救助之），这句诗接近不穿丧服而哀的丧礼。"

原文

子夏曰："言则美[①]矣大矣，言尽于此而已乎？"孔子曰："何谓其然？吾语[②]汝！其义犹有五起焉。"子夏曰："何如？"孔子曰："无声之乐，气志不违[③]；无体之礼，威仪迟迟[④]；无服之丧，内恕孔哀；[⑤]无声之乐，所愿必从；无体之礼，上下和同；无服之丧，施及万邦[⑥]。既然，而又奉之以三无私而劳[⑦]天下，此之谓五起。"

注释

①美：美好，意思深远。②语：告诉，告知。③违：违背，冲突。④迟迟：逐渐减少的样子。⑤哀：悲伤，悲痛。⑥万邦：各个国家，天下。⑦劳：治理。

译文

子夏说："你所说的话真是太完美，听起来真是太伟大了，你想要讲的东西全部都在里面了吧？"孔子说："怎么能这样认为呢？我告诉你，它的真正含义需要从五个方面来解释。”子夏说：“怎么解释?”孔子说：“没有声音的音乐，不能违背心中想的；没有形式的礼，威严不能减少；没有穿丧服的丧事，把自己的悲伤感染到别的人；没有声音的音乐，心中想的都能实现；没有形式的礼节，可以让上下的人都能够和睦相处，没有穿丧服的丧事，将哀痛感染到天下。这样，用三无私的思想来治理国家，这就叫五起。”

原文

子夏曰：“何谓三无私?”孔子曰：“天无私覆①，地无私载②，日月无私照。其在《诗》曰：‘帝命不违，至于汤齐。汤降③不迟，圣敬④日跻。昭假迟迟，上帝是祗，帝命式于九围⑤。’是汤之德也。”子夏蹶然⑥而起，负墙而立曰：“弟子敢不志⑦之!”

注释

①覆：覆盖。②载：承载万物。③降：降生，下降。④敬：敬仰，恭敬。⑤九围：古代指九州。⑥蹶然：突然的样子。⑦志：记住。

译文

子夏说：“什么叫三无私啊?”孔子说：“上天没有私心覆盖着大地，大地没有私心承载着万物，太阳和月亮无私照耀着天下。《诗经》上说：‘上天的命令，不要违背，所以商汤才能治理好天下。商汤降生得正是时候，天天都在成长，无时无刻不在进步。每天都在祈祷上天，想获得上天的恩惠。商汤对上天恭敬，天帝就命令他做九州的王。’这就是汤的德行。”子夏突然起来，靠着墙说：“弟子怎敢不记下您的教导!”

卷七

观乡射第二十八

原文

孔子观于乡射[①]，喟然叹曰："射之以[②]礼乐也，何以射，何以听。循[③]声而发，不失正鹄[④]者，其唯贤者乎？若夫不肖之人，则将安能以求饮[⑤]？《诗》云：'发彼有的，以祈尔爵。'祈，求也。求所中以辞爵[⑥]。酒者，所以养[⑦]老、所以养病也。求中以辞爵，辞其养也。是故士使之射而弗能，则辞以病[⑧]，悬弧[⑨]之义。"于是退而与门人习射于矍相之圃，盖观者如墙堵焉。试射至于司马[⑩]，使子路执弓矢，出列延[⑪]，谓射之者曰："奔[⑫]军之将，亡国之大夫，与为人后[⑬]者，不得入，其余皆入。"盖去者半。又使公罔之裘、序点扬觯[⑭]而语曰："幼壮孝悌，耆[⑮]老好礼，不从流俗，修身以俟死者，在此位。"盖

去者半。序点又扬觯而语曰："好学不倦，好礼不变，耄[16]期[17]称道而不乱者，在此位。"盖仅有存焉。射既阕[18]，子路进曰："由与二三子者之为司马，何如?"孔子曰："能用命[19]矣。"

注释

①乡射：古代的射礼，此指在乡间举行的乡射礼。②以：配以。③循：根据。④鹄：箭靶的中心，也叫作"的""质"等。⑤求饮：射中的人让射不中的人饮下被罚的酒。⑥辞爵：推辞所罚之酒。⑦养：奉养。⑧病：病人。⑨悬弧：悬挂木弓。古代的风俗中，如果生了男孩，就在家门的左上边悬挂一张弓表示祝贺，这里是说射箭是男子所能从事的事情。⑩司马：官名，这里是指子路，当时他正担任司马一职。⑪延：延请，邀请。⑫奔：通"偾(贲)"，毁败。⑬人后：过继给别人成为其后嗣。⑭扬觯：扬，举起。觯，古代的酒器名，和现在所用的酒杯相似。⑮耆：古代称六十岁为耆。⑯耄：古代称八十、九十岁为耄。⑰期：年纪。⑱阕：结束。⑲用命：这里是胜任的意思。

译文

孔子观看乡射礼，叹着气说道："射箭要配以礼乐，射箭的人怎么可以一边听一边射呀。一边听乐声，一边射箭，并且能够射中目标的，估计只有贤德的人才能做到吧？如果是那些不肖的人，又怎么能够射中并且要求别人饮下罚酒呢？《诗经》上说：'发彼有的，以祈尔爵。'祈，就是求的意思。祈求射中以辞掉罚酒。酒是用来奉养老人和病人的。祈求射中而辞掉罚酒就等于是推辞掉别人的奉养。因此，士人射箭的时候如果不能射中的话，就应当以有病来推辞，因为男子生下来就是应该会射箭的。"于是孔子回来以后就和门人在矍相的园圃中练习射箭，观看的人围得满满的，就像一堵墙一样。当轮到子路的时候，孔子让子路拿着弓箭从队列中出来邀请射箭的人说："败军之将、失去国土的大夫和过继成为别人后嗣的人都不准进入园圃中，其他的人可以进来。”围观的人听了这些话走了一半。孔子又让公罔之裘、序点举起酒杯说道：“在年轻的时候就懂得孝悌之礼，到了年老时还爱好礼仪，不随流俗，修养身心到死的人，请留在这里。”围观的人又走了一半。序点又举起酒杯说道：“爱好学习而不厌倦，爱好礼仪而永远不改变，到了八九十岁仍然陈述道义而不为外物迷乱的人，请留在这里。”这时留下来的人就寥寥无几了。射箭结束后，子路走向前对孔子说：“我和公罔之裘、序点他们几个人做司马这官职怎么样？”孔子回答说：“是可以胜任的。”

原文

孔子曰：“吾观于乡[1]，而知王道[2]之易[3]易[4]也。主人亲速[5]宾及介[6]，而众宾从之。至于正门之外，主人拜宾及介，而众宾自入。贵贱之义别[7]矣。三揖至于阶，三让[8]以宾升，拜至[9]，献酬[10]辞让之节繁[11]。及介升，则省[12]矣。至于众宾，升而受爵[13]，坐祭[14]立饮[15]，不酢[16]而降，隆杀[17]之义辨矣。工[18]入，升歌三[19]终，主人献宾。笙入三终，主人又献之。间歌[20]三终，合乐[21]三阕，工告乐备[22]而遂出。一人扬觯，乃立[23]司正焉，知其能和乐[24]而不流[25]也。宾酬主人，主人酬介，介酬众宾，少长以齿[26]，终于沃洗者[27]焉。知其能弟[28]，长而无遗矣。降[29]脱履，升座[30]，修爵[31]无算[32]。饮酒之节，旰[33]不废[34]朝，暮不废夕。宾出，主人拜送，节文[35]终遂[36]焉，知其能安燕[37]而不乱也。贵贱既明，降杀既辨，和乐而不流，弟长而无遗，安燕而不乱。此五者，足以正身安国矣，彼国安而天下安矣。故曰：‘吾观于乡，而知王道之易易也。’”

注释

①乡：指乡间的饮酒礼。乡射时，乡大夫和州长党正及卿大夫们要举行饮酒礼，并将周围民众集合起来，教给他们乡饮酒礼，让他们懂得在家孝顺父母，服从兄长，外出奉养别的老人。②王道：国君以仁义之道治天下，以德服人的统治之道，和“霸道”相对。③易：改变，施行。④易：容易。⑤速：邀请。⑥介：陪客。⑦别：区别。⑧让：谦让。⑨拜至：拜谢客人的到来。⑩献酬：主人对客人以美酒酬谢。⑪繁：繁多。⑫省：简省，简单。⑬受爵：接受所献之酒。爵，酒杯，代指酒。⑭祭：祭酒，一种礼仪。⑮立饮：站着饮酒。⑯酢：宾客以酒来酬谢主人。⑰隆杀：隆，隆重。杀，减少。⑱工：乐工。⑲三：三首歌曲。⑳间歌：乐工和吹笙的人轮流演奏。㉑合乐：乐工和吹笙的人一同演奏。㉒备：完毕。㉓立：设立。㉔和乐：和谐欢乐。㉕流：失礼。㉖齿：指年龄。㉗沃洗者：侍奉宾客盥洗的侍者。㉘弟：年纪小的。㉙降：走下。㉚升座：登堂就座。㉛修爵：劝酒。㉜无算：没有数目，这里是指不计较杯数。㉝旰：早上。㉞废：耽误。㉟节文：礼仪。㊱遂：结束。㊲安燕：安，安闲。燕，通“宴”，宴饮。

译文

孔子说：“我在观看乡饮酒礼的时候，得知推行王道是很容易的。主人亲自去邀请宾客以及陪客，其他宾客则跟随着一同前往。到了正门外，主人拜迎宾客和陪客们，其他的宾客们也跟着入内。这样一来接待尊贵的人和卑贱的人的礼节的区别就显示出来了。主人和宾客又三次揖让后走到大堂的阶梯前，又三次谦让后主人引领着宾客登上大堂。主人以三揖三让来拜谢宾客们的到来，并且倒酒献给宾客，宾客也跟着回敬主人，彼此推辞谦让的礼节非常多。陪客登堂以后，礼节就简单很多了。众宾客可以登上阶梯接受献酒。也可以坐着祭酒。或者站着喝酒，不用回敬主人就可以走下阶梯。从这些差别来看，礼节的隆重和简单就可以区别得很清了。乐工进来，在堂上唱上三首歌曲以后，主人给客人献酒。吹笙的人进来，在堂下吹奏了三首乐曲以后，主人再次给客人献酒。接着乐工和吹笙的人轮流演奏三首歌曲和乐曲，最后乐工和吹笙的人再合作演奏三首，然后乐工告诉主宾歌唱和乐曲都已经演奏完毕，就退下堂去。这个时候，主人手下的一个管事的人对众人举起酒杯，于是设立一个司正来监察饮酒的礼仪。这样一来，就能够知道乡饮酒可以让大家和睦欢乐又不会失礼。宾客先对主人劝酒，主人接着向陪客劝酒，陪客又接着对众客劝酒，大家按照年龄的长幼顺序来饮酒，一直到侍奉宾客盥洗的侍者们进来为止。这样一来，不管年龄大小，都不会被遗漏掉。然后，众人从堂上走下来，脱掉鞋子，接着再登堂就座，开始互相敬酒，不计杯数。饮酒的限度以早上不耽误早朝，傍晚不耽误回家处理家事为限。饮酒结束，宾客离开时，主人要拜送，至此，全部的礼仪就完成了，这就能够知道，乡间饮酒可以让大家安闲快乐而不造成混乱。身份的尊卑贵贱可以区别，礼节的隆重和简单也可以区分，和谐欢乐而不会失礼，年龄大小都不会遗漏，欢乐而又有节制。这五种行为，就足以修养身心并且安定国家了，一旦国家安定，天下也就太平了。因此说：‘我在观看乡饮酒礼的时候，得知推行王道是很容易的。’”

原文

子贡观①于蜡。孔子曰：“赐也，乐乎?”对曰：“一国之人皆若狂②，赐未知其为乐也。”孔子曰：“百日之劳，一日之乐，一日之泽③，非尔所知也。张而不弛④，文武弗能；弛而不张，文武弗为。一张一弛，文武之道⑤也。”

注释

①观：参观，观看。②狂：疯狂。③泽：受到国君的恩泽。④弛：松弛，放松。⑤道：治理天下的方法。

译文

子贡观看了蜡祭。孔子说："端木赐，你快乐吗？"子贡说："现在整个国家的百姓都像疯子一样，我不知道这有什么快乐的。"孔子说："百姓长年累月辛苦劳作，快乐一天，享受一天国君的恩泽，这其中的乐趣你是无法了解的。只是紧张而不放松，文王和武王都不能这样做；只是放松而不紧张，文王和武王也不会这样做。紧张的同时又有放松，这才是文王和武王治理天下的方法。"

郊问第二十九

原文

定公问于孔子曰："古之帝王必郊祀其祖以①配天②，何也？"孔子对曰："万物本于天，人本乎祖。郊之祭也，大③报本④反始⑤也，故以配上帝。天垂象⑥，圣人则⑦之，郊所以明天道也。"公曰："寡人闻郊而莫同，何也？"孔子曰："郊之祭也，迎长日⑧之至也。大报天而主日，配以月。故周之始郊，其月以日至，其日用上辛⑨。至于启蛰⑩之月，则又祈穀⑪于上帝。此二者，天子之礼也。鲁无冬至大郊之事，降杀⑫于天子，是以不同也。"

注释

①以：用来。②配天：祭祀时配享上天，有一定的祭品。③大：大规模地、盛大地。④报本：报答恩惠。⑤反始：返回到根源。⑥垂象：显示征兆。⑦则：效仿、效法。⑧长日：冬至日，因冬至日以后，白天的时间开始一天天变长。⑨上辛：每个月上旬的辛日。⑩启蛰：蛰伏的动物开始苏醒。⑪穀：指谷物丰收。⑫降杀：降低、减少。

译文

鲁定公向孔子问道："古代的帝王，必定要郊祀上天并配祭自己的祖先，这是什么缘故呢？"孔子回答说："万物都本源于上天，人本源于自己的祖先。郊祀就是大规模地报答上天和祖先的恩惠，同时也是返回到自己本源，因此要祭天时祭祀祖先。上天显示征兆，圣人效仿这些征兆，祭祀就是用来显明天道的。"定公说："我听说郊祀的形式是不同的，这是什么缘故呢？"孔子说："祭祀是为了迎接长日的到来。用盛大隆重的祭祀来报答上天，并以日作为祭祀的主体，以月份相配。因此周代刚开始祭祀，是在冬至的那月，具体日期是在辛日。在那些蛰伏的动物苏醒的月份，则又要向上天祈求谷物的丰收。而这两种都是天子所用的礼仪。鲁国并没有在冬至郊祀的活动，因为鲁国是诸侯国，祭祀的形式要低于天子之礼，这是郊祀不同的原因。"

原文

公曰："其言郊，何也？"孔子曰："兆[①]正于南，所以就[②]阳位也。于郊[③]，故谓之郊焉。"曰："其牲器[④]何如？"孔子曰："上帝之牛角茧栗[⑤]，必在涤[⑥]三月。后稷之牛唯具[⑦]，所以别事天神与人

鬼也。牲用骍，尚赤也；用犊，贵诚也。扫地而祭，贵[8]其质[9]也，器用陶匏，以象天地之性也。万物无可称之者，故因[10]其自然之体也。”公曰：“天子之郊，其礼仪可得闻乎？”孔子对曰：“臣闻天子卜郊，则受命于祖庙，而作龟[11]于祢宫[12]，尊祖亲考[13]之义也。卜之日，王亲立于泽宫[14]，以听誓命，受教谏之义也。既卜，献命[15]库门之内，所以戒百官也。将郊，则供天子皮弁[16]以听报[17]，示民严上也。郊之日，丧者不敢哭，凶服[18]者不敢入国门，氾[19]扫清路[20]，行者毕止。弗命而民听，敬之至也。天子大裘以黼之，被[21]衮[22]象[23]天，乘素车，贵其质也。旂十有二旒[24]，龙章而设以日月，所以法天也。既至泰坛[25]，王脱裘矣，服衮以临燔柴[26]，戴冕藻[27]十有二旒，则天数也。臣闻之，诵诗三百，不足以一献[28]；一献之礼，不足以大飨[29]；大飨之礼，不足以大旅[30]；大旅具[31]矣，不足以飨帝[32]。是以君子无敢轻[33]议于礼者也。”

注释

①兆：祭天。②就：靠近。③于郊：在郊外。④牲器：用来祭祀的家畜以及盛祭品的器具。⑤茧栗：形容牛角很小，也就说明牛很小，祭祀时以小牛为贵。⑥在：饲养。涤：饲养祭牲之室。⑦具：完整、完全。⑧贵：珍贵。⑨质：质朴。⑩因：因循。⑪作龟：占卜。⑫祢宫：父庙。⑬亲考：已经去世的父亲。⑭泽宫：用来占卜以及举行重大仪式的地方。⑮献命：颁布郊祭的命令。⑯皮弁：用兽皮制成的帽子。⑰听报：听取关于祭祀的报告。⑱凶服：丧服。⑲氾：每一个地方，各处。⑳清路：清洁道路。㉑被：通“披”，穿上。㉒衮：古代君王以及上公所穿的衣服。㉓象：仿效。㉔旒：旗子下端悬挂的如流苏一类的装饰物。㉕泰坛：祭天之坛。㉖燔柴：祭祀的仪式中，要将玉帛牺牲等祭品放置在堆积的木柴上，然后焚烧以祭天，燔柴就是堆积起的用来燃烧的木柴。㉗藻：垂在帽子上的五彩丝条。㉘一献：祭天、祭地、祭祖先的三种礼节。㉙大飨：祭祀先王。㉚大旅：祭祀山川。㉛具：完备、完善。㉜飨帝：祭祀上天。㉝轻：轻率。

译文

定公问："它被称为郊祀，是什么原因呢？"孔子说："祭天时的场所要选在南郊，这是因为南面的阳光充足，能够靠近阳位。又因为是在郊外，所以就称为郊祭。"定公问："那用来祭祀的牲畜以及盛祭品的器具都是什么样的呢？"孔子说："祭天要用的牛，牛角要很小，一定要在涤室中饲养三个月。而用来祭后稷的牛也要准备好，这就是祭上天神灵和祭人鬼的区别。所用的牲畜要是红色的牛，因为周代崇尚红色；而用小牛则是表示祭祀的诚心。祭天时要扫地以后再举行，这是在于取其质朴，所用的器具需要是陶制的匏瓜，这是为了效仿天地的自然之性。世间万物中没有比它更适合的了，这是因为它所因袭的是天然形成的形状。"定公问："天子的郊祀之礼是什么样的，可以说给我听一听吗？"孔子说："我听说天子要在郊外祭天时，需要先用龟甲占卜吉凶，占卜的人先在太庙中接受命令，然后到父庙中进行占卜，这是为了表达对祖先的尊敬以及对父亲的亲近。在占卜的那一天，天子要在泽宫前等候，亲自聆听占卜的结果，这表达的是听从祖先的教导和劝诫的意思。占卜完了以后，天子在宫殿的库门内颁布祭祀的命令，这是用来告诫百官。将要祭祀前，天子要戴着皮帽听取关于祭祀的报告，这是为了让人民严格地听从天子的命令。祭祀的那天，有丧事的人家要停止哭泣，穿丧服的人不能进入国都的城门之内，祭祀所要经过的每一处道路都要清扫干净，路上的行人要肃清。实际上，不用下命令人民也早已经听从了，这是因为人民对祭天也恭敬至极。天子身穿带有花纹的裘衣，外面披着衮服，衮服的图案仿效的也是上天的样子，乘着不加装饰的木车，这也是取其质朴之义。高举着有十二旒的旗，旗上面的图案是龙和日月，这也是效仿上天之义。到了祭天的高坛前，天子要脱掉裘衣，只穿着衮服来到要被点燃的燔柴前，天子所戴的冠冕上垂着十二旒玉藻，这是仿效上天的十二个月。我还听说，只能够背诵《诗经》中的三百首诗，还不足以承担一献之礼；只学会了一献之礼，还不足以承担大飨之礼；只学会了大飨之礼，还不足以承担大旅之礼；具备了大旅之礼，也还不足以承担祭祀上帝之礼。因此君子是不敢轻率地议论礼的。”

五刑解第三十

原文

冉有问于孔子曰：“古者三皇五帝不用五刑[①]，信乎？”孔子曰：“圣人之设防，贵其不犯也。制五刑而不用，所以为至治也。凡民之为奸邪窃盗靡法妄行者，生于不足。不足生于无度，无度则小者偷惰，大者侈靡，各不知节。

注释

①五刑：墨、劓、刖、宫、大辟五种很残忍的刑罚。

译文

冉有问孔子说：“古代的三皇五帝不使用五刑，这是真的吗？”孔子回答说：“圣人设立防范措施的目的，重在不让百姓去犯罪。制定五刑却不使用，是为了达到最好的治理。凡是那些奸诈邪恶偷盗犯法的人，都是因为心中的不满足。不满足是因为没有限度，没有限度，小的会去偷盗，大的则奢侈浪费，不知道节制。

原文

“是以[①]上有制度，则民知所止；民知所止，则不犯。故虽有奸邪贼盗靡法妄行之狱[②]，而无陷[③]刑之民。

注释

①是以：因此，所以。②狱：案件。③陷：触犯。

译文

“所以，只有君主制定了制度，百姓才知道什么该干，什么不该干，也就不会触犯刑罚了。因此，即使有奸诈邪恶偷盗犯法妄行的罪状，却没有触犯刑法的百姓。

原文

“不孝者生于不仁，不仁者生于丧祭之礼不明。丧祭之礼，所以教仁爱也。能致仁爱，则服丧思慕[①]，祭祀不懈人子馈养之道。丧祭之礼明，则民孝[②]矣。故虽有不孝之狱，而无陷刑之民。

注释

①思慕：思念和仰慕。②孝：孝顺。

译文

“不孝顺产生于不仁，不仁又是由于丧葬、祭祀的礼仪不明确。显明丧葬、祭祀的礼节，用来教导百姓仁爱。能够教导百姓仁爱，那么服丧期间就会思慕父母的养育之恩，举行祭祀表示人子还在不懈地奉养父母。丧葬、祭祀的礼节明确了，那么百姓也就孝顺了。因此，即便有不孝的罪状，却没有陷入刑罚的百姓。

原文

“杀上者生于不义，义所以①别②贵贱、明尊卑也。贵贱有别，尊卑有序，则民莫不尊上而敬长。朝聘之礼者，所以明义也。义必明则民不犯，故虽有杀上之狱，而无陷刑之民。

注释

①所以：用来……的原因。②别：辨别。

译文

“杀君弑父的行为产生于不义，义是用来区分贵贱、明辨尊卑的。贵贱有别，尊卑有序，那么百姓中就没有不尊敬上级和长辈的了。朝拜觐见的礼节，是用来显示道义的。道义明确了，人们也就不会犯法了。因此，即便制定了杀君弑父的刑罚，也没有犯罪的百姓。

原文

“斗变[1]者生于相陵，相陵者生于长幼无序而遗敬让。乡饮酒[2]之礼者，所以明长幼之序而崇敬让也。长幼必序，民怀敬让，故虽有斗变之狱，而无陷刑之民。

注释

①斗变：争斗和变乱。②乡饮酒：乡射时的一种宴饮风俗，仪式严格区分尊卑长幼，升降拜答。

译文

“相互争斗是因为相互欺凌，相互欺凌是因为长幼的顺序没有被重视而丢掉了恭敬礼让。乡饮酒的礼仪就是用来确定长幼顺序，推崇恭敬谦让的。长幼次序明确，百姓心中怀有恭敬谦让，因此，虽然有相互争斗的罪状，却没有犯罪的百姓了。

原文

“淫乱者生于男女无别，男女无别则夫妇失义[1]。婚姻聘享[2]者，所以别男女、明夫妇之义也。男女既别，夫妇既明，故虽有淫乱之狱，而无陷刑之民。

注释

①失义：失去了情义恩义。②聘享：订婚时男家给女家的定礼和聘礼。

译文

“淫乱是因为男女没有区别，男女之间没有区别，那么夫妇就会失去情义。婚嫁聘娶的礼仪就是用来区别男女，表明夫妇之间的情义的。男女之间已经有了区别，夫妇的关系清楚，因此，虽然有淫乱的罪状，却没有犯罪的百姓了。

原文

“此五者，刑罚之所以生，各有源焉。不豫[1]塞其源，而辄绳之以刑，是谓为民设阱而陷之也。刑罚之源，生于嗜欲不节[2]。夫礼度者，所以御民之嗜欲而明好恶。顺天之道，礼度既陈，五教毕修，而民犹或未化[3]，尚必明其法典以申固[4]之。

注释

①豫：通“预”，预先，事先。②节：节制。③化：感化，教化。④固：使牢固。

译文

“这五种，就是刑罚产生的原因，都是有本源的。如果不先堵塞本源却滥用刑罚，这就是为百姓设陷阱去陷害他们。刑罚的本源，是因为嗜好和欲望没有节制。礼仪制度就是用来节制百姓的嗜好和贪欲，以明确好恶的。顺应天理，礼仪制度已经陈列出来，五教全都修明，百姓中可能还有没被教化的，就一定要明确法律条令，让法令的效果巩固。

原文

“其犯奸邪靡法妄行之狱者，则饬[1]制量之度；有犯不孝之狱者，则饬丧祭之礼；有犯杀上之狱者，则饬朝觐之礼；有犯斗变之狱者，则饬乡饮酒之礼；有犯淫乱之狱者，则饬婚聘之礼。三皇五帝之所化民者如此，虽有五刑之用，不亦[2]可乎！”

注释

①饬：整顿，治理。②亦：也。

译文

“如果还有作奸犯科、违法妄行行为的，就要用规则法度整顿；对于触犯不孝的法令的，就要用丧葬祭祀的礼节整顿；有犯杀君弑父罪行的，就要用朝拜觐见的礼节整顿；有相互争斗的百姓，就要用乡饮酒的礼仪整顿；有犯淫乱罪的，就要用婚嫁聘娶的礼节整顿。三皇五帝能教化好百姓的原因就是这些，即便有五刑却不用，不是也可以嘛！”

原文

孔子曰：“大罪有五，而杀人为下。逆天地者罪止五世，诬文武[1]者罪止四世，逆人伦者罪及三世，谋鬼神者罪及二世，手[2]杀人者罪止其身。故曰大罪有五，而杀人为下矣。”

注释

①文武：周文王，周武王。②手：亲自。

译文

孔子说："大罪有五种，其中杀人是最低一等的。犯违逆天地罪行的要惩罚五代，犯诬蔑文王、武王罪行的要惩罚四代，犯违背伦理道德罪行的要惩罚三代，犯唆使鬼神害人罪行的要惩罚二代，犯杀人罪的，只判他本人的罪。因此说，大罪有五种，而杀人是最低一等的。"

原文

冉有问于孔子曰："先王制法[1]，使刑不上[2]于大夫，礼不下[3]于庶人。然则大夫犯罪，不可以加刑[4]？庶人之行事，不可以治[5]于礼乎？"孔子曰："不然。凡治君子，以礼御其心，所以属[6]之以廉耻之节[7]也。故古之大夫，其有坐[8]不廉污秽而退放[9]之者，不谓之不廉污秽而退放，则曰'簠簋[10]不饬[11]'；有坐淫乱男女无别者，不谓之淫乱男女无别，则曰'帷幕不修[12]'也；有坐罔上[13]不忠者，不谓之罔上不忠，则曰'臣节未著[14]'；有坐罢软[15]不胜任者，不谓之罢软不胜任，则曰'下官[16]不职[17]'；有坐干[18]国之纪者，不谓之干国之纪，则曰'行事不请'。此五者，大夫既自定有罪名矣，而犹不忍斥然[19]正以呼之也，既而为之讳，所以愧耻之。是故大夫之罪。其在五刑之域[20]者，闻而谴[21]发，则白冠[22]厘缨[23]，盘水[24]加剑[25]，造[26]乎阙而自请罪。君不使有司执缚[27]牵掣[28]而加之也。其有大罪者，闻命[29]则北面再拜[30]，跪而自裁。君不使人捽引[31]而刑杀之也。曰：'子大夫自取[32]之耳，吾遇[33]子有礼矣。'以刑不上大夫而

大夫亦不失[34]其罪者，教[35]使然也。凡所谓礼不下庶人者，以庶人遽[36]其事而不能充礼[37]，故不责之以备礼[38]也。”冉有跪然免席[39]曰：“言则美矣，求未之闻，退而记之。”

注释

①制法：制定法规。②上：加到。③下：下降到。④加刑：施加刑罚。⑤治：治理。⑥属：归属。⑦节：法度。⑧坐：犯罪，触犯。⑨退放：撤职并放逐。⑩簠簋：古代的祭器名。⑪不饬：不整治。⑫不修：不修治。⑬罔上：蒙蔽欺瞒主上。⑭著：显著，明显。⑮罢软：罢，通“疲”，罢软即是软弱无能的样子。⑯下官：下属官员。⑰不职：不称职。⑱干：触犯，违背。⑲斥然：形容斥责的样子。⑳域：领域，范围。㉑谴：罪责，罪过。㉒白冠：将帽子摘去。白，空无所有。㉓厘缨：整理冠带。厘，整理。㉔盘水：用盘子来盛水。㉕加剑：自刎的意思。㉖造：到达。㉗执缚：拘捕的意思。㉘牵掣：束缚住。㉙闻命：听到命令。㉚再拜：拜两次。㉛捽引：揪拉。㉜自取：自己造成的。㉝遇：对待。㉞失：失去，这里是不受惩罚的意思。㉟教：教化。㊱遽：急忙。㊲充礼：充分完全地学习礼。㊳备礼：完备的礼仪。㊴免席：离开座位，以示恭敬。

译文

冉有向孔子问道：“先王制定法规，使用刑罚不能加到大夫身上，用礼不用加到平民身上。然而大夫犯了罪，不可以对他施加刑罚吗？平民做事情，也不可以用礼来约束吗？”孔子回答说：“不是这样的。凡是管治君子，都要用礼来驾驭他们的思想，这是由于将他们归属于有廉耻之节的人。因此古代的大夫，有触犯贪污等不廉洁之罪而被免职放逐的，但不将其称为因不廉洁而被免职放逐，而是称为‘簠簋不饬’；有触犯了淫乱、男女无别罪的，不将其称为淫乱、男女无别，而是称为‘帷幕不修’；有犯了欺瞒主上、不忠罪的，不将其称为欺瞒主上、不忠，而是称为‘臣节未著’；有犯软弱无能、不能胜任职责之罪的，不将其称为软弱无能、不能胜任职责，而是称为‘下官不职’；有犯触犯国家法规之罪的，不将其称为触犯国家法规，而是称为‘行事不请’。这五种情况，对于大夫们来说，早就定下罪名了，只是不直接称呼他有罪，而是继续为他避讳，以此让他感到羞耻。因此大夫的罪行在五刑范围之内的，一旦知道自己要被谴责问罪，就会戴上有着毛帽带的帽子，穿上白丧服，端着盛有水且上面放着一把剑的盘子，自己走到君王面前请求以死谢罪或者是他自己到君王的宫阙中请罪，君王不再派相关官吏将他拘捕以施刑。犯了大罪的，听到君王的命令就面朝北方拜上两次，跪下自杀。君王也不再派人拘捕他以施刑。只是说：‘你是大夫，罪状是你自己造成的，我对待你是有礼的。’因此刑罚虽然不直接加到大夫身上，大夫自己却不能逃避所犯下的罪行，这是受到教化的结果。所说的礼不用于平民，是由于他们忙碌于琐事而无法充分学习礼仪，因此不能要求他们有完备的礼仪。”冉有听完后跪着离开了座位，说道：“您说得真好啊，我以前从来没有听说过这些。请允许我退下去将这些话记录下来。”

刑政第三十一

原文

仲弓问于孔子曰：“雍[①]闻至[②]刑无所用政，至政无所用刑。至刑无所用政，桀纣之世是也；至政无所用刑，成康之世是也。信乎？”孔子曰：“圣人之治化[③]也，必刑政相参焉。太上[④]以德教民，而以礼齐[⑤]之。其次以政言导民，以刑禁之。刑，不刑也。化之弗[⑥]变，导之弗从，伤义以败俗，于是乎用刑矣。制[⑦]五刑必即天伦，行刑罚则轻无赦。刑，侀[⑧]也；侀，成也。壹成而不可更，故君子尽心焉。”

注释

①雍：仲弓姓冉名雍，字仲弓，孔子弟子。②至：最，极。③治化：治理教化。④太上：最好，最上等。⑤齐：统一。⑥弗：不。⑦制：通“专”。⑧侀：定型。

译文

仲弓问孔子说：“我听说治理国家时，有最严酷的刑罚就无处使用政令，有最完善的政令就无处使用刑罚。用最严酷的刑罚而不用政令的，是夏桀商纣统治的时代；用最完善的政令而不用刑罚，是周代成王和康王统治的时代。这是真的吗？”孔子回答说：“圣人治理教化百姓，一定会刑罚政令相互配合使用。最上乘的做法是用仁德来教化百姓，用礼仪来统一思想。其次用政令引导百姓，用刑罚禁止百姓犯罪。这样做的目的是为了不用刑罚。对教化却不改正，引导却不服从，损伤道义败坏风俗的人，只有使用刑罚加以处置了。专用五刑统治百姓，一定要顺从天道，执行刑罚时不论罪行轻重都不能赦免。刑罚就是侀；侀就是已成事实不能更改的意思。只要刑罚已成事实就不可更改，因此君子要全心全力去审理各种案件。”

原文

仲弓曰：“古之听讼①，尤罚丽②于事③，不以其心④，可得闻乎？”孔子曰：“凡听五刑之讼，必原⑤父子之情，立⑥君臣之义以权⑦之。意论⑧轻重之序，慎测⑨深浅之量⑩以别之。悉其聪明⑪，致⑫其忠爱以尽之。大司寇正刑⑬明辟⑭以察狱⑮，狱必三讯⑯焉。有指⑰无简⑱，则不听也。附从轻，赦⑲从重。疑狱⑳则泛与众共㉑之，

疑则赦之。皆以小大之比成[22]之。是故爵人[23]必于朝，与众共之也；刑人[24]必于市，与众弃之也。古者公家不畜[25]刑人[26]，大夫弗养[27]。其士遇之涂，弗与之言。屏[28]诸四方，唯其所之，弗及与政，弗欲生之也。"

注释

①听讼：审理诉讼案件。听，处理，审理。讼，诉讼或者诉讼案件。②丽：根据，依附。③事：事实。④心：动机。⑤原：推究根源。⑥立：确立、建立。⑦权：权衡。⑧意论：意，内心。论，论证。⑨慎测：仔细小心地检测。⑩量：分量。⑪聪明：明辨是非。⑫致：集中（意志、力量等）于某个方面。⑬正刑：正定刑法。⑭明辟：明断罪行。⑮察狱：审查案件。⑯三讯：向群臣、群吏、万民三方面征求意见。⑰有指：有犯罪的动机意图。⑱无简：核实不了犯罪事实。⑲赦：赦免。⑳疑狱：疑难案件。㉑共：共同审理。㉒成：审理妥帖。㉓爵人：给人授以官爵。㉔刑人：给人施以刑罚。㉕畜：收留。㉖刑人：因犯罪而受到刑罚的人。㉗养：供养。㉘屏：屏除，这里指放逐。

译文

仲弓说："古时候审理诉讼案件时，尤其注重依据事实来审判，而不是根据其犯罪的动机，可以将这些说给我听一听吗？"孔子说："凡是审理五种罪行的案件，必须要依据父子间的亲情，按照君臣之义来权衡。目的是论证情节的轻重，仔细地审查其罪行的深浅以区别对待。尽自己分辨是非的能力，考验其忠爱之心以穷究案情。大司寇的责任就是在审理案件时规定刑法，明察案情，审案必须要向群臣、群吏、万民三方征求意见。那种有犯罪的意图却核实不了犯罪事实的就不要治罪。量刑时那种可重可轻的要从轻发落，赦免时要先赦免那些原判较重的。如果案件可疑就要广泛地向民众征求意见共同审理，如果情有可疑的就予以赦免。不论案件大还是小，都要审理好。因此授予人官爵就一定要在朝廷之上，让众人一同参加；给人施以刑罚时就一定要在街市上当众施行，让众人也一同唾弃他。古时候诸侯不收留犯罪的人，大夫也不供养犯罪的人。在道路上，读书人遇到犯人不要和他说话。将他放逐出去，随便流放到什么地方，不要让他参与政事，以示不想让他存活在人间。"

原文

仲弓曰："听狱，狱之成①，成②何官？"孔子曰："成狱成于吏，吏以狱成告于正③。正既听之，乃告大司寇。大司寇听之，乃奉④于王。王命三公卿士参听⑤棘木⑥之下，然后乃以狱之成告⑦于王。王三宥⑧之以听命，而制刑⑨焉。所以重⑩之也。"

注释

①成：定案。②成：取决于。③正：一官之长，这里是指狱官之长。④奉：报告。⑤参听：参与审理。⑥棘木：古代判案的处所。⑦告：报告。⑧宥：原谅。⑨制刑：制定刑罚。⑩重：慎重。

译文

仲弓说："审理诉讼案件时，案件判定时，取决于什么官员呢？"孔子说："断定案件先由狱官来裁定，狱官再将断定的情况告诉狱官长。狱官长审定一遍以后，再将裁定的结果报告给大司寇。大司寇审理以后，再将裁定结果上报给君王。君王便命令三公以及卿士在断案处审理，然后再将裁定的结果以及案件中不能确定的可疑之处上报给君王。君王根据三种可以宽恕的情况决定要不要减免刑罚，最后根据审断的结果去制定刑罚。这都是因为慎重处理的缘故。"

原文

仲弓曰："其禁何禁①？"孔子曰："巧言②破律③，遁名④改作⑤，执左道⑥以乱政者⑦，杀；作淫声⑧，造异服⑨，设奇伎⑩奇器以荡⑪上心者，杀；行伪而坚⑫，言诈而辩⑬，学非⑭而博，顺非⑮而泽⑯，以惑众者，杀；假⑰于鬼神、时日、卜筮以疑众者，杀。此四诛者不以听⑱。"

注释

①禁：禁止。②巧言：花言巧语。③破律：破坏律法。④遁名：假冒别人的名义。⑤改作：改变法则。⑥执左道：即作乱的意思。⑦乱政者：扰乱政事的人。⑧淫声：淫靡之声。⑨异服：奇装异服。⑩伎：技艺。⑪荡：放浪。⑫坚：顽固。⑬辩：口才好。⑭学非：学习那些邪恶的东西。⑮顺非：顺从邪恶之事。⑯泽：积极。⑰假：借助。⑱听：审理。

译文

仲弓说："在刑罚中都有哪些禁止的条款呢？"孔子说："花言巧语地将律法曲解，假冒他人名义改变法度，扰乱政事和作乱的，都要处以死刑；制作淫靡之声，制造奇装异服，设计出诡异的技艺、奇巧的器物来扰乱君王心思的，都要予以诛杀；行为诡谲却又顽固不化的，言语狡诈又善于诡辩的，学习大量邪恶的东西、积极顺从邪恶之事，用来蛊惑民心的，都要予以诛杀；假借鬼神、时日，利用卜筮以迷惑民心的，都要处以死刑。这四种应当处以死刑的，无须再重新审理。"

原文

仲弓曰："其禁尽于此而已？"孔子曰："此其急[1]者。其余禁者十有四焉：命服[2]命车[3]不粥[4]于市，圭璋璧琮不粥于市，宗庙之器[5]不粥于市，兵车旍旗不粥于市，牺牲[6]秬鬯[7]不粥于市，戎器兵甲不粥于市，用器不中度[8]不粥于市，布帛精粗不中数[9]、广狭[10]不中量[11]不粥于市，奸色[12]乱正色不粥于市，文锦珠玉之器雕饰靡丽不粥于市，衣服饮食不粥于市，果实不时[13]不粥于市，五木不中伐[14]不粥于市，鸟兽鱼鳖不中杀[15]不粥于市。凡执此禁[16]以齐[17]众者，不赦过也。"

注释

①急：紧急。②命服：古代帝王按照官职的等级所赐予臣子们的制服。③命车：古代帝王按照官职等级赐给臣子的车子。④粥：通"鬻"，卖。⑤器：祭器。⑥牺牲：祭祀用的牲畜。⑦秬鬯：祭祀所用的酒。⑧中度：符合尺度。⑨中数：符合数量。⑩广狭：即宽窄。⑪中量：符合规格。⑫奸色：杂色。⑬不时：不到时令。⑭不中伐：还没有长成材。⑮不中杀：没有成熟。⑯禁：禁令。⑰齐：治理、整治。

译文

仲弓说："刑罚中的禁令就只有这些吗？"孔子说："这些是最紧要的。其他要禁止的还有十四种：君王赐予的制服和车子不准在集市上售卖，圭璋璧琮等物品不准在集市上售卖，宗庙的祭器也不准在集市上售卖，兵车旌旗不准在集市上售卖，用以祭祀的牲畜和祭祀神祇的酒也不准在集市上售卖，军队使用的武器装备如兵器甲胄等不准在集市上售卖，使用的器物不符合尺度的不准在集市上售卖，布帛等物不符合数量要求的不准在集市上售卖，宽窄不符合规格的不准在集市上售卖，杂色扰乱了本色的，不准在集市上售卖，华美的彩色丝织品以及贵重的珠玉等器物雕饰得太过于奢靡的，不准在集市上售卖，衣服饮食等物不准在集市上售卖，果实不应时令的不准在集市上售卖，树木没有长成材的不准在集市上售卖，鸟兽鱼鳖等没有长大的不准在集市上售卖。凡是执行这些禁令都是为了治理民众，那些触犯了禁规的人是不能赦免的。”

礼运第三十二

原文

孔子为鲁司寇①，与②于蜡③。既④宾⑤事毕，乃出游于观⑥之上，喟然而叹。言偃侍，曰：“夫子何叹也？”孔子曰：“昔大道⑦之行，与三代⑧之英，吾未之逮⑨，而有记⑩焉。

注释

①司寇：官职名，掌管刑狱纠察等事。②与：参与。③蜡：祭祀名，周代在十二月合祭百神，称为“蜡”。④既：已经。⑤宾：陪祭者。⑥观：高台上的建筑物。⑦大道：上古五帝时代的社会准则。⑧三代：夏、商、周三代。⑨逮：赶得上。⑩记：记载。

译文

孔子担任鲁国司寇的时候，参与蜡祭。等到宾客蜡祭完毕以后，便外出到高台上游览，深深地感叹。言偃陪侍在一旁，问道："老师您为什么叹息呢?"孔子说："以前大道施行于天下的时代，和夏、商、周三代那样英明杰出的君王时代，我都没有赶上，所看到的只有记载罢了。

原文

"大道之行，天下为公①，选贤与能，讲信修②睦。故人不独③亲其亲，不独子其子。老有所终，壮有所用，矜④寡⑤孤疾皆有所养。货恶⑥其弃于地，不必藏⑦于己；力恶其不出于身，不必为人。是以奸谋闭而弗兴⑧，盗窃乱贼不作。故外户而不闭，谓之大同。

注释

①天下为公：天下是公共的。②修：增进。③独：独自。④矜：通"鳏"，年老没有妻子的人。⑤寡：年老没有丈夫的人。⑥恶：憎恶，厌恶。⑦藏：收藏。⑧兴：发生。

译文

"在大道施行的时候，天下是人们所共有的，把有贤德、有才能的人选出来给大家办事，人人讲求诚信，崇尚和睦。因此人们不单奉养自己的父母，不单抚育自己的子女。要使老年人能终其天年，壮年人能为社会效力，幼童能顺利地成长，使老而无妻的人、老而无夫的人、幼年丧父的孩子、老而无子的人、残疾人都能得到供养。人们憎恶财货被抛弃在地上的现象，但也不一定自己收藏；人们担心自己的智力和体力无法得到发挥，但不是因为个人的利益。这样一来，就不会有人搞阴谋，不会有人盗窃财物和兴兵作乱。因此家家户户都不用关大门了，这就叫作大同。

原文

“今大道既隐①，天下为家，各亲其亲，各子其子。货则为己，力则为人。大人世及以为常，城郭沟池以为固。禹汤文武，成王周公，由此而选，未有不谨②于礼。礼之所兴③，与天地并。如有不由礼而在位者，则以为殃④。”

注释

①隐：隐藏，消失。②谨：谨慎。③兴：兴旺发达。④殃：灾难，祸害。

译文

“现在大道已经没有了，天下成为一家一姓的财产，各人只侍奉自己的亲人，养育自己的子女。卖东西所得财物也都成自己的了，出力的事则由别人来做。天子诸侯世袭的现象已经习以为常，修建城墙和护城河作为坚固的防御工具。夏禹、商汤、文王、武王、成王、周公都是依据这一点被推选为君王的，没有不小心谨慎遵守礼的。礼的产生和兴起，是和天地并存的。如果一个君王在位期间不遵守礼，那么就会有灾祸。”

原文

言偃复问曰：“如此乎，礼其急①也。”孔子曰：“夫礼，先王所以承②天之道以治③人之情④。列⑤其鬼神，达⑥于丧、祭、乡射、

冠、婚、朝聘⑦。故圣人以礼示⑧之，则天下国家可得以礼正⑨矣。”

注释

①急：急需，紧急。②承：遵循。③治：治理。④情：性情。⑤列：参验。⑥达：通达，贯彻。⑦丧、祭、乡射、冠、婚、朝聘：丧，丧礼。祭，祭神或者祭祖先。乡射，乡间的射礼。冠，男子的加冠礼。婚，婚礼。朝聘，诸侯定期朝见天子之礼。⑧示：展示，昭示。⑨正：合规范。

译文

言偃又问道：“这样一来，礼就是很紧急的吧。”孔子说道：“礼，就是先王用来遵循天道治理人们的性情的。它参验于鬼神，在丧、祭、乡射、冠、婚、朝聘上都贯彻了。因此圣人以礼来昭示天下，那样天下国家才能合乎规范。”

原文

言偃曰：“今之在位，莫知由①礼，何也?”孔子曰：“呜呼哀哉！我观②周道，幽厉③伤④也。吾舍鲁何适⑤？夫鲁之郊⑥及禘⑦皆非礼⑧，周公其已衰矣。杞之郊也禹，宋之郊也契，是天子之事守⑨也，天子以杞、宋二王之后。周公摄政致太平，而与天子同是礼也。诸侯祭社稷宗庙，上下皆奉其典⑩，而祝嘏⑪莫敢易⑫其常法，是谓大嘉。

注释

①由：遵循。②观：考察。③幽厉：周幽王和周厉王，都是暴戾昏庸之君。④伤：败坏。⑤适：到，去。⑥郊：郊祭，即在郊外祭天地。⑦禘：在宗庙中祭祀祖先。⑧非礼：不符合礼仪。⑨守：保留。⑩典：制度，法则。⑪祝嘏：祭祀时致祈祷词和传达神灵意旨的人。⑫易：改变。

译文

言偃说："现在的当权者没有人遵循礼，是什么原因呢？"孔子回答说："哎呀，悲哀啊！我考察了周代的制度，礼从周幽王和周厉王的时候就被败坏了。我舍弃了鲁国又能到哪里去呢？鲁国所举行的郊祭和禘祖的仪式也都是不合乎周礼的，周公定的礼已经衰败了。杞国人祭天是为了祭大禹，宋国人祭天是为了祭契，这是由于他们是夏、商两代天子的后裔，因此能保留着天子的职事。周公代行执政而天下得以太平，因此对他才用和天子一样的礼仪。诸侯祭祀社稷和祖先，上下的人都尊奉着同样的典章制度，祝嘏也不敢妄自改变原有的制度，这就称为大嘉。

原文

"今使祝嘏辞说徒藏于宗祝巫史[1]，非礼也，是谓幽国[2]。醆斝[3]及尸君[4]，非礼也，是谓僭[5]君。冕弁[6]兵革藏于私家，非礼也，是谓胁君。大夫具官[7]，祭器不假[8]，声乐[9]皆具[10]，非礼也，是为乱国。故仕于公曰臣，仕于家曰仆。三年之丧，与新有婚者，期[11]不使也。以衰裳[12]入朝，与家仆杂居齐齿[13]，非礼也，是谓臣与君共国[14]。天子有田，以处[15]其子孙；诸侯有国，以处其子孙；大夫有采[16]，以处其子孙，是谓制度。天子适[17]诸侯，必舍其宗庙，而不以

礼籍[18]人，是谓天子坏法乱纪。诸侯非问疾吊丧，而入诸臣之家，是谓君臣为谑[19]。

注释

①宗祝巫史：宗，宗伯，掌管宗庙的祭祀礼仪。祝，太祝，掌管祭祀祈祷。巫，巫官，掌管占卜以及鬼神之事。史，史官，掌管祭祀时的记事。②幽国：典礼制度幽昧不明的国家。③醆斝：古代的两种酒器名。④尸君：献尸。⑤僭：超越本分。⑥冕弁：礼帽和礼服。⑦具官：设立各项官职。⑧假：借。⑨声乐：乐器。⑩具：具备。⑪期：期间。⑫衰裳：丧服。⑬齐齿：平等。⑭共国：共同占有国家。⑮处：安置。⑯采：即采邑，也就是封地。⑰适：到。⑱礼籍：典章礼制。⑲谑：开玩笑。

译文

“如今祝词、嘏辞只藏到宗伯、太祝、巫官、史官家中，这不符合礼，这就是所谓的国家典礼幽昧不明。醆斝是先王所用的酒器，诸侯用来献尸，这不符合礼，这就是所谓的僭越国君。冕弁兵车私自藏在大夫家中，这不符合礼，这就是所谓的威胁国君。大夫家中设立各种官职，祭器齐备，声乐俱全，这不符合礼，这就是所谓的悖乱国家纲纪。因此，受命于国君为官的称为臣，受命于大夫做事的称为仆。处于服三年之丧以及刚刚结婚的，在服丧和婚期的时间内，给他们假期，不要因公事而任用他们。穿着丧服入朝，或者在家和奴仆杂役一起并行，这些都是不符合礼的，这就是所谓的国君和臣子一同治理国家。因此天子拥有田地以安置自己的子孙；诸侯有国以安置自己的子孙；大夫有封地以安置自己的子孙，这就是所谓的制度。天子到诸侯国去，必须要住在诸侯的祖庙中，如果不依照典章礼制进到祖庙，那就叫作天子败坏法纪。诸侯如果不是为了探望病人或者吊丧，就随便进入到大臣家中，那就叫作君和臣开玩笑。

原文

“故夫礼者，君之柄[1]，所以别嫌明微，傧[2]鬼神，考[3]制度，别仁义，立政教，安君臣上下也。故政不正则君位危，君位危则大臣倍小臣窃。刑肃而俗弊，则法无常；法无常，则礼无别；礼无别，则士不事，民不归，是谓疵国。

注释

①柄：根本，依据。②傧：敬。③考：考正。

译文

“礼是国君治理国家的根本，是用来辨别是非嫌疑，明察细微之处，迎敬鬼神，考正国家制度，辨别仁义，树立政令和教化，使君臣上下的关系安定和谐的。所以，政令不正确的话，君王的地位就会受到威胁，君王的地位受到威胁了，大臣们就会悖逆犯上，小官员们就会非法窃取权力。刑法严厉，但是社会风气却很败坏，法令就会变化无常；法令不正常的话，礼节就没有了秩序可言；礼节没有了秩序的话，读书人就不会按礼行事，百姓就不会归顺，这样的国家是有问题的。

原文

“是故夫政[1]者，君之所以藏身[2]。必本[3]之天，效[4]以降命[5]。命教于社[6]之谓教地[7]，降于祖庙之谓仁义，降于山川之谓兴作[8]，降于五祀[9]之谓制度，此圣人所以藏身固也。圣人参于天地，并于鬼神，以治政也。处[10]其所存[11]，礼之序也。翫[12]其所乐，民之治

也。天生时[13]，地生财[14]，人其父生而师教之。四者君以政[15]用之，所以立于无过[16]之地。

注释

①政：政事。②藏身：托身。③本：依照。④效：效仿。⑤降命：降，发布、实施。命，命令。⑥社：社神，这里是指大地。⑦教地：效法于地。⑧兴作：兴起、兴建。⑨五祀：五种祭祀的神祇，一般是门、户、灶、进、中霤五神。⑩处：处理。⑪存：存在的事物。⑫翫：研习。⑬时：时节、时令。⑭财：物资。⑮政：通“正”。正确的、恰当的。⑯无过：没有过失。

译文

“所以政治是君主用于托身的东西。必定会依照天道来制定政令。政令实施于社神之祭，称之为效法于地；政令实施给祖庙之祭，称之为仁义；政令实施于山川之祭，称为兴建。政令实施给‘五祀’之祭，称为制度。这就是圣人用来稳固地将政治托于自身的原因。圣人参验天地，和鬼神相合，以此来治理政事。处理那些存在的事物，就是礼的秩序。研习民众的喜好，就可以知道如何治理他们。天孕育出了四季，地生产出了物资，人的身体都是父母所生，知识都是老师授予的。对于这四者，君王只要恰当地利用他们，就会立于不败之地。

原文

“君者，人所则[1]，非则人者也；人所养[2]，非养人者也；人所事[3]，非事人者。夫君者明人则有过，养人则不足[4]，事人则失

位[5]。故百姓则君以自治，养君以自安，事君以自显。是以礼达[6]而分定[7]，人皆爱其死而患其生。是故用人之智去其诈，用人之勇去其怒，用人之仁去其贪。国有患，君死社稷谓之义，大夫死宗庙谓之变。凡圣人能以天下为一家，以中国[8]为一人，非意[9]之。必知其情，从于其义，明于其利，达[10]于其患，然后能为之。

注释

①则：效法尊崇。②养：供养。③事：服侍。④不足：不能满足。⑤失位：失去地位。⑥礼达：达于礼，即知礼。⑦分定：职分确定。⑧中国：此处指天下人。⑨意：通“臆”，臆想。⑩达：知晓，通达。

译文

“国君是众人所尊崇效法的，而不是尊崇效法民众的；国君是众人所供养的，而不是供养民众的；国君是众人侍奉的人，而不是侍奉民众的。对于国君来说，效法民众的话那自己就有过失，国君奉养民众的话那自己就不能满足百姓的要求，侍奉民众的话那自己就会失掉君位。因此百姓尊崇效法国君以管理自己，奉养国君以安定自己的生活，侍奉国君让自己显达。因此懂得了礼，每个人的职分就得以确定了，每个人就乐于为国君奉献出自己的生命而耻于苟且偷生。因此国君要运用他们的智慧而去除他们的狡诈，任用他们的勇猛而去除他们的鲁莽冲动，任用他们的仁爱而去除他们的贪欲。国家出现了祸患，国君为了国家而死称为义，大夫为了宗庙而死称为变。所以圣人能将全天下治理得如同一家，将全天下人治

理得如同一个人，这不是主观臆想出来的。他必须要懂得人之性情，通晓义理，明白利害，而后才可以做到这些。

原文

“何谓人情？喜、怒、哀、惧、爱、恶、欲，七者弗学而能。何谓人义？父慈，子孝，兄良，弟悌①，夫义，妇听，长惠②，幼顺，君仁，臣忠，十者谓之人义。讲信修睦，谓之人利。争夺相杀，谓之人患。圣人之所以治人七情，修十义，讲信修睦，尚③辞让，去④争夺，舍礼何以治之？饮食男女，人之大欲存焉；死亡贫苦，人之大恶存焉。欲、恶者，人之大端。人藏其心，不可测度⑤。美恶皆在其心，不见其色，欲一以穷之，舍礼何以哉？

注释

①悌：恭敬。②惠：恩惠，惠爱。③尚：崇尚。④去：消除。⑤测度：测量，度量。

译文

“什么叫人情？喜、怒、哀、惧、爱、恶、欲，这七点不用学习就会。什么叫人义？父亲慈爱，子女孝顺，兄长温顺和气，弟弟恭敬，丈夫遵守道义，妻子顺从，长辈们惠爱，幼小的人尊老，君王仁慈，臣子忠诚，这十点叫作人义。讲究诚信和睦相处，叫作人利。你争我夺，互相残杀，叫作人患。圣人所以能疏导人的七情，倡导十义，重视诚实守信和睦相处，崇尚谦让，摒弃争夺，不讲究礼仪怎么能够治理好国家呢？饮食男女，是人们心中最大的欲望；死亡和贫困、痛苦，是人们心中最憎恶的处境。欲望和厌恶是人心中重要的情绪。人都隐藏了自己真实所想的，别人不能够猜测和度量。喜欢和厌恶都隐藏在心里面，不能在脸上看出来，想要了解一个人的真实心理，除了礼还能用什么呢？

原文

“故人者，天地之德[1]，阴阳之交[2]，鬼神之会[3]，五行之秀[4]。天秉[5]阳，垂日星；地秉阴，载山川。播[6]五行于四时，和[7]四气[8]而后月生。是以三五[9]而盈，三五而缺。五行之动，共相竭也。五行四气十二月还[10]相为本[11]，五声五六律十二管还相为宫[12]，五味六和十二食还相为质，五色六章十二衣还相为主[13]。故人者，天地之心，而五行之端[14]，食味别声[15]被色[16]而生者也。

注释

①德：功德、造化。②交：交会，交合。③会：相合。④秀：灵秀。⑤秉：秉承。⑥播：分散。⑦和：相合。⑧四气：即四季。⑨三五：十五日。⑩还：循环、交替。⑪本：即主体。⑫宫：宫声。⑬主：主色。⑭端：首。⑮别声：识别声音。⑯被色：穿着彩衣。

译文

“因此说人是天地造化之功，阴阳交会、鬼神相合的产物，是五行中的灵秀之气。天秉承着阳性，太阳和星辰从空中垂射着大地；地秉承着阴性，承载着山川河流。将五行分散到四季中去，和四季相合以后就产生月亮的各种形状。因此月亮十五天就会圆满，过十五天又会出现残缺。五行互相运行消长，彼此互为终结。五行四季以及十二月，依次交替成为主体；五声六律十二管，依次交替成为宫声；五味六和十二食，依次交替成为主味；五色六章十二衣，依次交替成为主色。因此，人是天地之心，是五行之首，人品尝美味，识别声音，身穿彩衣而生活。

原文

“圣人作则[①]，必以天地为本，以阴阳为端，以四时为柄[②]。日星为纪[③]，以月为量[④]，鬼神以为徒[⑤]，五行以为质[⑥]，礼义以为器[⑦]，人情以为田，四灵以为畜。以天地为本，故物可举；以阴阳为端，故人情可睹；以四时为柄，故事可劝[⑧]；以日星为纪，故业可别[⑨]；以月为量，故功有艺[⑩]；鬼神以为徒，故事有守；五行以为质，故事可复[⑪]也；礼义以为器，故事行有考[⑫]；人情以为田，故人以为奥[⑬]。四灵以为畜，故饮食有由[⑭]。何谓四灵？麟凤龟龙谓之四灵。故龙以为畜，而鱼鲔不谂[⑮]；凤以为畜，而鸟不獝[⑯]；麟以为畜，而兽不狘[⑰]；龟以为畜，而人情不失[⑱]。

注释

①则：法则。②柄：权衡。③纪：纲纪。④量：限度。⑤徒：徒属。⑥质：主体。⑦器：器物，工具。⑧劝：劝勉。⑨别：区别，这里是有条理的意思。⑩艺：准则。⑪复：循环往复。⑫考：成效。⑬奥：主要对象。⑭由：由来。⑮谂：潜藏。⑯獝：飞走。⑰狘：逃走。⑱失：失误、过失。

译文

“圣人制定法则，必定是以天地为依据，以阴阳为两端，以四季为权衡。以太阳星辰为纲纪，以月亮为限度，以鬼神为徒属，以五行为主体，以礼义为器具，以人情为田地，以四灵为家畜。由于以天地为依据，所以能够包罗万象；由于以阴阳为两端，所以能够看得清人情世故；由于以四季为权衡，所以劝勉人们耕作；由于以太阳星辰为纲纪，所以事情处理得有条理；由于以月亮为限度，所以功业有准则；由于以鬼神为徒属，所以职事得以保守；由于以五行为主体，所以事情可以周而复始；由于以礼仪为器具，所以做事情有成效；由于以人情为田地，所以人就是主要的对象。由于以四灵为家畜，所以知晓了饮食的由来。四灵是什么呢？麟、凤、龟、龙被称为四灵。因此畜养了龙，鱼类就不会乱跳了；畜养了凤，鸟类就不会乱飞了；畜养了麒麟，兽类就不会乱逃了；畜养了灵龟，用来占卜人情真假之事就不会有差错了。

原文

“先王秉蓍[①]龟，列祭祀，瘗[②]缯[③]，宣[④]祝嘏[⑤]辞说，设制度。故国有礼[⑥]，官有御[⑦]，事有职，礼有序[⑧]。先王患礼之不达[⑨]于下，故飨帝于郊，所以定天位也；祀社于国，所以列[⑩]地利也；禘祖庙，所以本仁[⑪]也；旅[⑫]山川，所以傧鬼神也；祭五祀，所以本事也。故宗祝在庙，三公在朝，三老在学，王前巫而后史，卜蓍瞽侑，皆在左右。王中心无违也，以守至正。是以礼行于郊，而百神受职；礼行于社，而百货可极；礼行于祖庙，而孝慈服焉。礼行于五祀，而正法则焉。故郊社宗庙山川五祀，义之修而礼之藏。

注释

①蓍龟：占卜所用的蓍草和龟甲。②瘗：掩埋、埋葬。③缯：丝织品。④宣：宣示。⑤祝嘏：祭祀时的祈祷和所传达的神祇的言语。⑥礼：礼制。⑦御：执掌。⑧序：秩序。⑨达：通达。⑩列：陈列。⑪本仁：以仁为本。⑫旅：祭祀。

译文

“先王秉持着卜筮用的蓍草和龟甲，安排对鬼神的祭祀，掩埋锦帛，宣读祝辞嘏辞，制定制度，设立祝嘏辞说。因而国家有了礼制，官吏有了执掌，事情有人做，礼有了秩序。先王担忧礼无法通达于天下，因此在南郊祭天，以确定天的至高无上的地位；在国中祭祀土神，以显现土地给予人们的利益；祭祀祖庙，以推行以孝为本的仁道；祭祀山川，以逢迎鬼神；祭祀户、门、灶、中霤、井等五神，以推究各种功业和制度的源头。因此宗祝在庙堂中帮助君王施行礼，三公在朝廷中辅佐君王，三老在学校中推行教化，君王前面有侍奉鬼神的巫官，后面有记录言行的史官，左右有人筮之人以及乐师。君王处在中心，不需多用心思，只需用最保守最纯正的态度成为万民仿效的对象。因此礼施行于郊祀中，天上的神灵就会各司其职；礼施行于社祭中，大地所产的物品就能够各尽其用；礼施行于祖庙中，孝慈之道就会被人们接受。礼施行于五祀，各项法则制度就可以得到匡正。因此在郊、社、祖庙、山川、五祀这些祭祀中，礼修治了义又寄托在义当中。

原文

“夫礼必本于太一①，分②而为天地，转③而为阴阳，变④而为四时，列⑤而为鬼神。其降曰命⑥，其官⑦于天也，协⑧于分艺⑨。其居于人也曰养⑩。所以讲信修睦，而固人之肌肤之会⑪，筋骸之束也；

所以养生送死，事鬼神之大端[12]；所以达天道，顺人情之大窦[13]。唯圣人为知礼之不可以已[14]也。故破国丧家亡人，必先去[15]其礼。礼之于人，犹酒之有糵[16]也。君子以厚[17]，小人以薄[18]。圣王修义之柄[19]，礼之序，以治人情。

注释

①太一：元气。②分：分化。③转：运转。④变：变换。⑤列：陈列。⑥命：政令。⑦官：取法。⑧协：符合。⑨分艺：分界准则。⑩养：修养身心。⑪肌肤之会：肌肤的会合。⑫大端：重大事情。⑬大窦：根本的通道。⑭已：废除，停止。⑮先：去除、抛弃。⑯糵：原意是树木的新芽，这里是酒曲的意思。⑰厚：淳厚。⑱薄：浅薄。⑲柄：根本。

译文

“礼必定是本源于那混沌的‘太一’元气，分化成为天和地，运转而成为阴和阳，变换而成为四季，陈列而成为鬼神。它下降到世间称为君王的政令，它是取法于天道、符合分界的准则的。礼对于人来说，是用来修养身心的。因此要讲求诚信和睦，以坚固人的肌肤组合，束缚起筋骨；礼是被人们用来奉养生者送别死者、侍奉鬼神等重大事情的；是被用来通达天道、顺通人情的根本通道。只有圣人知道礼是不能够被废止的。因此那些危害国家、败坏家世、亡命天涯的人，必定是先丧失了礼。礼对于人来说，就像酒必须要有酒曲一样。礼仪淳厚的是君子，礼仪寡薄的就是小人。圣人修治义的根本就在于礼的次序，用来治理人情。

原文

"人情者，圣王之田也。修礼以耕之，陈[1]义以种之，讲学以耨[2]之，本仁以聚之，播乐以安之。故礼者，义之实也。协[3]诸义而协，则礼虽先王未之有，可以义起[4]焉。义者艺之分，仁之节。协诸艺，讲于仁，得之者强，失之者丧。仁者义之本，顺之体，得之者尊。

注释

①陈：陈述。②耨：锄草。③协：协调，和谐。④起：出来，创造出新的东西。

译文

"人情就像是圣明君王的田地。圣王修治礼义来耕耘它，宣讲义理来播种它，讲学探讨来锄它，本着仁心来收获它，播放音乐来安适它。所以说礼是义结出来的果实。使各种义协调一致，这种协调就是礼，即使之前的君王没有制定的礼仪，也可以根据义来创造新的礼仪。义是辨别是非的准则，衡量人的尺度。合乎义理，讲究仁爱，做到这些的人就会强大，没有做到的人就会衰弱。仁是义的本质，是合乎人情的表现，做到的人就会受人尊重。

原文

“故治国不以礼，犹无耜[1]而耕；为礼而不本于义，犹耕而不种。为义而不讲于学，犹种而不耨；讲之以学而不合[2]以仁，犹耨而不获；合之以仁而不安[3]之以乐，犹获而弗食；安之以乐而不达于顺，犹食而不肥。

注释

①耜：耕种时用的农具。②合：统一。③安：使……安定。

译文

“所以，治理国家的时候不用礼节，就好像耕耘的时候不用农具一样；不依据义制定礼节，就像耕耘土地而不播种；治理义的时候不研究学习，就好像播种了而不锄草；研究学习了但是没有和仁爱统一，就好像锄草以后没有收获；与仁爱统一了而不能用音乐使百姓的心情得到安定，就好像收获了庄稼但是却不食用；播放音乐使百姓的心情得到安定，但是没有达到和睦，就好像食用了以后却没有让身体强壮。

原文

“四体既正[1]，肤革充盈，人之肥也；父子笃，兄弟睦，夫妇和，家之肥也；大臣法[2]而小臣廉，官职相序，君臣相正[3]，国之肥也；天子以德为车，以乐为御[4]，诸侯以礼相与，大夫以法相序，士以信相考，百姓以睦相守，天下之肥也。是谓大顺。大顺者，所以养生送死事鬼神之常也。

注释

①正：完好无缺。②法：遵纪守法。③相正：相互纠正。④御：驾驭。

译文

“四肢健全完好，肌肤丰润，这是健康的身体；父子感情深厚，兄弟和睦相处，夫妇和谐，这是健康的家庭；大的官员遵纪守法，小的官员廉洁清正，官制次序井然有序，君臣之间相互指出彼此的错误，这是健康的国家；君王把德行当作马车，用音乐来驾驭马车，诸侯们按照礼仪相互往来，大夫用法令排序，士人用诚信来考察彼此，这就是健康的天下。这就叫作大顺。顺，是用来养生送死敬奉鬼神的常道。

原文

“故事大积①焉而不苑②，并行而不谬③，细行而不失。深而通，茂而有间，连而不相及，动而不相害，此顺之至也。明于顺，然后乃能守危。夫礼之不同不丰不杀，所以持④情而合危⑤也。

注释

①积：聚集。②苑：堆积。③谬：错误。④持：维护，维持。⑤危：危险，矛盾。

译文

“所以事情往往都会聚集在一起但是不会堆积，同时进行不会相互交错，小细节的事情也不会忘记。深奥的事情可以通晓，繁杂但是井然，相互联结但是没有扰乱，运动而不相互妨碍，这就是顺的最高境界了。明了顺的意义，然后可以守住高位而不危乱。礼是有差别的，不能太过分，也不能消减，这样可以用来维护人情，调节矛盾。

原文

“山者①不使居川，渚者②不使居原。用水火金木，饮食必时③。冬合④男女，春颁⑤爵位，必当⑥年德，皆所谓顺也。用民必顺⑦，故无水旱昆虫之灾，民无凶饥⑧妖孽之疾。天不爱⑨其道，地不爱其宝，人不爱其情，是以天降甘露，地出醴泉，山出器车，河出马图，凤凰麒麟皆在近郊，龟龙在宫沼。其余鸟兽及卵胎，皆可俯而窥也。则是无故⑩，先王能循礼以达义，体信⑪以达顺，此顺之实也。”

注释

①山者：居住在山间的人。②渚者：居住在水边的人。③时：时令。④冬合：在冬季举行婚礼，让男女相合。⑤颁：授予。⑥当：相当。⑦顺：顺

应。⑧凶饥：指年成不好，有灾荒饥饿。⑨爱：吝惜。⑩无故：没有原因。⑪体信：遵循诚信。

译文

“常年在山间居住的人不要让他在水川旁生活，常年在水边居住的人不要让他在平原上生活。使用金木水火等物的人，饮食必须顺应天时。在冬季让男女婚配，在春季颁授爵位，并且要与年龄和德行相符，这些都是符合‘顺’的。役使民众必须顺应天时，这样才没有旱涝虫害之灾，民众也没有灾荒饥饿以及意外的灾患。上天要不吝惜它的道，大地要不吝惜它的宝贝，人要不吝惜他的情感，这样天才会降下甘霖，地才会涌出甘泉，山林才会出产器物和车辆，河水中才会跳跃出载着河图的龙马，凤凰和麒麟才会在郊外的水泽旁出现，神龟和龙才会来到宫中的池沼。其他的那些鸟兽以及它们的卵胎，也都可以任人俯身近看。这些并没有别的原因，而是先王遵循礼仪通达于义，遵循诚信而通达和顺的缘故，这些都是顺应天理人情的结果。”

卷 八

冠颂第三十三

原文

郗隐公既即位，将冠[①]，使大夫因[②]孟懿子问礼于孔子。子曰："其礼如世子[③]之冠。冠于阼[④]者，以著[⑤]代也。醮[⑥]于客位，加其有成。三加弥尊，导喻其志。冠而字之，敬其名也。虽天子之元子[⑦]，犹士[⑧]也，其礼无变[⑨]。天下无生而贵者，故也行冠事必于祖庙。以祼享[⑩]之礼以将之，以金石之乐节[⑪]之，所以自卑而尊先祖，示不敢擅。"懿子曰："天子未冠即位，长亦冠也?"孔子曰："古者王世子虽幼，其即位，则尊为人君。人君治成人之事者，何冠之有?"

注释

①冠：即冠礼，男子二十二岁举行冠礼，加帽于头上，表示成年。②因：通过。③世子：太子。④阼：大堂前东面的台阶，是主人迎接客人所走的位

置。⑤著：表明。⑥醮：冠礼中一种礼节，位尊的人对位卑的人敬酒。⑦元子：长子。⑧士：代指平民。⑨无变：相同。⑩裸享：祭祀中的一种礼节。⑪节：节制。

译文

郏隐公继位之后，将要举行冠礼，便派大夫通过孟懿子向孔子询问有关冠礼的事情。孔子说："这种礼仪应当和太子的冠礼相同。太子举行冠礼的时候，要站在堂前东面的台阶上，这是用以表明他将要接替其父成为家长。然后站在宾客之位上，并向席间位卑的人敬酒。每一次加冠以后都要敬一次酒，表示礼的成功。一共加三次冠，一次比一次尊贵，这是为了教导他要有志向。加冠以后就要以字来称呼他，以表示对他名字的尊重。即便是天子的长子，也和普通的百姓一样，加冠之礼都是相同的。天下没有生下来就富贵的，故而冠礼一定要在祖庙中举行。要用裸享之礼来加以约束，用金石之乐来加以节制，这样是为了让加冠者感到自己的卑微因而更加尊敬其祖先，表示自己是不敢擅自改变祖先的礼制的。"孟懿子说："天子还没有成人就继承了王位，等到他长大成人的时候还要举行冠礼吗？"孔子说："古代的太子即便年纪很小，一旦他继承了王位就被尊为人君。身为人君所做的都是成人应该做的事，如何需要再举行冠礼呢？"

原文

懿子曰："然则诸侯之冠异天子与？"孔子曰："君薨①而世子主丧，是亦冠也已。人君无所殊也。"懿子曰："今郏君之冠，非礼②也？"孔子曰："诸侯之有冠礼也，夏之末造③也。有自来矣，今无讥焉。天子冠者，武王崩④，成王年十有三而嗣⑤立，周公居冢宰，摄⑥政以治天下。明年夏六月，既葬。冠成王而朝于祖，以见诸侯，亦有君也。周公命祝雍作颂，曰：'祝王达⑦而未幼。'祝雍辞曰：'使王近于民，远于年，啬⑧于时，惠于财，亲贤而任能。'

其颂曰：‘令月吉日，王始加元服⑨。去王幼志，服衮职。钦若昊⑩天，六合⑪是式⑫。率尔祖考⑬，永永无极。’此周公之制也。”

注释

①薨：诸侯死称薨。②非礼：不符合礼制。③造：制定。④崩：帝王或者王后死称崩。⑤嗣：继承。⑥摄：代理。⑦达：通达。⑧啬：爱护。⑨元服：即冠。⑩昊：大，常用来指天。⑪六合：天、地、东、南、西、北称之为六合。⑫式：法式、范式。⑬祖考：祖先。

译文

孟懿子问道："那么诸侯的冠礼和天子的冠礼有什么不同吗？"孔子说："诸侯死了以后，由他的世子来主持丧礼，也就表明他已经行过冠礼成人了。这一点和天子是没有什么区别的。"孟懿子问道："那么现在邾君的冠礼是不符合礼制的吧？"孔子说："诸侯也可以举行冠礼，是从夏朝末年开始制定的。这是有来由的，如今对此也不用讥讽。天子举行冠礼是从周成王开始的，周武王去世了以后，成王以十三岁的年龄继承了王位，周公担任冢宰，代理执掌政事辅助成王治理天下。到了第二年的夏六月，安葬了武王。为成王举行了冠礼并朝拜祖先，这就告诉诸侯他们已经有了新的国君。周公让祝雍写了颂词，说：'祝愿我王明达于政事而不再年幼。'祝雍祝辞说：'让我王得到民心，长命百岁，爱护百姓让他们和农时相合，善于积聚财物并且亲近和任用贤明之士。'颂辞道：'在美好吉祥的日子中，我王举行了冠礼。从此去掉那些年幼者的不成熟的想法，穿上衮服。顺应天命，效法于六合。我们伟大的祖先啊，祈祷你们保佑我王，永远福寿无疆。'这就是周公创建的礼制。"

原文

懿子曰："诸侯之冠，其所以为宾主[①]，何也？"孔子曰："公冠则以卿为宾，无介[②]。公自为主，迎宾，揖升自阼，立于席北。其醴也则如士，飨之以三献[③]之礼。既醴，降自阼阶。诸侯非公而自为主者，其所以异，皆降自西阶[④]。玄端[⑤]与皮弁，异朝服素[⑥]毕，公冠四[⑦]，加玄冕祭，其酬币[⑧]于宾，则束帛乘马。王太子、庶子[⑨]之冠拟[⑩]焉，皆天子自为主，其礼与士无变。飨食宾也，皆同。"懿子曰："始冠必加缁布[⑪]之冠，何也？"孔子曰："示不忘古，太古冠布，斋则缁之，其緌[⑫]也，吾未之闻。今则冠而敝之，可也。"懿子曰："三王之冠，其异何也？"孔子曰："周弁、殷冔、夏收，一也。三王共皮弁素缋。委貌，周道也；章甫，殷道也；毋追，夏后氏之道也。"

注释

①为宾主：在宾位上主持。②介：宾主之间的传话人。③三献：祭祀时要献酒三次，第一次叫初献爵，第二次叫亚献爵，第三次叫终献爵。④西阶：宾客所站的台阶。⑤玄端：皮制的礼服。⑥素：没有染色的丝绸。⑦冠四：加四次冠。⑧酬币：酬谢宾客的礼物。⑨庶子：不是嫡出的儿子。⑩拟：仿效。⑪缁布：黑色的麻布。⑫緌：垂下来的帽带。

译文

孟懿子问："诸侯举行冠礼时，都是在宾位上举行的，这是什么原因呢？"孔子说："公举行冠礼时要以卿为宾客，不需要中间的传话人。公亲自主持，在堂前的台阶上作揖迎接宾客，将宾客引领到宾位后，自己站立在北面。他们斟甜酒的礼节也和一般的百姓是一样的，要敬三次酒以祭祀祖先。举行完斟甜酒礼以后，就从堂上下来回到东面的台阶上。没有公这个爵位的诸侯要自己做主持举行冠礼，这就是他们不同的地方，但要回到宾位上举行。身穿黑色礼服，头戴白鹿皮的冠，和平常所穿的素色朝服和蔽膝不一样。公要加四次冠，头戴礼帽，身穿礼服，在宾位上以礼物酬谢宾客，然后乘马出行。太子以及庶子的冠礼都和这是一样的，都是天子亲自主持，礼仪和士冠礼一样。用酒食来款待宾客也是一样的。"孟懿子问："刚开始加冠的时候一定要加黑色麻布的冠，这是什么原因呢？"孔子说："这是为了表示没有忘记古代的礼制，在太古的时候，帽子都是用麻布做成的，行斋礼的时候则要戴上黑色的麻布帽子，而帽子垂下来的带子，我没有听说过。现在举行冠礼，只需要以礼物酬谢宾客就可以了。"孟懿子问："上古三王所戴的帽子有什么不同吗？"孔子说："周代叫弁，殷代叫冔，夏代叫收，作为冠都是一样的。三王的帽子都是皮帽和没有染色的帽带。委貌是周朝人常戴的帽子；章甫是殷朝人常戴的帽子；毋追是夏后氏常戴的帽子。"

庙制第三十四

原文

卫将军文子将立先君之庙于其家[①]，使子羔访于孔子。子曰："公庙设于私家，非古礼之所及，吾弗知。"子羔曰："敢问尊卑上下立庙之制，可得而闻乎？"孔子曰："天下有王，分地建国，设祖宗，乃为亲疏贵贱多少之数。是故天子立七庙，三昭三穆，与太祖之庙而七。太祖近庙，皆月祭之。远庙为祧[②]，有二祧[③]焉，享尝[④]乃止。诸侯立五庙，二昭二穆，与太祖之庙而五，曰祖考庙，享尝乃止。大夫立三庙，一昭一穆，与太祖之庙而三，曰皇考庙，享尝乃止。士立一庙，曰考庙，王考[⑤]无庙，合而[⑥]享尝乃止。庶人无庙，四时祭于寝。此自有虞以至于周之所不变也。凡四代帝王之所谓郊者，皆以配天。其所谓禘[⑦]者，皆五年大祭之所及也。应为太祖者，则其庙不毁。不及太祖，虽在禘郊，其庙则毁矣。古者祖有功而宗有德，谓之祖宗者，其庙皆不毁。"

注释

①家：大夫的封地叫家。②祧：远祖的庙。③二祧：高祖庙和父母祖庙。④尝：即祭祀。⑤王考：祖庙。⑥合而：将祖庙合到父庙之中。⑦禘：在南郊祭天称为"禘"。

译文

卫国的将军文子将要在他的封地上建立先代君王的庙，派子羔前往孔子处询问有关礼仪。孔子说：“在私人的封地上建立公家的庙宇，这不是古代礼制所有的，我不知道。”子羔说：“敢问建立宗庙的尊卑、上下的相关礼制，您能够讲给我听一下吗？”孔子说：“天下有了君王以后，便开始分封土地，建立国家，建立祖宗的庙宇，这样就将亲疏以及贵贱做了区分。因此天子建七座庙，左边三座，右边三座，再加上中间的太祖庙一共有七座。太祖的庙是近庙，每个月都要举行祭祀。远祖的庙称为‘祧’，一共有二祧，四季的时令都要举行祭祀。诸侯建五座庙，左边两座，右边两座，加上中间的太祖庙一共五座，称为始祖庙，四季的时令都要举行祭祀。大夫建三庙，左边一座，右边一座，加上中间的太庙一共三座，称为曾祖庙，四季的时令都要举行祭祀。士建一座庙，称为考庙，没有祖庙，合到了父庙之中，四季的时令都要举行祭祀。普通的百姓没有庙宇，四季时令的祭祀在寝室中举行。这种制度是从有虞开始的，一直到周朝都没有改变。凡是四代帝王称为郊祭的，都是和上天相配的。凡是称作禘的，都是五年中最大规模的祭祀。被称作太祖的，他的庙宇不会被摧毁。而那些功德比不上太祖的，即便是受到禘、郊的祭祀，他的宗庙也会被摧毁。古代将祖有功而宗有德的称作祖宗，他们的庙宇也是不会被毁坏的。”

原文

子羔问曰：“祭典云：‘昔有虞氏祖颛顼而宗尧，夏后氏亦祖颛顼而宗禹，殷人祖契而宗汤，周人祖文王而宗武王。’此四祖四宗，

或乃异代，或其考祖之有功德，其庙可[1]也。若有虞宗尧，夏祖颛顼，皆异代之有功德者也，亦可以存其庙乎？”孔子曰：“善，如汝所问也。如殷周之祖宗，其庙可以不毁，其他祖宗者，功德不殊[2]，虽在殊[3]代，亦可以无疑矣。《诗》云：‘蔽芾甘棠，勿翦勿伐，召伯所憩。’周人之于召公也，爱其人，犹敬其所舍之树，况祖宗其功德而可以不尊奉其庙焉！”

注释

①可：可以不被摧毁。②殊：显著、非凡。③殊：不同。

译文

子羔问道：“祭典上说：‘以前有虞氏祭祀宗庙时以颛顼为祖，以尧为宗；夏后氏祭祀宗庙时以颛顼为祖，以禹为宗；殷人祭祀宗庙时以契为祖，以汤为宗；周人祭祀宗庙时以文王为祖，以武王为宗。’这些就是人们所说的四祖四宗，他们有的是处于不同的时代，有的祖上有功德，因此他们的庙宇没有被毁。像有虞氏以尧为宗，夏后氏以颛顼为祖，这都是处在不同的时代而又有功德的，那么他们的庙宇可以长久存在吗？”孔子说：“是的，就像你听到的一样。像殷人以及周人的祖宗，他们的庙宇是可以不被毁坏的，但是对于其他的祖宗，如果功德不显著的话，即便是处在不同的朝代，他们的庙宇也毫无疑问地会被毁坏。《诗经》上说：‘蔽芾甘棠，勿翦勿伐，召伯所憩。’(那幼小的甘棠树啊，不要剪它的枝和干，那是召伯曾经休息过的地方）周人对待召公，不但敬爱他本人，连他休息过的树也一并敬重，更何况是祖宗有功德的，又怎么会不建立宗庙供奉呢？”

辩乐解第三十五

原文

孔子学琴于师襄子。师襄子曰："吾虽以击磬[①]为官，然能于琴。今子于琴已习，可以益[②]矣。"孔子曰："丘未得其数[③]也。"有间[④]，曰："已习其数，可以益矣。"孔子曰："丘未得其志也。"有间，曰："已习其志，可以益矣。"孔子曰："丘未得其为人也。"

注释

①磬：古代的一种乐器。②益：增加，加上。③数：节奏度数。④有间：过了一会儿。

译文

孔子向师襄子学琴。师襄子说："我虽然是因为磬击打得好才做官的，但是我还会弹琴。现在你的琴艺已经很娴熟了，可以增加一些新的内容了。"孔子说："我还没有学习到弹琴的节奏。"过了一段时间，师襄子说："你已经熟练地掌握了弹琴的节奏了，现在可以增加一些新的内容了。"孔子说："我还没有领会曲子的内涵呢。"过了一段时间，师襄子说："你已经领会曲子的内涵了，可以增加一点新的内容了。"孔子说："我还没有了解到琴曲歌颂的是什么人呢。"

原文

有间，曰："孔子有所缪然思焉，有所睪然高望而远眺。"曰："丘迨[1]得其为人矣，黮[2]而黑，颀然长[3]，旷[4]如望羊，掩有四方。非文王其孰能为此？"师襄子避席叶拱[5]而对曰："君子圣人也，其传曰《文王操》。"

注释

①迨：等到。②黮：黑貌。③颀然长：这里特指身体修长。④旷：高远。⑤叶拱：以两手抚于胸前为礼。

译文

过了一段时间，师襄子说："孔子穆然深思，有心存高远、登高远眺的神态。"孔子说："我现在知道曲子吟诵的是什么人了。他皮肤很黑，身体修长，心怀宽广，高瞻远瞩，坐拥天下四方。此人不是周文王又能是谁呢？"师襄子从席子上起身，将两手抚于胸前，向孔子拜了两拜说："你真是圣人，这首传世琴曲就是《文王操》。"

原文

子路鼓琴，孔子闻之，谓冉有曰："甚矣[1]！由之不才也。夫先王之制[2]音也，奏中声以为节，入于南，不归于北。夫南者，生育[3]之乡，北者，杀伐之城。故君子之音，温柔居中，以养生育之气，忧愁之感不加[4]于心也，暴厉[5]之动不在于体也。夫然者，乃所谓治安[6]之风也。

注释

①甚矣：严重得很。②制：创制。③生育：孕育万物。④加：存在于。⑤暴厉：剧烈。⑥治安：盛世安乐。

译文

子路在弹琴，孔子听后对冉有说："真是很差啊！仲由太没有才华了。先王创制音乐，并用弹奏中音作为节制，流传于南方，而不流传于北方。因为南方是孕育万物的地方，北方则是征伐杀戮的地方。所以那些道德高尚的君子的音乐温和适中，可以用来调养孕育之气，将忧愁的情思从心中驱散，将躁动暴戾的情绪从心中驱除。这样的声音，就是大家所说的盛世安乐之音。

原文

"小人之音则不然，亢丽[①]微末，以象杀伐之气，中和之感不载于心，温和之动不存于体。夫然者，乃所以为乱[②]之风。昔者舜弹五弦之琴，造[③]《南风》之诗，其诗曰：'南风之薰[④]兮，可以解吾民之愠[⑤]兮。南风之时兮，可以阜[⑥]吾民之财兮。'唯修此化，故其兴也勃焉。德如泉流，至于今王公大人述[⑦]而弗忘。

注释

①亢丽：激烈。②乱：扰乱。③造：创作。④薰：温和。⑤愠：愤怒、气恼。⑥阜：盛，大。⑦述：叙述，陈述。

译文

"小人的音乐则与之不同，音乐激烈而且很琐碎，用以象征杀戮征伐，平和适中的感觉不存在他的心中，温和的运动不存在他的体内。这样的音乐，就是祸乱国家之音。先前，舜帝弹奏五弦琴，创作了《南风》的诗篇，诗中说：'南方的风真温和，它可以消解百姓们的愤怒。南风吹来得多么及时它可以增加百姓们的钱财。'只因实行这样的音乐教化，舜帝的国家才能迅速地兴盛起来。舜帝的德政就像泉水一样，一直流到现在，王公大臣们代代传述而不敢忘记。

原文

"殷纣好为北鄙①之声，其废②也忽焉。至于今王公大人举以为诫。夫舜起布衣，积德含和，而终以帝。纣为天子，荒淫暴乱，而终以亡。非各所修之致③乎？由今也匹夫之徒，曾无意④于先王之制，而习亡国之声，岂能保其六七尺之体哉？"冉有以告子路，子路惧而自悔，静思不食，以至骨立。夫子曰："过而能改，其进矣乎！"

注释

①鄙：边远的地方。②废：灭亡。③致：导致，致使。④无意：没有考虑。

译文

"纣王喜好北方杀伐征战之地的音乐，他的国家很快就灭亡了。时至今日，王公大臣还都经常以此为戒。舜帝是从平民起家的，他不断积累温和的品德，最终称帝。纣王本贵为天子，却荒淫残暴，最终自取灭亡。难道他们的遭遇不是各自修养所导致的吗？仲由现在只是个平民，但并不理会先王的教导，演奏这种亡国之音，怎么能够保全七尺之身呢？"冉有将孔子的话告诉了子路，子路听后又恐惧又悔恨，每天静坐反思，不吃不喝，以至于到了形销骨立的地步。孔子说道："有了错误就能改正，子路已经进步了。"

原文

周宾牟贾侍坐于孔子，孔子与之言，及乐，曰："夫《武》之备诫之以久，何也？"对曰："病[①]不得其众。""咏叹[②]之，淫液[③]之，何也？"对曰："恐不逮事[④]。""发扬蹈厉[⑤]之已蚤[⑥]，何也？"对曰："及时事。""《武》坐[⑦]致右[⑧]而轩左[⑨]，何也？"对曰："非《武》坐。""声淫及商，何也？"对曰："非《武》音也。"孔子曰："若非《武》音，则何音也？"对曰："有司失其传也。"孔子曰："唯，丘闻诸苌弘，亦若吾子之言是也。若非有司失其传，则武王之志荒[⑩]矣。"

注释

①病：担心，害怕。②咏叹：长声歌唱。③淫液：乐声连绵悠长。④事：战事。⑤发扬蹈厉：举起手以表示奋发，顿足以表示勇猛。⑥蚤：通“早”。⑦坐：即跪。⑧致右：右膝着地。⑨轩左：抬起左膝。⑩荒：迷乱。

译文

周宾牟贾陪坐在孔子一旁，孔子和他谈起了音乐，说：“《武舞》刚开始击鼓警示众人的时间很长，这是为什么呢？”宾牟贾回答说：“那是因为武王害怕众人不肯拥护他。”孔子又问：“为什么歌声拖得很长，乐声又连绵悠长呢？”宾牟贾回答说：“恐怕是为了模仿当时武王不能联合各方诸侯共同起事吧。”孔子问：“很早就开始举手顿足，是为什么呢？”宾牟贾回答说：“那是在模仿当时发动征伐的时机很及时。”孔子问：“《武舞》时右膝跪地，左膝抬起，是为什么呢？”宾牟贾回答说：“那并不是《武舞》的跪。”孔子问：“歌声中充满了杀气，是为什么呢？”宾牟贾回答说：“那并不是《武舞》的歌声。”孔子问：“倘若不是《武舞》的歌声，那又是什么歌声呢？”宾牟贾回答说：“那是因为乐官们的错误传授而致使其不复本来面目。”孔子说：“我在苌弘先生那里听到的和你所说的差不多。倘若不是乐官传授错了，那就是武王意志迷乱了。”

原文

宾牟贾起，免席[1]而请曰：“夫《武》之备诫之以久，则既闻命矣。敢问迟[2]矣而又久立于缀[3]，何也？”子曰：“居，吾语尔。夫乐者，象成[4]者也。总[5]干[6]而山立，武王之事也；发扬蹈厉，太公之志也；《武》乱皆坐，周召之治也。且夫《武》，始[7]成而北出[8]，再成而灭商，三成而南反，四成而南国是疆，五成而分陕，

周公左，召公右，六成而复缀[⑨]，以崇其天子焉。众夹振[⑩]之而四伐[⑪]，所以盛威于中国；分夹而进，所以事蚤济；久立于缀，所以待诸侯之至也。今汝独未闻牧野之语乎？武王克殷而反商之政，未及下车则封黄帝之后于蓟，封帝尧之后于祝，封帝舜之后于陈。下车又封夏后氏之后于杞，封殷之后于宋。封王子比干之墓，释箕子之囚，使人行商容[⑫]之旧，以复其位。庶民弛政[⑬]，庶士倍禄。既济[⑭]河西，马散之华山之阳而弗复乘，牛散之桃林之野而弗复服[⑮]。车甲则衅[⑯]之而藏诸府库，以示弗复用。倒载干戈，而包之以虎皮。将率之士，使为诸侯，命之鞬櫜[⑰]，然后天下知武王之不复用兵也。散军而修郊射，左射以《狸首》，右射以《驺虞》，而贯革[⑱]之射息也。裨冕搢笏[⑲]，而虎贲[⑳]之士脱剑；郊配后稷，而民知尊父焉；配明堂，而民知孝焉；朝觐，然后诸侯知所以臣；耕籍[㉑]，然后民知所以敬亲。六者，天下之大教也。食三老五更[㉒]于太学，天子袒而割牲，执酱而馈，执爵[㉓]而酳，冕而总干，所以教诸侯之弟也。如此则周道四达，礼乐交通[㉔]，夫《武》之迟久，不亦宜乎？"

注释

①免席：离席。②迟：等待。③缀：指表演者所处的位置。④象成：表明事情已经成功。⑤总：拿着、手持。⑥干：盾牌。⑦始：《武舞》开始的第一段。下面的再、三、四、五、六都是指舞的段数。⑧北出：指武王北上讨伐商纣之事。⑨复缀：回归到原位。⑩夹振：舞队中两边有人夹着跳舞的人摇动金铎，这里是指武王为士兵鼓舞加油的情节。⑪四伐：舞者按着金铎的声音节奏向四方击刺，表示武王征伐四方。⑫商容：人名，商代的贵族。⑬弛政：废除商纣的暴政。⑭济：渡过。⑮服：驾驭。⑯衅：包裹起来（不再使用）。⑰鞬櫜：将兵器包裹收藏起来不再使用。⑱贯革：射穿革甲。⑲裨冕搢笏：裨，礼服。冕，礼帽。裨冕，臣下朝见君王穿戴的礼服和礼帽。搢笏，将笏板插在腰间。⑳虎贲：指勇士。㉑耕籍：指古代的耕籍之礼。每逢春耕开始之前，由帝王诸侯等率领群臣一同来到田间，亲自耕作，以表示重视农

业生产以及对祖先的敬仰之情。㉒三老五更：古代朝廷中设有三老、五更各一人，君王以父兄之礼来尊养他们，以表示敬老。㉓爵：酒杯。㉔交通：相通，交往。

译文

宾牟贾起身，离开席位，请教孔子说："我刚刚说的《武舞》击鼓时间之久的原因，已经获得了您的认可。那么敢问《武舞》的表演者站在舞位上久久不动，是为什么呢？"孔子说："坐下，我告诉你。乐舞是模仿历史事实的。手持盾牌不动，是为了说明武王伐纣的根本目的并不是杀戮征伐；手舞足蹈，是为了说明按照姜太公的主张而发动了战争；《武舞》快要结束时全体跪下，表示大功告成，周公和召公共同辅政。而《武舞》的那些队列变化，第一段从原位向北行进，是说明武王伐纣；第二段队列向东，说明消灭了商纣；第三段队列向南，说明武王灭商后南归；第四段则说明南方各国归入国界；第五段队列分为两端，说明周公治理左边的国土，召公治理右边的国土；第六段，队列回到原位，表示各方诸侯都尊崇天子。在《武舞》的第六段中，队列有时排成并列的两行，两司马摇动金铎，士卒用戈矛进行四次刺击，表示武王用武力征服了整个天下。分成两列，说明战事已成。最开始，扮演战士的演员很长时间地站在舞位上，是说明武王伐纣时在等待诸侯。你难道没有听过牧野之战的传说吗？武王打败了商纣以后，又将政权还给了商的后人，他还没来得及下车，就将黄帝的后裔封在了蓟，将尧帝的后裔封在了祝，将舜帝的后裔封在了陈。下车之后，他又将夏后氏的后裔封在了杞，将殷的后裔迁到了宋。还修建了王子比干的墓，释放了牢中的箕子，并派人四处寻访贤臣商容，恢复了商容的官职。去除了百姓的苛政，给士人的俸禄加倍。之后他渡过黄河，回到西方，将用来驾车的马都驱散到华山的南面，不再骑乘；将用来役使的牛都驱散到桃林原野，不再驾驭；将兵器都涂上牲血藏于府库，不再使用；将兵戈等物都倒置起来，用虎皮裹好，并将其称为'鞬櫜'；将将帅分封各地，做了诸侯；这样一来，天下人就都知道武王停止征战了。随后他解散了军队，举行郊射礼，在东郊练习射箭，并以《狸首》一诗为节奏，在西郊练习射箭，并以《驺虞》一诗为节奏，而不再练习那种贯穿皮革的射击。众人戴着礼帽，穿着礼服，腰间插着笏板，勇士们都解下腰间悬挂的刀剑；在郊外祭天以后稷配享，是为了让百姓知道尊敬父辈的道理；在明堂中祭祀祖先，是为了让百姓懂得恪守孝道；春秋两季定期接受诸侯的觐见，是为了让诸侯知道怎样做臣子；在籍田中举行耕作礼，是为了让诸侯们知道怎样重农养亲。上面这六件事，就是天下最重大的政令。此外，太学中宴请三老、五更，天子袒露着右臂亲自切割牲畜肉，端着肉酱向他们敬献，举着酒杯向他们敬酒，天子戴着礼帽，手持盾牌为他们载歌载舞，亲自主持慰问仪式，这些都是为了让诸侯知道孝悌之理。正因为这样，周代的教化才得以通达四海，礼乐才得以相通，所以表现武王事迹和功德的《武舞》用了这么长的时间，不是很适宜吗？”

问玉第三十六

原文

子贡问于孔子曰：“敢问君子贵玉而贱珉[1]？何也？为玉之寡而珉之多欤？”

孔子曰：“非为玉之寡故贵之，珉之多故贱之。夫昔者君子比德于玉：温润而泽，仁也；缜密以栗[2]，智也；廉[3]而不刿[4]，义也；垂之如坠，礼也；叩之，其声清越[5]而长，其终则诎然[6]，乐也；瑕[7]不掩瑜[8]，瑜不掩瑕，忠也；孚尹旁达[9]，信也；气如白虹，天也；精神见于山川，地也；珪璋[10]特达[11]，德也；天下莫不贵者，道也。诗云：‘言念[12]君子，温其如玉。’故君子贵之也。”

注释

①珉：似玉的美石。②缜密而栗：细密而坚实。栗，坚实，坚硬。③廉：棱角。④刿：割。⑤清越：乐声清澈激扬。⑥诎然：戛然而止的样子。⑦瑕：玉上的斑点。⑧瑜：玉的光彩。王注："瑜，其中美者也。"⑨孚尹旁达：意为晶莹透亮，闪耀四方。孚，通"浮"。尹，通"筠"。指玉的色彩。⑩珪璋：皆为朝会时所执的玉器。⑪特达：直接送达。⑫言念：想念。言为助词。

译文

子贡向孔子请教说："请问君子都把玉看得非常贵重而把珉看得非常轻贱，这是为什么呢？是因为玉的数量很少而珉的数量很多吗？"

孔子说："并不是因为玉少，所以觉得它珍贵，珉也不是因为它多而轻贱。从前君子将玉的品质与人的美德相比：玉温润而有光泽，像仁；细密而又坚实，像智；有棱角而不伤人，像义；悬垂就下坠，像礼；敲击它的时候，玉的声音动听而又清脆，结束的时候又戛然而止，像乐；玉上的瑕疵掩盖不住它的美好，玉的美好也掩盖不了它的瑕疵，像忠；玉的光泽晶莹透亮，闪耀四方，像信；玉身上的光气就像白色的长虹，像天；玉的精神和山川一样，像地；玉做的珪璋通情达意，像德；天下所有的人都尊重玉，像尊重道一样。《诗经》说：'想念远方的君子啊，他温厚得就像美玉一般。'因此君子都会以玉为贵。"

原文

孔子曰："入其国，其教可知也。其为人也，温柔敦厚，《诗》教也；疏通知远，《书》教也；广博易良[①]，《乐》教也；洁静精微，《易》教也；恭俭庄敬，《礼》教也；属辞比事，《春秋》教也。故《诗》之失愚[②]，《书》之失诬[③]，《乐》之失奢，《易》之

失贼[4]，《礼》之失烦，《春秋》之失乱[5]。其为人温柔敦厚而不愚，则深于《诗》者矣；疏通知远而不诬，则深于《书》者矣；广博易良而不奢，则深于《乐》者矣；洁静精微而不贼，则深于《易》者矣；恭俭庄敬而不烦，则深于《礼》者矣；属辞比事而不乱，则深于《春秋》者矣。

“天有四时者，春夏秋冬，风雨霜露，无非教也；地载神气，吐纳雷霆，流形庶物[6]，无非教也。清明在躬[7]，气志如神，有物将至，其兆必先。是故，天地之教与圣人相参[8]。其在《诗》曰：‘嵩[9]高惟岳[10]，峻极于天。惟岳降神，生甫及申[11]。惟申及甫，惟周之翰[12]。四国于蕃，四方于宣[13]。’此文武[14]之德也；‘弛[15]其文德，协[16]此四国’，此太王之德也。凡三代之王，必先其令问[17]。《诗》云：‘明明天子[18]，令问不已。’三代之德也。”

注释

①广博易良：指宽广博大，平易近人，善良。②失愚：失，不足，弊病。愚，愚昧，敦厚耿直。王注：“敦厚之失。”意指过于提倡敦厚了。③失诬：言过其实。④贼：悖论，不正。⑤失乱：乱加褒贬。王注：“属辞比事之失。”意指褒贬失当。⑥流形庶物：指万物在自然的滋润下生长繁殖。⑦躬：身，自身。⑧参：比，并，参与。⑨嵩：山大而高。⑩岳：指最高大最受尊崇的山。⑪生甫及申：甫，即周宣王的大臣仲山甫。申，申伯，周宣王的舅父。⑫惟周之翰：翰，通“干”，骨干，栋梁。⑬四国于蕃，四方于宣：诸侯以他为屏障，四方以他为垣墙。四国，四方的诸侯国。于，为，是。蕃，藩篱，屏障。⑭文武：指周文王和周武王。⑮弛：施布。⑯协：和睦，融洽。今本《毛诗》作“洽”。

⑰令问：美誉。令，美好的。问，通“闻”。意思是声闻，声誉。⑱明明天子：勤勉的天子，美好的声誉从不间断。明明，即“勉勉”，勤勉的样子。

译文

孔子说：“进入一个国家，就可以看到它的教化是怎么样的。那里的百姓如果温和宽厚，这就是用《诗经》教化的结果；如果通达政事，远知古事，那是《书》教化的结果；如果心胸宽广，和易善良，那是《乐》教化的结果；如果内心洁净，明于微毫，那就是以《易》来教化的结果；如果恭敬节俭，仪态端庄，那就是以《礼》来教化的结果；如果善于连属文辞，排比史事，那是《春秋》教化的结果。所以用《诗经》来教化的不足是容易显得愚钝而不知变通，《书》的教化的不足是容易失去事物的真实性，《乐》教的不足在于奢侈铺张，《易》教的不足在于过于精微细密，《礼》教的不足在于烦苛琐细，《春秋》教化的不足是容易造成社会的纷乱。如果为人温和宽厚而且不愚钝，那么他必是深于《诗经》教化的人；如果能做到通达知远又不言过其实，那就是深于《书》教的人了；如果能做到宽广博大、平易善良又不奢侈铺张，那就是深于《乐》教的人了；如果能做到洁静精微又不过于精微细密，那就是深于《易》教的人了；如果为人恭敬节俭、仪态端庄而且不烦琐，那么必是深于《礼》教的人；如果能做到善于属辞比事又不乱加褒贬，那就是深于《春秋》教化的人了。

“在这天地之间有春夏秋冬四个季节，以及风霜雨露等现象，这些都和教化有关；大地负载着万物的精气，变换出风雨雷电，万事万物都在自然的滋养下生长发育，这些都和教化有关。圣人有清静光明的品德在身，气朗志远如神，有异人异物将至，必有征兆在先。因此，天地的教化与圣人的教化是互相结合的。在《诗经》上有这样一段话：‘山岳巍巍，直入云霄。神灵降临，甫侯、申伯生于人间。是那申侯和甫侯，成为周朝的中流砥柱。诸侯以他为屏障，四方以他为垣墙。’这也指文王、武王的品德；‘广施德政于万民，协和四方天下安’，这是太王的德行。凡是三代的君王，必定是先有好的名声。《诗经》上说：‘勤勉的天子，美好的声誉从不间断。’这就是三代的德行。”

原文

子张[1]问圣人之所以教。

孔子曰："师[2]乎，吾语汝。圣人明于礼乐，举而措[3]之而已。"

子张又问。

孔子曰："师，尔以为必布几筵[4]，揖让升降，酌献酬酢，然后谓之礼乎？尔以为必行缀兆[5]，执羽籥，作钟鼓，然后谓之乐乎？言而可履，礼也；行而可乐，乐也。圣人力此二者，以躬己南面，是故天下太平。万民顺伏，百官承事，上下有礼也。夫礼之所以兴，众之所以治也；礼之所以废，众之所以乱也。目巧之室，则有隩阼[6]。席则有上下，车则有左右，行则并随[7]，立则有列序，古之义也。室而无隩阼，则乱于堂室矣；席而无上下，则乱于席次[8]矣；车而无左右，则乱于车上矣；行而无并随，则乱于阶涂[9]矣；列而无次序，则乱于著[10]矣。昔者，明王圣人辩贵贱长幼，正男女内外，序亲疏远近，而莫敢相逾越者，皆由此涂[11]出也。"

注释

①子张：颛孙师，字子张，孔子弟子。②师：指子张。③措：施行。④几筵：几，几案。筵，竹制的垫席。⑤缀兆：跳舞时的行列位置。⑥目巧之室，则有隩阼：目测思考建造的房屋，则有内室与台阶之分。隩，房屋的西南角称"隩"。阼，东阶，此泛指台阶。⑦行则并随：并行和随行之意。⑧乱于席次：王注："乱于席上之次第。"⑨乱于阶涂：王注："升阶涂无并随，则阶涂乱。"涂，路途，道路之意。⑩著：站立的位置。⑪涂：同"途"。引申为道，道理。

译文

子张问孔子圣人是如何教化世人的。

孔子说："子张啊，我告诉你。圣人明于礼乐教化，只不过是把它们施行于天下罢了。"

子张没理解，又问了一遍。

孔子说："子张啊，你以为必须摆下案几筵席，彼此作揖客套，斟酒献客，大家互相敬酒，那才是礼仪吗？你以为一定要在舞列中，挥动雉羽竹籥，鸣钟击鼓，那才叫乐吗？说过的话能够去施行，就是礼；做起来能够感受到快乐，就是乐。圣人力行这两个方面，南面而坐，治理天下大事，因此天下太平。百姓服从，百官尽职，上下之间都恭顺有礼。礼乐能够兴盛，民众就能够得到治理；礼乐如果废弛，民众就会大乱。用目力测量建造的房室，也必定会有堂隩和台阶。席的位置有上和下，车位也有左右之分，行走有并排而走和跟随而行，站立则有队列顺序，这是自古的道理。房屋如果没有隩阼的区分，那么堂室的制度就混乱了；座席没有上下，筵席的秩序也就混乱了；坐车没有左右尊卑之分，那么车上的秩序也就混乱了；行走没有并行随行，路途和台阶上的秩序就乱了；站立没有次序，位置就乱了。以前，英明的帝王和圣人能区分贵贱和长幼，规定男女以及内外的礼制，亲疏远近的次序，无人敢逾越规定，都是从这个道理出发的。"

屈节解第三十七

原文

子路问于孔子曰："由闻丈夫[①]居世，富贵不能有益于物，处贫贱之地，而不能屈节以求伸，则不足以论乎人之域[②]矣。"

孔子曰："君子之行己，期于必达于己。可以屈则屈，可以伸则伸。故屈节者，所以有待[③]；求伸者，所以及时[④]。是以虽受屈而不毁其节，志达而不犯于义。"

注释

①丈夫：指有作为的人。②域：指达到的境界。③待：等待有人能够重用。④时：时机。王注："及良时也。"

译文

子路问孔子说："我听闻大丈夫生活在这个世界上，富贵而对于世间的事物没有什么帮助，处于贫贱之地，不能忍受委屈去追求以后的出路，这样的人都不足以达到大丈夫的境界。"

孔子说："君子做事情，就是必须要达到自己期望的目标。当需要我们委屈时就委屈，需要我们伸展时就伸展。委屈自己是因为有所期待；求得伸展需要把握时机。因此受了屈辱也不要失去气节，志向实现了也不能违背义。"

原文

孔子在卫，闻齐国田常[①]将欲为乱，而惮鲍、晏[②]，因欲移其兵以伐鲁。孔子会诸弟子而告之曰："鲁，父母之国，不可不救，不忍视其受敌。今吾欲屈节于田常以救鲁，二三子谁为使？"

于是子路请往焉，孔子弗许。子张请往，又弗许。子石[③]请往，又弗许。三子退，谓子贡曰："今夫子欲屈节以救父母之国，吾三人请使而不获往。此则吾子用辩之时也，吾子盍[④]请行焉？"

子贡请使，夫子许之。遂如齐，说田常曰："今子欲收功于鲁，实难。不若移兵于吴，则易。"

田常不悦。

子贡曰："夫忧在内者攻强，忧在外者攻弱。吾闻子三封而三不成，是则大臣不听。今战胜以骄主，破国以尊臣[⑤]，而子之功不与焉，则交日疏于主，而与大臣争。如此，则子之位危矣。"

田常曰："善。然兵业已加鲁矣，不可更，如何？"

子贡曰："缓师。吾请救于吴，令救鲁而伐齐，子因以兵迎之。"田常许诺。

子贡遂南说吴王曰："王者不灭国，霸者无强敌，千钧之重加铢两而移[⑥]。今以齐国而私千乘之鲁，与吴争强，甚为王患之。且夫救鲁以显名，以抚泗上[⑦]诸侯，诛暴齐以服晋，利莫大焉。名存亡鲁，实困强齐，智者不疑。"

吴王曰："善。然吴常困越[⑧]，越王今苦身养士，有报吴之心，子待我先伐越，然后乃可。"

子贡曰："越之劲不过鲁，吴之强不过齐，王置齐而伐越，则齐以私鲁矣。王方以存亡继绝之名，弃强齐而伐小越，非勇也。勇者不计难，仁者不穷约[⑨]，智者不失时，义者不绝世。今存越示天下以仁，救鲁伐齐，威加晋国，诸侯必相率而朝，霸业盛矣。且王必恶越，臣请见越君，令出兵以从，此则实害越，而名从诸侯以伐齐。”吴王悦，乃遣子贡之越。

越王郊迎，而自为子贡御，曰：“此蛮夷之国[10]，大夫[11]何足俨然[12]辱[13]而临[14]之?”

子贡曰：“今者吾说吴王以救鲁伐齐，其志欲之，而心畏越，曰：‘待我伐越乃可。’则破越必矣。且无报人之志而令人疑之，拙矣；有报人之意而使人知之，殆矣；事未发而先闻者，危矣。三者，举事之患矣。”

勾践顿首曰：“孤尝不料力而兴吴难，受困会稽，痛于骨髓，日夜焦唇干舌，徒[15]欲与吴王接踵[16]而死，孤之愿也。今大夫幸告以利害。”

子贡曰：“吴王为人猛暴，群臣不堪。国家疲敝，百姓怨上，大臣内变。申胥以谏死[17]，大宰嚭[18]用事[19]。此则报吴之时也。王诚能发卒佐之，以邀射其志[20]，而重宝以悦其心，卑辞以尊其礼，则其伐齐必矣。此圣人所谓屈节求其达者也。彼战不胜，王之福；若胜，则必以兵临晋。臣还，北请见晋君共攻之，其弱吴必矣。锐兵尽于齐，重甲困于晋，而王制其敝焉。”越王顿首许诺。

子贡返。五日，越使大夫文种[21]顿首言于吴王曰：“越悉境内之士三千人以事吴。”

吴王告子贡曰：“越王欲身从[22]寡人，可乎?”

子贡曰：“悉人之众，又从其君，非义也。”

吴王乃受越王卒，谢留勾践。遂自发国内之兵以伐齐，败之。

子贡遂北见晋君，令承其敝。吴晋遂遇于黄池[23]。

越王袭吴之国，吴王归与越战，灭焉。

孔子曰：“夫其乱齐存鲁，吾之始愿。若能强晋以敝吴，使吴亡而越霸者，赐之说也。美言伤信，慎言哉!”

注释

①田常：齐国大夫。齐国田氏家族第八任首领。②鲍、晏：王注："鲍氏，晏氏，齐之卿大夫也。"③子石：公孙龙，字子石。孔子的弟子。④盍：为什么不。⑤破国以尊臣：指国家灭亡了，但是朝臣却尊贵了。⑥加铢两而移：稍微增加一点儿重量，形势就会发生改变。⑦泗上：泗水的北面。泗水在山东东部。⑧吴常困越：吴国曾经把越国置于危险之中。⑨穷约：穷困，贫贱。⑩蛮夷之国：古代泛指华夏族以外的其他民族，包括南蛮、北狄、西戎和东夷。⑪大夫：指子贡，表示尊敬。⑫俨然：庄严的样子。⑬辱：屈辱。⑭临：来临。⑮徒：只。⑯接踵：指接触到前面人的足跟。意谓相继、相从、连续不断或紧接着。⑰申胥以谏死：申胥即伍子胥。他进言吴王要拒绝越国的求和，并停止攻打齐国，但并未得到采纳，后来自杀了。⑱大宰嚭：即太宰伯嚭，春秋晚期人，原为晋国公族。⑲用事：主持政事。⑳邀射其志：迎合对方的心思。㉑文种：越国大夫。㉒身从：亲自跟从。㉓黄池：即黄亭，春秋时期地名。

译文

孔子在卫国，听闻齐国的田常想发动叛乱，但是害怕鲍氏、晏氏等人从中作梗，所以想要移兵去攻打鲁国。孔子召集众弟子说："鲁国是我们的父母之国，不可以不救，我不忍心看它受到敌人的入侵。现在我将屈节于田常以挽救鲁国，你们谁愿意出使齐国？"

于是子路要求到齐国去，但是孔子没有答应。随后子张也请求去，孔子还是没有同意。子石请求去，又没有得到允许。他们三人退下以后，就对子贡说："现在老师要屈节去救父母之国，我们三人请求担当使者都没有得到允许。现在是运用你的能言善辩的时候了，你为什么不主动要求去呢？"

子贡请求出使，孔子允许了。于是子贡到了齐国，劝田常说："现在你想占领鲁国，那是很难的。不如去举兵进攻吴国，更容易取得胜利。"

田常听了很不高兴。

子贡说："要是一个国家的忧患在内部就去攻打强大的国家，如果一个国家的忧患在外面就去攻打弱小的国家。我听闻你之前有三次高升的机会，但都以失败告终，那是因为那些大臣没有重视你。所以你打败了鲁国，那么国王会更加傲慢，而且会让朝廷的大臣地位更加稳固高贵，而你的功劳也不复存在，过不了多久你和国君的关系就会疏远，而会和那些大臣发生争斗。如此，你的位置就危险了。"

田常说："你说得很好。然而军队已经开赴鲁国，不能更改了，怎么办呢？"

子贡说："要暂缓用兵。我去向吴国求救，请吴国救鲁国而去进攻齐国，您可以趁机打击吴国。"田常同意了。

子贡于是到南方游说吴王说："真正的王者是不会让他的国家灭亡的，真正的霸者也会所向无敌，千钧的重量再加上一点儿轻微的东西形势就会发生变化。现在齐国要去攻打只有千乘战车的鲁国，与吴国争霸，我是真的为您担心啊。但是您去救鲁国还能为您带来好的名声，安抚泗水一带的诸侯，惩治暴虐的齐国使晋国屈服，利益没有比这更大的了。表面上是救了快要灭亡的鲁国，实际上是遏制了强大的齐国，聪明之人是不会犯疑的。"

吴王说："好。然而吴国曾经打败越国，现在越王正在劳其心志培养士卒，有报复吴国之心，等我击败了越国，然后再采纳您的计划。"

子贡说："越国强不过鲁国，而吴国又强不过齐国，大王您要是放弃齐国而去攻打越国，那齐国就会占领鲁国。大王现在正打着保存危亡之国、延续将灭之国的旗号，如果放弃齐国而去攻打小小的越国，这不是有勇气的表现。勇士是不会畏惧困难的，仁者也不会害怕贫穷，智者善于抓住机会，讲义气的人积极入世。现在保存越国能向天下显示自己的仁德，援救鲁国讨伐齐国，向晋国显示您的威势，其他诸侯国必定会相继来吴国朝见，您的霸业就会成功。如果大王厌恶越国，那么就让我去见越王，说服他出兵相助，其实这对越国是有危险的，但是表面上是和各诸侯国攻打齐国。"吴王听了很高兴，就派子贡到越国去。

越王到郊外去迎接子贡，而且亲自为子贡驾车，越王说："我们越国是个蛮夷之国，怎能劳您大驾郑重其事地光临呢？"

子贡说："现在我已经说服了吴王去救鲁国而一起去攻打齐国，他心里很乐意，但是对你们越国还是有所畏惧，他说：‘等我打败了越国才能这么做。’如此看来吴王必定要来攻打越国。况且没有这种想法而引起别人的怀疑，是很愚钝的；有报复别人的想法却让人家知道了，是很危险的；事情还没有开始做就让对方知道了，这就更危险了。这三种情形，都是办成大事的隐患。”

勾践听后叩首行礼说：“我曾经没有估计好自己的力量就去讨伐吴国，被困于会稽，如今想起来真是痛苦到骨子里，白天夜里我都焦虑难受，只想和吴王拼个你死我活，这是我的愿望。今天幸好您告知我这里面的利和弊。”

子贡说：“吴王为人凶狠残忍，文武大臣不堪忍受。现在国家衰败腐朽，百姓怨声四起，文武大臣伺机而动。伍子胥因进谏而死，太宰伯嚭当权主事。此时正是您报仇雪恨的大好时机啊。大王您如果能发兵跟随他，来投合他的心意，再用重金宝物贿赂他，以讨他欢心，用谦卑的言辞表示尊敬，那么他一定会去攻打齐国。这就是圣人所说的屈节以求伸的策略啊。如果他战败了，这是大王的福气；如果打胜了，随后肯定会打晋国。我回去，请求晋君联合攻打吴国，这样吴国必定处于弱势。吴国的精兵会为齐国所歼灭，重兵又被晋国围困，而大王您就可以趁机打败他了。”越王叩首行礼答应了。

子贡返回吴国。过了五天，越国的使者文种叩首拜见吴王说：“我国国君要率领境内所有的三千士卒来听命于吴王。”

吴王告诉子贡说：“越王要亲自和我一起去，如何？”

子贡说：“要了人家的所有士兵，又让人家的君王陪着您出战，这是不合理的。”

于是吴王接受了越王派来的士卒，辞谢了越王，让他留在本国。就亲自带领国内的军队去讨伐齐国，结果打了败仗。

子贡北上去面见晋王，并说让晋王趁吴国空虚去举兵攻打。于是吴国和晋国在黄池交战。

越王趁机偷袭吴国，吴王回来后又与越国交战，最后吴王战死。

孔子说：“让齐国混乱以保存鲁国，这是我的初衷。至于做到使晋国强大而使吴国凋敝，让吴国灭亡而让越国称霸，这是子贡游说的结果。美妙的言辞会伤害信义，要慎言啊！”

原文

孔子弟子有宓子贱[1]者，仕于鲁，为单父[2]宰。恐鲁君听谗言，使己不得行其政，于是辞行，故请君之近史[3]二人与之俱至官。宓子戒其邑吏[4]，令二史书，方书，辄掣其肘。书不善，则从而怒之。二史患之，辞请归鲁。宓子曰："子之书甚不善，子勉而归矣。"

二史归，报于君曰："宓子使臣书而掣臣肘，书恶，而又怒臣，邑吏皆笑之，此臣所以去之而来也。"

鲁君以问孔子，子曰："宓不齐，君子也。其才任霸王之佐，屈节治单父，将以自试也。意者以此为谏乎？"

公寤，太息而叹曰："此寡人之不肖，寡人乱宓子之政而责其善者，数[5]矣。微二史，寡人无以知其过；微[6]夫子，寡人无以自寤。"遽发[7]所爱之使，告宓子曰："自今已往，单父非吾有也，从子之制。有便于民者，子决为之，五年一言其要。"

宓子躄奉诏，遂得行其政，于是单父治焉。躬敦厚，明亲亲，尚笃敬，施至仁，加恳诚，致忠信，百姓化之。

齐人攻鲁，道由单父。单父之老请曰："麦已熟矣，今齐寇至，不及人人自收其麦，请放民出，皆获傅郭[8]之麦。可以益粮，且不资于寇。"三请而宓子不听。

俄而齐寇逮于麦。季孙闻之怒，使人以让宓子曰："民寒耕热耘，曾不得食，岂不哀哉？不知犹可，以告者而子不听，非所以为民。"

宓子蹙然[9]曰："今兹无麦，明年可树。若使不耕者获，是使民乐有寇。且得单父一岁之麦，于鲁不加强，丧之不加弱。若使民有自取之心，其创必数世不息。"

季孙闻之，赧然[10]而愧曰："地若可入，吾岂忍见宓子哉！"

三年，孔子使巫马期往观政焉。巫马期阴[11]免衣，衣弊裘，入单父界。见夜渔者得鱼辄舍之，巫马期问焉，曰："凡渔者为得，

何以得鱼即舍之?”

渔者曰:“鱼之大者名为鲭⑫,吾大夫爱之。其小者名鱦,吾大夫欲长之,是以得二者辄舍之。”

巫马期返,以告孔子曰:“宓子之德,至使民暗行⑬若有严刑于旁。敢问宓子何行而得于是?”

孔子曰:“吾尝与之言曰:‘诚于此者刑乎彼。’宓子行此术于单父也。”

注释

①宓子贱:鲁国人,孔子弟子,孔门七十二贤之一。②单父:地名,春秋时鲁邑,故址在今山东单县南。③近史:指帝王身边的史官。④邑吏:地方官府的小吏。⑤数:多次。⑥微:如果不是。⑦遽发:立即派出。⑧傅郭:靠近外城的地方。指近郊。⑨蹙然:恭敬诚实的样子。⑩赧然:形容难为情的样子,羞愧的样子。⑪阴:背地里,偷偷地。⑫鲭:王注:“鲭,宜为‘鱣’,《新序》作‘鲙’,鲍鱼之怀任者也。”⑬暗行:夜间行事。

译文

孔子的一个弟子叫宓子贱的,在鲁国做官,在单父统领着一方百姓。他担心鲁国的君主听信他人的谗言,而使自己的政策方针不能施行,于是在向鲁君辞行的时候,请求鲁君身边两位亲信一同随自己赴任。到任之后宓子贱悄悄地告诉单父的地方官,让他们两个去写文书,当他们在写的时候就扯他们的胳膊肘。这样写的文书就乱七八糟,宓子贱非常生气。二位史官更是害怕,请求让他们回去。宓子贱说:“你们的字写得太差了,回去好好努力吧。”

二史回去后,对鲁君说:“宓子贱让我们书写文书而让人拉我们的胳膊肘,字写得差而又责备我们,那里的官吏都取笑我们,这就是我们去了又回来的原因。”

鲁君就这件事来向孔子请教。孔子说道：“宓不齐这个人，是位君子。他的能力和智慧足以辅佐国王成就大事，而现在委屈自己治理一个小小的单父，也不过是想试试自己的能力罢了。他这样做只是要引起你的注意，并进谏于你呀！”

鲁君恍然大悟，感叹说：“这都怪我不明智，我已经多次扰乱他的治国之策，并且还责备他。如果没有二位史官，我可能永远不会知道我的过失在哪里；如果没有先生您，我也同样难以醒悟过来。”于是立即派出了他的亲信去单父，告诉宓子贱说：“从现在开始，单父这个地方我将不再管理，由宓子按自己的想法治理。只要有利于百姓，你就自己做决定，每隔五年向我汇报一次大概情况就行了。”

宓子恭敬地接受了鲁君的诏命，成功地实施了自己的政策方针，故而单父得到很好的治理。宓子贱对人宽厚正直，教育百姓爱自己的亲人，注重笃厚尊敬，对人施以仁爱，非常忠厚诚恳，忠诚而讲信用，百姓因此得到教化。

齐国来攻打鲁国，经过单父。单父的一位老者上言说：“现在地里的麦子熟了，齐国就要举兵攻打我们了，百姓没有时间来收割麦子，请把百姓都放出去，去收割城郊附近的麦子。如此一来不但可以增加粮食，还不会资助齐国。”再三请求而宓子贱不采纳。

不久齐国军队收获了麦子。鲁国大夫季孙氏听到这事大怒，派人责备宓子贱说：“老百姓寒天耕地暑天锄草，却没有得到粮食，岂不让人痛心吗？你要是不知道此事倒也罢了，可是单父的一位老者向你说了此事你却不听，这种做法不是为百姓着想。”

宓子听到这话后恭敬而又诚恳地说：“今年无麦子，来年照样能种。如果让不劳动的人收获粮食，就会让那些懒惰的人乐于被敌人入侵。况且得到单父一年的麦子，对于鲁国来说不会更加强大，失去这一年的麦子鲁国也不会更加弱小。如果让民有自取别人成果之心，这样留下的弊病数世也不会愈合。”

季孙听后，羞愧地说：“要是有个地方可以钻进去，我怎么还有脸面来见宓子呢！”

三年过后，孔子派巫马期去观望宓子贱的治理情况。巫马期偷偷地脱去自己穿的新衣服，穿上破烂的衣服，进入单父地界。看到夜里打鱼的人打到鱼就放回去，巫马期就问道：“捕鱼的人都是为了能打到鱼，你为何得到鱼还要舍弃它呢？”

打鱼人说：“大的鱼叫鲭，我们的大夫喜欢它。小的鱼叫鱦，我们的大夫想让它长大，所以得到这两种鱼都会把它们放生。”

巫马期回来，把这件事告诉孔子说：“宓子贱的德政，致使民众在夜间劳作，也如同有严厉的刑法在旁边监督一样。敢问宓子贱是如何做到这样的呢？”

孔子说：“我曾经告诉过他：‘如果在一件事上宽容，就要在另一件事上残酷。’宓子贱就是按照这个方法来治理单父的。”

原文

孔子之旧[①]曰原壤[②]，其母死，夫子将助之以木椁[③]。

子路曰：“由也昔者闻诸夫子：‘无友不如己者，过则勿惮[④]改。’夫子惮矣，姑已[⑤]若何？”

孔子曰：“凡民有丧，匍匐[⑥]救之，况故旧乎？非友也，吾其往。”

及为椁，原壤登木曰：“久矣。予之不托[⑦]于音也。”遂歌曰：“狸首[⑧]之斑然[⑨]，执女[⑩]手之卷然[⑪]。”

夫子为之隐，佯不闻以过之。

子路曰：“夫子屈节而极于此，失其与矣，岂未可以已乎？”

孔子曰：“吾闻之，亲者不失其为亲也，故者不失其为故也。”

注释

①旧：故交。②原壤：人名，孔子友人。③木椁：棺木。④惮：害怕，畏惧。⑤姑已：王注："姑，且也。已，止也。"⑥匍匐：指不顾一切，竭尽全力。⑦托：寄托。⑧首：头。⑨斑然：指花纹。⑩女：你。⑪卷然：柔弱的样子。

译文

孔子的一个旧友名叫原壤，原壤的母亲死了，孔子准备帮助他做棺木。

子路说："我曾经听老师讲过：'结交的朋友一定要比自己强，错了不要怕去改正。'可是现在您已经害怕了，姑且不要帮他如何？"

孔子说："但凡百姓要办丧事，都要竭尽全力去帮助，更何况是旧相识呢？即使不是朋友，我也会去帮助的。"

等做好棺椁，原壤敲着棺木说："我已经有很长的时间没有抚琴以寄情思了。"于是就唱道："棺木的纹路如同狸的头一样斑斓，紧紧地握着你那柔软的双手。"

孔子假装没看到、没听到，从他身边走过去了。

子路说："您自降身份屈膝到如此地步，已经失去与他交往的必要了，难道还不和他断绝来往吗？"

孔子说："我听闻，是亲人就不要失去亲人之间的亲情，是老朋友就不要失去老朋友之间的情谊。"

卷九

七十二弟子解第三十八

原文

颜回，鲁人，字子渊，少孔子三十岁。年二十九而发白，三十一早死。孔子曰：“自吾有回，门人日益亲[①]。”回以德行著名，孔子称其仁焉。

注释

①门人日益亲：“亲”字原无，据《四部丛刊》本《家语》补。

译文

颜回，鲁国人，字子渊，小孔子三十岁。颜回在二十九的时候就白了头发，三十一岁的时候就死了。孔子说：“我自从收了颜回当弟子，与其他弟子之间的关系日益紧密。”颜回以自己高尚的品德和操守闻名于世，孔子称赞他仁爱。

原文

闵损，鲁人，字子骞，少孔子五十岁，以德行著名，孔子称其孝焉。

冉耕，鲁人，字伯牛，以德著名，有恶疾。孔子曰：“命也夫。”

冉雍，字仲弓，伯牛之宗族，生于不肖之父。以德行著名。

（以上三则译文略）

原文

宰予，字子我，鲁人，有口才，以语言著名。仕齐，为临淄[①]大夫，与田常[②]为乱[③]，夷[④]其三族[⑤]。孔子耻之，曰：“不在利病[⑥]，其在宰予。”

注释

①临淄：春秋时齐国都城。②田常：即陈恒，春秋时齐国人。曾事齐简公，后弑简公而立平公。③乱：作乱。④夷：消灭。⑤三族：指父族、母族、妻族。⑥利病：利弊，利害。

译文

宰予，字子我，鲁国人，他非常有口才，以能言善辩而著称。他在齐国做官，任临淄大夫，由于和田常一起作乱，三族都被灭了。孔子为他这样的行为感到羞耻，说：“这样的结果，不在于有什么利弊，而在于宰予贪图利益。”

原文

端木赐，字子贡，卫人。少孔子三十一岁。有口才，著名。孔子每诎[①]其辩。家富累钱千金，常结驷连骑，以造原宪。

宪居蒿庐蓬户之中，与之言先王之义。原宪衣敝衣冠，并日蔬食[②]，衎然[③]有自得之志。

子贡曰："甚矣，子如何之病也？"

原宪曰："吾闻无财者谓之贫，学道不能行者谓之病。吾贫也，非病也。"

子贡惭，终身耻其言之过。子贡行贩，与时转货[④]。历相鲁卫而终齐。

注释

①诎：阻止，贬退。②并日蔬食：两天才吃一顿饭。③衎然：快乐的样子。④与时转货：指及时转卖货物获利。王注："贩发举，买贱卖贵，随时转作，以有其货也。"

译文

端木赐，字子贡，卫国人。小孔子三十一岁。他非常有口才，很出名。孔子经常阻止他的能言善辩。他家很富裕，积累了很多钱，常常驾着车或骑着马，去看望原宪。

原宪住在简陋的茅屋中，和子贡谈论先王们的治国之道。原宪穿着破破烂烂的衣服，两天才能吃一顿饭，但是怡然自得而有自己的抱负。

子贡说："太过分了，你怎么会病成这样？"

原宪说："我听说无钱财就是所谓的贫，学道而不去实行就是所谓的病。

我是贫，不是病。”

子贡听了之后非常惭愧，终身都为自己说这样的话而感到羞愧。子贡喜好贩卖货物，能及时转手获利。曾担任鲁国、卫国的宰相并最终死在齐国。

原文

冉求，字子有，仲弓[①]之宗族。少孔子二十九岁。有才艺，以政事著名。仕为季氏宰[②]。进则理其官职，退则受教圣师。为性多谦退。故子曰：“求也退，故进之。”

注释

①仲弓：即冉雍，字仲弓。孔子弟子。②为季氏宰：为季孙氏的家臣。

译文

冉求，字子有，和冉雍是同族。比孔子小二十九岁。多才多艺，在政事方面十分精通并因此而出名。曾为季孙氏的家臣。任官时就处理政务，不做官时就拜孔子为师学习。为人谦卑退让。所以孔子说：“冉求做事情比较畏缩，所以我需要激励他。”

原文

仲由，卞人，字子路，一字季路。少孔子九岁。有勇力才艺，以政事著名。为人果烈而刚直，性鄙[①]而不达于变通。仕卫为大夫[②]，蒯聩[③]与其子辄[④]争国，子路遂死辄难。孔子痛之，曰：“自吾有由，而恶言不入于耳。”

注释

①鄙：粗放，粗野。②仕卫为大夫：指子路在卫国任大夫一职。③蒯聩：春秋时卫灵公之子。④辄：即卫出公，蒯聩子，灵公孙。

译文

仲由，卞地人，字子路，一字季路。小孔子九岁。有勇有谋而才气十足，以政事著名。为人刚烈而直接，性格粗野又不懂得变通。在卫国担任大夫的官职，蒯聩与他的儿子蒯辄争夺国君之位，子路为保护蒯辄而死。孔子非常悲痛，说："我有了子路这个弟子之后，那些恶劣的言语就再也没有传入我的耳朵里。"

原文

言偃，鲁人，字子游。少孔子三十五岁。时习于礼，以文学著名。仕为武城宰。尝从孔子适卫，与将军之子兰相善，使之受学于孔子。(译文略)

卜商，卫人，字子夏。少孔子四十四岁。习于《诗》，能通其义①，以文学著名。为人性不弘，好论精微，时人无以尚②之。

尝返卫，见读史志者云："晋师伐秦，三豕渡河。"

子夏曰："非也，己亥耳。"

读史志曰："问诸晋史，果曰己亥。"于是卫以子夏为圣。

孔子卒后，教于西河③之上，魏文侯师事之，而谘④国政焉。

注释

①习于《诗》，能通其义：据传子夏精通《诗经》，《毛诗·序》就是他写的。②尚：比得过，超过。③西河：地名。即今陕西东部黄河西岸地区。子夏曾在那里讲学居住。④谘：咨询，商讨。

译文

卜商，卫国人，字子夏。比孔子小四十四岁。他学习《诗经》，能够充分理解其中的意思，以文学而闻名。为人胸襟不够宏大，对于微小的事情喜欢与人争论，当时没有人能比得过他。

他曾经回到卫国，看见一个正在读史书的人说："晋师伐秦，三豕渡河。"

子夏说："不对，不是三豕，是己亥。"

读史书的人说："请教晋国的史官，果然是己亥。"于是子夏被卫国的人当作圣人看待。

孔子死后，子夏在西河讲学居住，魏文侯把他当作老师，向他征询治国之道。

原文

颛孙师，陈人，字子张。少孔子四十八岁。为人有容貌，资质宽冲①，博接②从容。自务居，不务立于仁义之行③。孔子门人友之而弗敬。

注释

①宽冲：宽厚谦和。②博接：广泛交往。③不务立于仁义之行：指不注重建立仁义的事。

译文

颛孙师，陈国人，字子张。小孔子四十八岁。他长相俊美，为人宽厚谦和，又广交朋友且做事沉稳。他只关心自己的事情，不注重建立仁义的事。孔子的弟子们只对他友好而不钦佩。

原文

曾参，南武城人，字子舆。少孔子四十六岁。志存孝道，故孔子因之以作《孝经》。齐尝聘，欲以为卿，而不就①。曰："吾父母老，食人之禄则忧人之事，故吾不忍远亲而为人役。"参后母遇之无恩，而供养不衰。及其妻以藜②烝③不熟，因出之。人曰："非七出也。"答曰："藜烝小物耳，吾欲使熟，而不用吾命，况大事乎？"遂出之，终身不取妻。其子元请焉，告其子曰："高宗④以后妻杀孝已⑤，尹吉甫⑥以后妻放伯奇⑦。吾上不及高宗，中不比吉甫，庸知其得免于非乎？"

注释

①就：就任，到任。②藜：藜羹，用嫩藜做的羹。③烝：同"蒸"。④高宗：即殷高宗武丁。⑤孝已：殷高宗子，因遭后母谗言，被高宗放逐，忧苦而死。⑥尹吉甫：尹吉甫是周宣王时的太师，西周时期著名的贤相。⑦伯奇：尹吉甫之子。因遭后母谗言，被其父放逐于野。

译文

曾参，鲁国南武城人，字子舆。小孔子四十六岁。志在孝道，所以孔子因他而作《孝经》。齐国曾经想招他为卿，但是他并没有去就任。他说："我的父母年事已高，拿了人家的俸禄就要分担人家的麻烦事，我不忍远离亲人而受人驱使。"他的后母对他并无恩情，但曾参依然坚持供养她。他的妻子因藜羹没有蒸熟，曾参为此要休她。有人说："你妻子没有犯七出的条款啊!"曾参说："蒸藜羹只是一件小事，我叫她蒸熟，她却置之不听，何况是大事呢?"于是他就休掉了妻子，从此再也没有娶妻。他的儿子曾元劝他再娶，他对儿子说："殷高宗武丁因为后妻杀死了儿子孝已，尹吉甫因为后妻把自己的儿子伯奇放逐在外。上，我比不过高宗的才能，中，我比不过尹吉甫能干，怎么能保证不做错事呢?"

原文

澹台灭明，武城人，字子羽。少孔子四十九岁。有君子之姿①。孔子尝以容貌望②其才，其才不充孔子之望。然其为人公正无私，以取与去就，以诺为名。仕鲁为大夫。

注释

①姿：面貌，容貌。"姿"原作"资"，据《四部丛刊》本《家语》改。②望：期望。

译文

澹台灭明，武城人，字子羽。小孔子四十九岁。他有君子的仪容。孔子曾经希望他相貌和才华并举，但是他的才能没有像孔子期望的那样。然而他为人公正，毫不偏私，以获取与给予来选择去就，以重信用知名。在鲁国做大夫。

原文

高柴，齐人，高氏之别族，字子羔。少孔子四十岁。长不过六尺，状貌甚恶。为人笃孝而有法正①。少居鲁，见知名于孔子之门。仕为武城②宰。

注释

①法正：礼教法度。②武城：地名，故址在今山东费县西南。

译文

高柴，齐国人，属高氏家族的分支，字子羔。比孔子小四十岁。他身高还没有六尺，长相丑陋。但是他为人注重孝道又遵守礼教法度。幼时生活在鲁国，在孔子的弟子中有一定名声。官为武城宰。

原文

宓不齐，鲁人，字子贱。少孔子四十①岁。仕为单父宰，有才智，仁爱，百姓不忍欺。孔子美②之。

注释

①四十：《史记·仲尼弟子列传》作“三十”。②美：赞美。

译文

宓不齐，鲁国人，字子贱。比孔子小四十岁。担任单父宰，有智慧，又有仁爱之心，老百姓不忍心欺骗他。孔子称赞他。

原文

樊须[1]，鲁人，字子迟。少孔子四十六岁。弱[2]仕于季氏。（译文略）

注释

①樊须：即樊迟。②弱：年少弱小。

原文

有若，鲁人，字子有。少孔子三十六岁。为人强识[1]，好古道[2]也。（译文略）

注释

①强识：指强于记忆。②古道：古代的学术、政治、道理、方法等的通称。

原文

公西赤，鲁人，字子华。少孔子四十二岁。束带立朝，闲[1]宾主之仪。（译文略）

注释

①闲：通“娴”，娴熟，熟练。

原文

原宪，宋人，字子思。少孔子三十六岁。清净守节，贫而乐道[1]。孔子为鲁司寇，原宪尝为孔子宰[2]。孔子卒后，原宪退隐，居于卫。（译文略）

注释

①乐道：喜爱孔子的学说。②宰：主管，主事。

原文

公冶长，鲁人，字子长。为人能忍耻。孔子以女妻之[1]。（译文略）

注释

①妻之：许配给他。

原文

南宫韬，鲁人，字子容。以智自将①，世清不废，世浊不污②。孔子以兄子妻之。

注释

①自将：自我保全。②不污：不污秽，不肮脏。

译文

南宫韬，鲁国人，字子容。用自己的智慧保全自己，世道清平能有一番作为，世道污浊也不污染自己。孔子把自己哥哥的女儿嫁给了他。

原文

公析哀，齐人，字季沉。鄙①天下多仕于大夫家者，是故未尝屈节人臣。孔子特叹贵之。

注释

①鄙：看不起，轻蔑。

译文

公析哀，齐国人，字季沉。他十分看不起到大夫家去做家臣的人，因此他并没有委屈自己去做别人的家臣。孔子特别赞叹他的这一品德。

原文

曾点[1]，曾参父，字子皙。疾[2]时礼教不行，欲修之，孔子善焉。《论语》所谓“浴乎沂，风乎舞雩[3]”之下。

注释

①曾点：即曾皙。是孔子三十多岁第一次授徒时收的弟子。②疾：痛恨。③浴乎沂，风乎舞雩：意为到沂水沐浴，到舞雩的树下去乘凉。舞雩，古代求雨祭天，设坛命女巫为舞，故名舞雩。

译文

曾点，曾参的父亲，字子皙。他痛恨当时的执政者不施行礼教，想改变这种现状，孔子十分赞同他的看法。就像赞同他在《论语》中所说的“在沂水沐浴，在舞雩乘凉”一样。

原文

颜由，颜回父，字季路。孔子始教学于闾里[1]而受学。少孔子六岁。（译文略）

注释

①闾里：乡里，泛指民间。一本作“阙里”，地名，孔子居住的地方。

原文

商瞿，鲁人，字子木。少孔子二十九岁。特好《易》，孔子传之，志焉。（译文略）

原文

漆雕开，蔡人，字子若。少孔子十一岁。习《尚书》，不乐仕。孔子曰："子之齿可以仕矣，时将过。"子若报其书曰："吾斯之未能信[1]。"孔子悦焉。

注释

①吾斯之未能信：意为我还不太明白你所说的意思。王注："言未能明信此书义。"

译文

漆雕开，蔡国人，字子若。比孔子小十一岁。他精研《尚书》，不乐意从政。孔子说："以你的年龄已经可以做官了，否则机会就会错过。"子若给孔子回信说："我还不太明白你所说的意思。"孔子很高兴。

原文

公良儒，陈人，字子正，贤而有勇。孔子周行[1]，常以家车[2]五乘从[3]。（译文略）

注释

①周行：指周游列国。②家车：自己的车。③从：跟从，跟随。

原文

秦商，鲁人，字丕兹。少孔子四岁。其父堇父，与孔子父叔梁纥，俱以力闻。

译文

秦商，鲁国人，字丕兹。比孔子小四岁。他的父亲堇父，和孔子的父亲叔梁纥一样，都以力气大而闻名于世。

原文

颜亥，鲁人，字子骄。少孔子五十岁。孔子适卫，子骄为仆。卫灵公与夫人南子同车出，而令宦者雍渠参乘①，使孔子为次乘②。游过市，孔子耻之。颜亥曰："夫子何耻之？"孔子曰："《诗》云：'觏③尔新婚，以慰我心。'"乃叹曰："吾未见好德如好色者也。"

注释

①参乘：陪乘，陪同。②次乘：从车。③觏：遇见，遇到。

译文

颜亥，鲁国人，字子骄。比孔子小五十岁。孔子到卫国去，子骄当他的仆从。卫灵公和夫人坐在一辆车里出去游玩，让宦官雍渠陪同，让孔子乘坐在后一辆车上陪同。当他们游玩到集市时，孔子倍感耻辱。颜亥说："请问先生为什么会觉得耻辱呢？"孔子说："《诗经》说：'遇到你们新婚，你们美满我欢欣。'"又叹息说："但是我没有见到喜欢德行像喜欢美色一样的人。"

原文

司马耕，宋人，字子牛。牛为性躁，好言语。见兄桓魋[①]行恶，牛常忧之。（译文略）

注释

①桓魋：即向魋，春秋时宋国大夫。

原文

巫马期[①]，陈人，字子期。少孔子三十岁。孔子将近行[②]，命从者皆持盖，已而果雨。巫马期问曰："旦无云，既日出，而夫子命持雨具。敢问何以知之？"孔子曰："昨暮月宿于毕[③]。《诗》不云乎：'月离[④]于毕，俾[⑤]滂沱矣。'以此知之。"

注释

①巫马期："期"原作"施"，今据《四部丛刊》本《家语》改。②近行：到近处的地方走走。③毕：星名，二十八星宿之一。④离：投入，靠近。⑤俾：使，把。

译文

巫马期，陈国人，字子期。比孔子小三十岁。孔子打算去近处的地方出游，并命令随从都带一把伞，不久之后果然开始下雨。巫马期问孔子："早上无云，随后太阳东出，而先生令我们都带上雨伞。我们想问先生如何知道要下雨呢？"孔子说："昨晚月亮靠近毕宿。《诗经》不是说：'月亮投入毕星之中，必定会有大雨随后而来。'我是据此知道的。"

原文

梁鳣，齐人，字叔鱼。少孔子三十九岁。年三十未有子，欲出其妻。商瞿[①]谓曰："子未也。昔吾年三十八无子，吾母为吾更取室。夫子使吾之齐，母欲请留吾。夫子曰：'无忧也，瞿过四十，当有五丈夫[②]。'今果然。吾恐子自晚生耳，未必妻之过。"从之，二年而有子。

注释

①商瞿：春秋时鲁国人，字子木，孔子弟子。②丈夫：男孩子。

译文

梁鳣，齐国人，字叔鱼。比孔子小三十九岁。他在三十岁的时候还没有儿子，于是打算休了自己的妻子。商瞿对他说："你别这样做。以前我三十八岁的时候还没有儿子，我的母亲为我另娶了一个妻子。先生派我到齐国去，母亲请求让我留下来。先生说：'不要担心，等商瞿过了四十岁，就会有五个男孩。'如今果然是这样。我恐怕你的子女晚生，未必是你妻子的过错。"梁鳣听从了商瞿的话，过了两年就有了儿子。

原文

琴牢，卫人，字子开，一字张。与宗鲁[1]友，闻宗鲁死，欲往吊焉。孔子弗许，曰："非义也。"

注释

①宗鲁：春秋时卫国人。为卫灵公兄卫公孟的参乘。宗鲁为保护公孟而死。

译文

琴牢，卫国人，字子开，一字张。他和宗鲁是非常要好的朋友，听消息说宗鲁死了，打算去为他吊丧。孔子不允许他去，说："这不符合义。"

原文

冉儒，鲁人，字子鲁。少孔子五十岁。

颜辛，鲁人，字子柳。少孔子四十六岁。

伯虔，字楷。少孔子五十岁。

公孙龙，卫人，字子石。少孔子五十三岁。

曹卹，少孔子五十岁。

陈亢，陈人，字子元，一字子禽。少孔子四十岁。（以上译文略）

叔仲会，鲁人，字子期。少孔子五十四岁，与孔旋年相比。每孺子①之执笔记事于夫子，二人迭②侍左右。孟武伯见孔子而问曰："此二孺子之幼也，于学岂能识于壮哉？"孔子曰："然。少成则若③性也，习惯若自然也。"

注释

①孺子：指幼儿，儿童。②迭：交换，轮流。③若：成为。

译文

叔仲会，鲁国人，字子期。小孔子五十四岁，与孔璇的年龄差不多。每次需要幼童拿笔帮孔子做笔记时，二人就轮流为孔子做记录。孟武子见到孔子问道："这两个孩子这么幼小，学了东西能记住吗？"孔子说："是的。少年时一点点学习就成了习惯，习惯就成了自然。"

原文

秦祖，字子南。

奚箴（一作蒧），字子楷。

公祖兹，字子之。

廉洁，字子曹。

公西舆，字子上。

罕（一作宰）父黑，字子索（一作黑）。

公西蒧（一作减），字子尚。

穰驷赤，字子从。

冉季，字子产。

薛邦，字子从。

石处，字子里。

悬亶，字子象。

左郢，字子行。

狄黑，字哲之。

商泽，字子秀。

任不齐，字子选。

荣祈，字子祺。

颜哙，字子声。

原忼（一作桃），字子籍。

公宾（一作肩），字子仲。

秦非，字子之。

漆雕从，字子文。

燕伋，字子思。

公夏守，字子乘。

勾井疆，字子疆。

步叔乘，字子车。

石作（一作子）蜀，字子明。

邽巽（一作选），字子敛。

施之常，字子恒。

申绩，字子周。

乐欬（一作欣），字子声。

颜之仆，字子叔。

孔忠（一作弗），字子蔑。

漆雕哆（一作侈），字子敛。

悬成，字子横。

颜相，字子襄。

右夫子弟子七十二人，皆升堂入室者。

（以上译文略）

本姓解第三十九

原文

孔子之先，宋之后也。微子启，帝乙[①]之元子[②]，纣之庶兄，以圻内[③]诸侯，入为王卿士。微，国名，子爵。初，武王克殷，封纣之子武庚[④]于朝歌[⑤]，使奉汤祀。武王崩，而与管、蔡、霍三叔作难[⑥]，周公相成王东征之。二年，罪人斯得，乃命微子于殷后，作《微子之命》（由）申[⑦]之。与国于宋，徙殷之子孙，唯微子先往仕周，故封之贤。其弟曰仲思，名衍，或名泄。嗣微子后，故号微

仲。生宋公稽，胄子[8]虽迁爵易位，而班级[9]不及其故者，得以故官为称。故二微虽为宋公，而犹以微之号自终。至于稽乃称公[10]焉。

注释

①帝乙：商王名，为微子启和商纣王的父亲。②元子：长子。③圻内：圻，通“畿”。皇帝都城千里之地叫圻。此指都城千里之内的地方。④武庚：纣王的儿子，名禄父。⑤朝歌：殷朝都城。故址在今河南淇县。⑥而与管、蔡、霍三叔作难：是指武庚联合管叔、蔡叔、霍叔共同作乱，后被周公平定。⑦申：原作“由”，据《史记·宋微子世家》改。⑧胄子：古代帝王或者贵族的长子。⑨班级：官爵的等级。⑩公：古代爵位名，封建制度最高爵位。

译文

孔子的祖先，是宋国的后裔。微子启，是商王帝乙的长子，商纣王的庶兄，他以皇城内诸侯的身份，进了朝廷当了纣王的卿士。微，是诸侯国名，属于子爵。起初，武王降服了殷国，把纣王的儿子武庚封在了朝歌，让他来承奉商汤的祭祀。武王去世之后，武庚与管叔、蔡叔、霍叔共同作乱，周公辅佐成王征讨武庚和三叔。两年之后，乱臣受到了惩罚，于是命令微子启代替武庚为殷的后裔，作《微子之命》申告此事。封微子于宋国，迁徙殷人的子孙到此地，只有微子先去周朝为官，周朝封他为贤士。微子的弟弟仲思，名衍，或名泄。他继承了微子的爵位，因此又称微仲。仲思生宋公稽，后代的官爵虽然变了，但爵位等级还不如以前高，就用旧的爵位来称呼。所以微子和微仲虽然是宋公，但始终都用微子称号。到了稽即位，才开始称公。

原文

宋公生丁公申，申公生缗公共及襄公熙，熙生弗父何及厉公方祀。方祀以下，世为宋卿。弗父何生宋父周，周生世子胜，胜生正考甫，考甫生孔父嘉。五世亲尽，别为公族①，故后以孔为氏②焉。

注释

①公族：诸侯或君王的同族。②氏：姓氏。

译文

宋公稽生丁公申，申生缗公共和襄公熙，熙生弗父何及厉公方祀。自方祀之后，世代为宋国卿。弗父何生宋父周，宋父周生世子胜，世子胜生正考甫，正考甫生孔父嘉。这样传了五代过后，分出了同族，因此后来以孔作为姓氏。

原文

一曰孔父者，生时所赐号也，是以子孙遂以氏族。孔父生子木金父，金父生睪夷，睪夷生防叔，避华氏之祸而奔鲁。防叔生伯夏，伯夏生叔梁纥。曰虽有九女是无子。其妾生孟皮，孟皮一字伯尼，有足病。于是乃求婚于颜氏。颜氏有三女，其小曰徵在。颜父问三女曰："陬①大夫虽父祖为士，然其先圣王之裔。今其人身长十尺，武力绝伦，吾甚贪②之。虽年长性严，不足为疑。三子孰能为之妻？"二女莫对。徵在进曰："从父所制，将何问焉？"父曰："即尔能矣。"遂以妻之。徵在既往，庙见。以夫之年大，惧不时③有

男，而私祷尼丘之山以祈焉。生孔子，故名丘而字仲尼。

孔子三岁而叔梁纥卒，葬于防。至十九，娶于宋之上官氏，生伯鱼。鱼之生也，鲁昭公以鲤鱼赐孔子。荣君之贶[4]，故因以名曰鲤，而字伯鱼。鱼年五十，先孔子卒。

注释

①陬：春秋时鲁地，孔子出生于此。②贪：欲，希望，希求。③不时：来不及。④贶：赠，赐。

译文

一说起孔父这个称号，说是出生时帝王所赐，因此后代就以此为姓氏。孔父生子木金父，金父生罼夷，罼夷生防叔，防叔为躲避华氏的祸事逃到了鲁国。防叔生伯夏，伯夏生叔梁纥。叔梁纥生有九个女儿而无儿子。叔梁纥的妾生孟皮，孟皮一字伯尼，脚有毛病。于是叔梁纥向颜氏求婚。颜氏有三个女儿，小女儿叫徵在。颜父问他的三个女儿："陬邑孔氏父祖辈虽然都是士，但他们是圣王的后代。而来求亲的叔梁纥长得高大，武艺超群，我对他很满意。虽然他年龄大且性子急，但不必介意。那么你们哪个愿意当他的妻子？"大女儿和二女儿都不应声。徵在走上前说："我听父亲的安排，怎么会有疑问呢？"她父亲说："你就能当他的妻子。"就把徵在许给叔梁纥做妻子。徵在去叔梁纥家时，先在宗庙见面。由于丈夫的年龄大了，担忧来不及生儿子，便私下去尼丘山祈祷。最后生下了孔子，因此名丘字仲尼。

孔子三岁时叔梁纥去世，葬在防山。孔子到了十九岁时，便娶了宋国的上官氏，生了伯鱼。生伯鱼时，鲁昭公送了一条鲤鱼给孔子。孔子很荣幸得到君王的赏赐，因此给儿子取名为鲤，字伯鱼。伯鱼活到五十岁，比孔子先去世。

原文

齐太史子与适鲁，见孔子。孔子与之言道，子与悦，曰：“吾鄙人[①]也，闻子之名，不睹子之形，久矣而未知宝贵也，乃今而后知泰山之为高，渊海之为大[②]。惜乎，夫子之不逢明王，道德不加于民，而将垂[③]宝以贻后世。”

遂退而谓南宫敬叔[④]曰：“今孔子先圣之嗣，自弗父何以来，世有德让，天所祚也。成汤以武德王天下，其配在文。殷宗以下，未始有也。孔子生于衰周，先王典籍错乱无纪，而乃论百家之遗记，考正其义，祖述[⑤]尧舜，宪章[⑥]文武，删《诗》述《书》，定礼理乐，制作《春秋》，赞明[⑦]《易》道，垂训后嗣，以为法式，其文德著矣。然凡所教诲，束脩[⑧]已上三千余人，或者天将欲与素王[⑨]之乎？夫何其盛也！”

敬叔曰：“殆如吾子之言，夫物莫能两大。吾闻圣人之后，而非继世之统，其必有兴者焉。今夫子之道至矣，乃将施乎[⑩]无穷，虽欲辞天之祚，故未得耳。”

子贡闻之，以二子之言告孔子。子曰：“岂若是哉？乱而治之，滞而起之，自吾志，天何与焉？”

注释

①鄙人：粗鄙浅陋之人。②渊海之为大：“之”字原无，据《四部丛刊》本《家语》补。③垂：流传下去，流传。④南宫敬叔：孔子弟子。⑤祖述：效法遵循前人的学说或行为。⑥宪章：效法。⑦赞明：阐明。⑧束脩：学生家长送教师的酬劳。十条干肉称束脩。⑨素王：只有帝王之德而无帝王之位的人，后专指孔子。素，空，白。⑩乎：《丛刊》本《家语》作“于”。

译文

齐国的太史子与来到鲁国，见到孔子。孔子和他论道，子与非常高兴，说："我只是一个粗人，早就听说您的大名了，但是却没有目睹先生的风采，而很长时间我都不知道和先生见面是很珍贵的，今后我知道了泰山的高大，大海的广阔。只可惜啊，先生没有遇到圣明的君主，道德不能在百姓中施行，而只有把这些宝贵的东西留给后世了。"

子与辞别孔子后对南宫敬叔说："如今的孔子是圣人之后代，自弗父何以来，孔氏的子孙就有谦让的美德，这是上天所赐啊。成汤用武德治天下，并以礼乐教化。殷商以下，就没有这样的情况了。孔子生于衰败的周朝时期，先王的典书错乱无章，孔子便整理百家留下来的记录，考证其正确的含义，师法和陈说尧、舜的盛德，效法周文王、周武王的文治武功，删定《诗经》，整理《尚书》，制定礼，理清乐，制作《春秋》，阐明《易》道，垂示训诫后代子孙，作为法则，孔子的学说成就是多么显著。他接受的弟子，奉上束脩的就已经超过三千人，难道上天要以他为素王吗？不然为什么这么兴盛呢！"

南宫敬叔说："大概就如你所说的一样，凡事没有两全的。我听说圣人的子孙，就算不是继承王侯将相，也必然会有兴盛不衰的人出现。如今孔子的思想已经达到极致了，并将长远地流传下去，即使想推掉上天的福分，也是不行的。"

子贡听了这些话，把他们二人的议论都告诉了孔子。孔子说："哪是这样的呢？混乱了就要整治，滞后了就要兴起，这是我的志向，和天有什么关系呢？"

终记解第四十

原文

孔子蚤晨[1]作，负手[2]曳杖，逍遥[3]于门，而歌曰："泰山其颓[4]乎！梁木其坏乎！哲人其萎[5]乎！"既歌而入，当户而坐。

子贡闻之，曰："泰山其颓，则吾将安仰？梁木其坏，则吾将安杖？哲人其萎，吾将安放[6]？夫子殆将病也。"遂趋而入。

夫子叹而言曰："赐，汝来何迟？予畴昔[7]梦坐奠于两楹之间。夏后氏殡于东阶之上，则犹在阼。殷人殡于两楹之间，则与宾主夹之。周人殡于西阶之上，则犹宾之，而丘也即殷人。夫明王不兴，则天下其孰能宗余？余殆将死。"遂寝病，七日而终，时年七十二矣。

注释

①蚤晨：即早晨。蚤，通"早"。②负手：两手背于背后。③逍遥：优游自得的样子。④颓：坍塌。⑤萎：植物的枯萎，这里指死亡。⑥放：通"仿"。效仿，仿法。⑦畴昔：往昔，从前。此指昨夜。

译文

孔子早晨起来，背着手拖着手杖，在门口悠闲自得地散步，吟唱道："泰山就要坍塌了！梁木就要坏掉了！圣人的生命就要走到尽头了！"唱完就走进屋内，对着门口坐着。

子贡听到了，说："泰山要是崩塌了，将来我仰望什么呢？梁木坏掉了，我拿什么依靠呢？圣人要是死去了，我去效仿谁呢？老师大概要生病了吧。"于是快步走了进去。

孔子叹息着说："赐，你怎么才来呢？前些日子我梦见自己坐在两楹之间祭奠。夏朝人将灵柩停在对着东阶的堂上，那是主人迎接客人的位置。殷人将灵柩停在堂前两楹之间，那是介于主客之间的位置。周人将灵柩停在对着西阶的堂上，那是宾客所在的位置，而我就是殷人的子孙啊。如今没有明君出现，那天下谁会信奉我的思想呢？我大概快要死了。"随后卧病在床，七天就去世了，死时七十二岁。

原文

哀公①诔②曰："旻天③不吊④，不慭⑤遗一老⑥，俾⑦屏⑧余一人以在位，茕茕⑨余在疚⑩。于乎哀哉！尼父⑪，无自律⑫。"

子贡曰："公其不没于鲁乎？夫子有言曰：'礼失则昏，名失则愆⑬。'失志为昏，失所为愆。生不能用，死而诔之，非礼也；称一人，非名。君两失之矣。"

注释

①哀公：鲁哀公。②诔：在丧礼中叙述死者的德行，表示哀悼。③旻天：指上天。④吊：吊唁，祭奠死者。⑤慭：愿意，宁愿。⑥一老：指孔子。⑦俾：使。⑧屏：除去，放弃。⑨茕茕：孤独的样子。⑩疚：内心痛苦。⑪尼

父：指孔子。父，古时对男子的尊称。王注："父，丈夫之显称。"⑫律：法，效法。⑬愆：过错，差错。

译文

鲁哀公哀悼孔子说："苍天不怜悯我啊，不愿意留下这位善良的老人，让我一个人居于王位，使我孤独难过。呜呼哀哉！尼父啊，我再也没有学习效仿的人了。"

子贡说："您不想在鲁国善终吗？老师曾说过：'丧失了礼仪就会昏暗不明，丧失了名分就会造成差错。'失去理智就会茫然，失去身份就是过错。老师在世的时候您不去重用，死了您却又伤心哀悼，这不合礼仪；自称一人，这不符合名分。您把两样都丧失了。"

原文

既卒，门人疑所以服①夫子者。子贡曰："昔夫子丧颜回也，若丧其子而无服，丧子路亦然。今请丧夫子若丧父而无服。"于是弟子皆吊服而加麻，出有所之，则由绖②。子夏曰："入宜绖可也，出则不绖。"子游曰："吾闻诸夫子，丧朋友，居则绖，出则否。丧所尊，虽绖而出可也。"

注释

①服：穿丧服。②绖：古代丧服中的麻带，系在腰上或头上。

译文

孔子去世后，弟子们不知道该穿什么样的丧服来哀悼老师。子贡说："以前老师给颜回办丧事的时候，像是死了自己的儿子一样，但没穿丧服，对待子路的丧事也一样。现在大家对待老师的丧事也该像为自己的父母服丧一样但不必穿丧服。"于是弟子们都穿上吊丧的服装系上麻带，出门到哪里都系上麻带。子夏说："在家的时候可以系麻带，出门的时候就不用了。"子游说："我听老师说过，对待朋友的丧事，在家时系麻带，出去则不系。为自己尊敬的人服丧，即使在外面，系着麻带也是可以的。"

原文

孔子之丧，公西①掌殡葬焉，唅②以疏米③三具④，袭衣⑤十有一称⑥，加朝服一，冠章甫之冠，佩象环，径五寸，而綦⑦组绶⑧。桐棺四寸，柏棺五寸，饬棺墙⑨，置翣⑩，设披⑪，周也；设崇⑫，殷也；绸练⑬设旐⑭，夏也。兼用三王⑮礼，所以尊师，且备古也。葬于鲁城北泗水上，藏入地，不及泉。而封为偃斧之形，高四尺，树松柏为志焉。弟子皆家于墓，行心丧之礼⑯。

注释

①公西：姓氏，指公西赤，字子华，孔子的弟子。②唅：饭含。以珠、玉、贝、米等物纳于死者之口。③疏米：粳米。④三具：三勺或三份。具，量词。⑤袭衣：衣一套叫一袭。⑥称：指配合齐全的一套衣服。⑦綦：同"綦"，青黑色。⑧组绶：系玉的丝带。⑨饬棺墙：指设置遮挡灵柩的布帷。⑩翣：古代棺饰，垂于棺的两旁。⑪披：古代的一种丧具，用布帛做成，供送葬人使用。⑫崇：旌旗四周的齿状装饰物。⑬绸练：以素练缠束旗杆。⑭

旐：魂幡。出殡时为棺柩引路的旗。⑮三王：夏禹、商汤、周文王和武王的合称。⑯心丧之礼：指就在心中悼念，不穿丧服。

译文

孔子的丧事，由公西赤主持，他把三勺粳米放在孔子的口中含着，为他置备了十一套衣服，加上在朝廷穿的一套衣服，戴章甫帽，佩戴象牙环佩，环佩直径五寸，用青白色的丝带系着。桐木棺厚四寸，柏木棺厚五寸，添置了遮挡灵柩的布帷，设置了障棺的翣扇，还在柩车的两旁设置了牵挽的披，这是按照周朝的礼节；在旗上设置了齿形饰物，这是按照殷代的礼制；魂幡用绸练做成，这是按照夏朝的礼制。兼用了三代君王的礼仪，这是表示对老师的尊敬，而且古代的礼仪都具备。弟子们把他安葬在鲁国都城北部的泗水边，棺木下葬，没有触碰到地下的泉水。坟墓垒成仰斧状，高四尺，在旁边种上松柏作为标志。孔子的弟子都把家建在坟墓的四周，行心丧的礼仪。

原文

既葬，有自燕来观者，舍于子夏氏。子夏谓之曰："吾亦人之葬圣人，非圣人之葬人，子奚观焉？昔夫子言曰：'吾见封若夏屋①者，见若斧矣，从若斧者也。'马鬣②封之谓也。今徒一日三斩板③而以封，尚④行夫子之志而已，何观乎哉？"

二三子三年丧毕，或留或去，惟子贡庐于墓六年。自后群弟子及鲁人处墓如家者百有余家，因名其居曰孔里焉。

注释

①夏屋：在夏朝流行的中间高四周低的房子。②马鬣：长在马颈上的长毛。③斩板：王注："斩板，谓斩其缩。三斩上傍杀，盖高四尺也。"④尚：几乎，差不多。

译文

安葬结束后，有燕国的人来参观，住在子夏的屋里。子夏对他说："这是凡人安葬圣人，并不是圣人安葬凡人，有什么值得看的呢？以前老师说：'我看见坟墓像夏朝的房屋的，也看到像斧形的，就按照像斧形的那样吧。'斧形的坟俗称马鬣封。现今我们一天之内三次换板夯土就筑成了，这只是完成了老师的遗愿而已，有何可看的呢？"

孔子的弟子守丧三年以后，有的留下了，有的离开了，只有子贡筑屋于墓旁守了六年。自此以后孔子的弟子加上鲁国人在墓旁边住下来的有一百余家，因此将此地命名为孔里。

正论解第四十一

原文

孔子在齐，齐侯出田[①]，招虞人[②]以弓，不进，公使执之。

对曰："昔先君之田也，旃[③]以招大夫，弓以招士，皮冠以招虞人。臣不见皮冠，故不敢进。"乃舍[④]之。

孔子闻之，曰："善哉！守道不如守官[⑤]。"君子韪[⑥]之。

注释

①田：打猎。②虞人：主管三泽的官员。③旃：古代一种赤色的旗。④舍：放，放弃。⑤守道不如守官：遵守道不如遵守做官的职责。王注：“道为恭敬之道，见君召便往；守官，非守召不往也。”⑥韪：是。

译文

孔子在齐国时，齐侯出去打猎，用挥弓的方式招呼虞人来见，虞人没有来，齐侯派人把他抓了起来。

虞人说：“以前先王来打猎时，都用赤色旗来招引大夫，用弓来招引士官，用皮帽来招呼虞人。小臣并没有看见皮帽，所以未敢相见。”齐侯听后就放了他。

孔子听到这件事，说：“很好啊！遵守道不如遵守做官的职责。”君子认为这是对的。

原文

齐国书[①]伐鲁，季康子[②]使冉求率左师御之，樊迟为右[③]。师不逾沟，樊迟曰：“非不能也，不信子[④]，请三刻[⑤]而逾之。”如之。众从之，师入齐军，齐军遁。冉有用戈，故能入焉。

孔子闻之曰：“义也。”

既战，季孙谓冉有曰：“子之于战，学之乎？性达之乎？”

对曰：“学之。”

季孙曰：“从事孔子，恶[⑥]乎学？”

冉有曰：“即学之孔子也。夫孔子者，大圣，无不该[⑦]，文武并用兼通。求也适闻其战法，犹未之详也。”

季孙悦。

樊迟以告孔子，孔子曰："季孙于是乎可谓悦人之有能矣。"

注释

①国书：人名。王注："国书，齐卿。"②季康子：春秋时期鲁国的正卿。③右：右军。④不信子：不相信季康子。⑤三刻：三次申明号令。王注："与众要信，三刻而逾沟也。"⑥恶：哪，何。⑦该：包含，包纳。

译文

齐国的国书率领军队攻打鲁国，于是季康子派冉求率领左军去抵抗，樊迟率领右军。鲁国军队不敢跨过战壕迎敌，樊迟说："不是他们没有能力抵抗，是因为他们不相信季康子，请您申明三次并带头冲过壕沟。"冉求听从了。士兵们就随着跟过去了，勇敢地杀入齐军，齐军慌乱逃跑。冉求用的是戈，所以能冲入敌阵。

孔子听说了这件事，说："这是合乎义的。"

仗打完后，季孙问冉求说："你是学会打仗的呢？还是天生就会？"

冉求回答说："是学会的。"

季孙说："你师从孔子，如何能学到打仗呢？"

冉求说："我确实是从孔子那里学的。他是一位圣人，他的学问非常广博，包含很多知识，文武兼通，可以并用。我就是从他那里学了一点儿打仗之法，学到的只是皮毛而已，并不详细。"

季孙听了很高兴。

樊迟把这事告诉了孔子，孔子说："季孙在这件事上，可以说还是喜欢别人有才能的。"

原文

南宫说、仲孙何忌既除丧①，而昭公②在外，未之命也③。定公即位，乃命之。辞曰："先臣有遗命焉，曰：'夫礼，人之干也，非礼则无以立。'嘱家老，使命二臣，必事孔子而学礼，以定其位。"公许之。

二子学于孔子，孔子曰："能补过者，君子也。《诗》云：'君子是则是效④。'孟僖子可则效矣。惩己所病，以诲其嗣，《大雅》所谓'贻厥孙谋，以燕翼子⑤'，是类也夫！"

注释

①南宫说、仲孙何忌既除丧：南宫说即南宫悦，又称南宫敬叔。仲孙何忌即孟懿子。皆为孟僖子之子。②昭公：指鲁国的国君鲁昭公。③未之命也：没来得及任命，王注："未命二人为卿大夫。"④君子是则是效：是君子效法的榜样。⑤贻厥孙谋，以燕翼子：指赠给后代好的谋略，以确保他们的平安。

译文

南宫说、仲孙何忌为父亲服丧完毕，由于鲁昭公在外逃命，就没有任命他们的职位。鲁定公即位后，才任命。他们推辞说："先父留有遗嘱，说：'礼，就像人的躯干一样，是为人之本，无礼就不会有自立的可能。'嘱托家里的老人，让他们要求我们，必须拜孔子为师去学习礼法，好确定自己的地位。"定公允许了。

他们二人向孔子学礼，孔子说："想要弥补自己过错的人，就是君子。《诗经》说：'君子是学习的榜样。'孟僖子就是我们学习的榜样。努力纠正自己的缺点和不足，并教化自己的子嗣，正如同《诗经·大雅》所说的'赠给后代好的谋略，以确保他们的平安'，说的正是孟僖子这样的人啊！"

原文

卫孙文子①得罪于献公②，居戚③。公卒未葬，文子击钟焉。

延陵季子④适晋过戚，闻之，曰："异哉！夫子之在此，犹燕子巢于幕⑤也，惧犹未也，又何乐焉？君又在殡，可乎？"

文子于是终身不听琴瑟。

孔子闻之，曰："季子能以义正人，文子能克己服义，可谓善改矣。"

注释

①孙文子：即孙林父，春秋时卫国大夫。②献公：指卫献公。③戚：卫国的一个地名。④延陵季子：春秋时吴王寿梦第四子，称"公子札"，是一位古代贤人。⑤幕：帷幕。

译文

孙文子在卫国担任大夫一职时得罪了卫献公，住在戚地。卫献公死了还没有安葬，孙文子就开始击钟享乐。

延陵季子去晋国途经戚地时，听说了此事，说："奇怪啊！你现在居住在这里，就好比燕子的窝筑在帷幕上一般危险，怕都来不及，又如何能高兴呢？再说死去的君王都还没有入土为安，如此就开始娱乐可以吗？"

孙文子自此之后就不听琴瑟了。

孔子听说了这件事，说："季子能用义来指正别人，文子能做到克服自己顺从义，可谓善于改正错误啊。"

原文

孔子览晋志[1]，晋赵穿[2]杀灵公，赵盾亡，未及山[3]而还。史书“赵盾弑君”。盾曰：“不然。”史曰：“子为正卿，亡不出境，返不讨贼，非子而谁？”盾曰：“呜呼！‘我之怀矣[4]，自诒伊戚[5]’，其我之谓乎！”

孔子叹曰：“董狐，古之良史也，书法不隐[6]。赵宣子，古之良大夫也，为法受恶。惜也，越境乃免。”

注释

①晋志：晋国的史书。②赵穿：春秋中期晋国大夫，赵氏旁支。赵盾堂弟。③未及山：没有跨过边境的山。山指温山。④我之怀矣：意为怀念我的亲人。⑤自诒伊戚：意为祸患皆是自己引来的。⑥隐：隐讳，隐瞒。

译文

孔子阅读晋国的史书，书上记载：晋灵公被晋国的赵穿给杀害了，赵盾逃命于外，国境的山都还没有越过就回来了。史书写着“赵盾弑君”。赵盾说：“并非如此。”史官说：“你是正卿，逃亡不逃出国境，回来又不讨伐凶手，杀死晋灵公的不是你又是谁呢？”赵盾说：“唉！《诗经》说‘由于我的怀念，而给自己招来祸患’，说的就是我这样的人了。”

孔子叹息说：“董狐，是一位古代的良官，记录史实毫不隐藏。赵宣子，是古代的好大夫啊，因为法度而蒙受恶名。可惜啊！要是越过国境就能免罪了。”

原文

郑伐陈，入之，使子产[1]献捷于晋。晋人问陈之罪焉。

子产对曰："陈亡周之大德[2]，介恃[3]楚众，冯陵[4]敝邑，是以有往年之告[5]。未获命[6]，则又有东门之役[7]。当陈隧[8]者，井堙[9]木刊[10]，敝邑大惧。天诱其衷[11]，启敝邑心。陈知其罪，授首[12]于我，用敢献功。"

晋人曰："何故侵小？"

对曰："先王之命，惟罪所在，各致其辟[13]。且昔天子一圻[14]，列国一同[15]，自是以衰[16]，周之制也。今大国多数圻矣，若无侵小，何以至焉？"

晋人曰："其辞顺。"

孔子闻之，谓子贡曰："《志》[17]有之，'言以足志[18]，文以足言[19]'，不言谁知其志？言之无文，行之不远。晋为伯，郑入陈，非文辞不为功。慎辞哉！"

注释

①子产：春秋时期郑国大臣。②陈亡周之大德：陈国忘掉了周武王的大德。亡，忘记。王注："武王以元女大姬以配胡公，而封诸陈。"③介恃：凭借，依仗。介，原作"豕"。④冯陵：欺凌，压迫。⑤往年之告：以前郑国向晋国报告被陈国侵犯的事。⑥未获命：没有接到晋国平定陈国的命令。⑦东门之役：指陈、吴两国攻打郑国于东门的战役。⑧当陈隧：在陈国军队行进的路上。隧，道路。⑨堙：填堵。⑩刊：砍伐。⑪天诱其衷：上天引导他的内心。⑫授首：指投降或被杀。⑬辟：诛。⑭圻：方圆千里为圻。⑮同：方圆百里为同。⑯自是以衰：逐渐缩小。⑰《志》：古人的书。⑱言以足志：语言用来表达自己的意愿。王注："言以足成其志。"⑲文以足言：文采则用来增添说话的力度。王注："加以文章，以足成其言。"

译文

郑国攻打陈国，进入了陈国，派子产向晋国奉献战利品。晋人质问陈国的罪状。

子产回答说："陈国不但忘记了周朝曾经施恩于他，而且依仗楚国人多势众，欺凌幼小的国家，因此我国去年就有攻打陈国的报告。没有得到贵国允许，反倒有了陈国进攻我国东门的战役。陈军经过的路上，水井被填，树木被砍，我们很害怕。幸运的是我们得到上天的指引，让我们有了攻打陈国的想法。陈国自知有罪，所以向我们不战而降，因此可以坦率地献出战利品。"

晋国人又问："为什么攻打小国？"

子产回答说："先王说过，只要有罪，就要给予相应的处罚。况且国王的土地千里有余，诸侯的土地仅百里之余，逐渐缩小，这是周朝的制度。如今大国拥有的土地有方圆数千里之大，如果不是占领了小国家，怎么会有这样的土地呢？"

晋国人说："他的话顺理成章。"

孔子知道后，对子贡说："古书上有这样的话：'语言用来表达自己的意愿，文采则用来增添说话的力度。'不会说话，谁会知道你的想法是什么呢？语言没有文采，就不能流传久远。晋国称霸，郑国进入陈国，不通晓文辞就不会成功。所以要谨慎对待文辞啊！"

原文

楚灵王汰侈[①]，右尹[②]子革[③]侍坐，左史倚相趋而过。王曰："是良史也，子善视之，是能读《三坟》、《五典》、《八索》、《九丘》[④]。"

对曰："夫良史者，记君之过，扬君之善。而此子以润辞为官，不可为良史。臣又尝问焉：昔周穆王欲肆其心[⑤]，将过行天下，使皆有车辙马迹焉。祭公谋父[⑥]作《祈昭》[⑦]，以止王心，王是以获殁[⑧]于文宫[⑨]。臣问其诗焉而弗知；若问远焉，其焉能知？"

王曰："子能乎？"

对曰："能，其诗曰：'祈昭之愔愔乎，式昭德音⑩。思我王度，式如玉，式如金⑪。刑民之力，而无有醉饱之心⑫。'"

灵王揖而入，馈不食，寝不寐。数日则固不能胜其情，以及于难。

孔子读其《志》，曰："古者有志⑬，克己复礼⑭为仁，信善哉！楚灵王若能如是，岂其辱于乾谿⑮？子革之非左史，所以风⑯也，称诗以谏，顺哉！"

注释

①汏侈：骄奢，奢靡。②右尹：官名。③子革：即然丹，郑穆公孙。④《三坟》《五典》《八索》《九丘》：指中国最古老的书籍。⑤肆其心：任其所为。⑥祭公谋父：古代周朝人，是周穆王当政时期的大臣。⑦《祈昭》：诗名。⑧殁：指死亡。⑨文宫：周穆王的宫殿。⑩祈昭之愔愔乎，式昭德音：意为祈求安详和悦，宣扬有德者的声音。王注："言祈昭乐之安和，其法足以昭其德音者也。"愔愔，和谐，安详。⑪式如玉，式如金：样子像玉，样子像金。⑫刑民之力，而无有醉饱之心：滥用百姓民力，而没有满足之心。刑，伤害。⑬古者有志：此四字原本无，据《四部丛刊》本《家语》补。⑭克己复礼：王注："克，胜。言能胜己私情，复之于礼，则为仁也。"儒家指约束自己，使每件事都归于礼。⑮乾谿：地名。春秋时属楚。⑯风：通"讽"，用委婉、含蓄的话劝谏。

译文

楚灵王骄奢淫逸，右尹子革陪坐在他身旁，左史倚相从他们前面快步走过。灵王说："这是一位好官，你要善待他，他能读《三坟》《五典》《八索》《九丘》等古书。"

子革回答说："好的史官，是能够记录君主的过失，彰扬君主的善行的。但这个人只是凭借润饰文辞为官，不能算作好的史官。我曾经问过他一件事：

从前周穆王想要放纵自己的私欲，准备周游天下，使天下到处都有他走过的车马的痕迹。祭公谋父就作《祈昭》，来阻止穆王，穆王因此能够在自己的文宫内善终。我问倚相有关这首诗的事但他不知道；如果问更远的事，他哪能知道呢？"

楚王说："您能知道吗？"

子革回答说："能，这首诗说：'祈求安详和悦，宣扬有德者的声音。想起我们君王的风范，样子好像玉，好像金。现在却滥用民力，而没有满足的意思。'"

灵王听后向子革作揖而走进房间，送来的饭不吃，躺下了也不能睡着。过了几天还是不能克制自己骄奢的性情，所以遇上了祸难。

孔子读到这段记载，说："古时候有这样的话，约束自己的行为并使其回到礼上就是仁，说得真好啊！楚灵王如果能始终这样，难道还会在乾谿受到羞辱吗？子革不是左史官，所以只能讽谏灵王，用诗劝谏君主，这是合乎道义的。"

原文

叔孙穆子①避难奔齐，宿于庚宗②之邑。庚宗寡妇通焉而生牛。穆子返鲁，以牛为内竖③，相家④。牛谗叔孙二子，杀之。叔孙有病，牛不通其馈，不食而死。牛遂辅叔孙庶子⑤昭⑥而立之。

昭子既立，朝其家众曰："竖牛祸叔孙氏，使乱大从⑦，杀嫡立庶，又披其邑⑧，以求舍罪，罪莫大焉，必速杀之。"遂杀竖牛。

孔子曰："叔孙昭子之不劳，不可能也。周任⑨有言曰：'为政者不赏私劳，不罚私怨。'《诗》云：'有觉德行，四国顺之⑩。'昭子有焉。"

注释

①叔孙穆子：即叔孙豹，鲁国大夫。穆子为谥号。②庚宗：地名。③内竖：宫内小臣。王注："竖通内外之命。"④相家：管理家政。王注："长遂命

为相家。”⑤庶子：指庶妻所生的儿子。⑥昭：即叔孙诺，谥昭子。⑦从：王注：“从，顺。”⑧又披其邑：意为分割边邑行贿。⑨周任：古代一位有名的史官。⑩有觉德行，四国顺之：君子德行正直，四方诸侯顺从。

译文

叔孙穆子为避祸难奔逃到齐国，曾在庚宗这个地方住过。庚宗有个寡妇和他私通并生了一个儿子叫牛。叔孙穆子后来返回鲁国，让牛担任宫中传达命令的小吏，并辅助家政。牛在穆子面前说他两个嫡子的坏话，致使二人被杀。穆子生病后，牛不给他饭吃，穆子没有食物最终饿死。牛于是拥立叔孙穆子庶出的儿子昭子并辅助他。

昭子被拥立后，召见家众并对他们说：“竖牛祸害叔孙氏，搞乱了正常的秩序，杀嫡立庶，又分割边邑用来行贿，以求赦免自己的罪行，没有比这更大的罪行了，一定要立刻杀了他。”于是杀了竖牛。

孔子说：“叔孙昭子不认为竖牛拥立自己是功劳，是由于不能这样做。周任有这样的话：‘执政的人不私赏对自己有功劳的人，不私自处罚和自己有私怨的人。’《诗经》说：‘君子德行正直，四方诸侯顺从。’昭子就是这样的人。”

原文

晋邢侯与雍子①争田，叔鱼摄理②，罪在雍子。雍子纳其女于叔鱼，叔鱼弊③其邢狱。邢侯怒，杀叔鱼与雍子于朝。韩宣子④问罪于叔向，叔向曰：“三奸同罪，施生⑤戮死可也。雍子自知其罪，而赂以置直，鲋也鬻狱，邢侯专杀，其罪一也。己恶而掠美为昏⑥，贪以败官⑦为默⑧，杀人不忌⑨为贼。《夏书》曰：‘昏、默、贼，杀，咎陶之刑也。’请从之。”乃施邢侯，而尸雍子、叔鱼于市。

孔子曰：“叔向，古之遗直也。治国制刑，不隐于亲。三数叔鱼之罪，不为末⑩，或曰义，可谓直矣。平丘之会，数其贿也，以

宽卫国，晋不为暴[11]。归鲁季孙，称其诈也，以宽鲁国，晋不为虐。邢侯之狱，言其贪也，以正刑书，晋不为颇[12]。三言而除三恶，加三利[13]。杀亲益荣，由义也夫。”

注释

①邢侯、雍子：人名，均为晋国大夫。②叔鱼摄理：叔鱼，即羊舌鲋，春秋时晋国大夫。摄理，代理狱官。③弊：欺蒙人的坏事。王注：“弊断，断罪归邢侯也。”④韩宣子：春秋后期晋国卿大夫。⑤施生：给活着的人判罪。⑥己恶而掠美为昏：自身有罪而掠取美名就是昏。王注：“掠美善，昏乱也。己恶，即以赂求善为乱也。”⑦败官：败坏为官的风气。败，原作“赂”。⑧默：贪污，不廉洁。⑨忌：王注：“忌，惮。”⑩末：此为减轻、减弱之意。⑪“平丘之会”四句：意为平丘之会时，指出叔鱼的贪财，从而大度地免了卫国之罪，晋国就做到了不凶残。平丘，春秋时卫地。⑫颇：偏，不正。⑬除三恶，加三利：除掉三次罪恶，得到三种好处。王注：“暴卫虐鲁，杀三罪，去三恶，加三利也。”

译文

晋国的大夫邢侯和雍子争夺田地，叔鱼代理狱官审理案件，他知道罪过在于雍子，雍子把他的女儿嫁给了叔鱼，叔鱼就作弊判定邢侯有罪。邢侯十分愤怒，就在朝廷上把叔鱼和雍子杀死了。韩宣子问叔鱼的哥哥叔向应该如何判定他们各自的罪责，叔向说：“三个人罪状相同，活着的判刑，死了的暴尸就行了。雍子知道自己有罪，却用女儿行贿来换取胜诉，叔鱼贪赃枉法，刑侯私自杀人，他们的罪责是一样的。自己有罪恶而掠取别人的美名就是昏，贪图贿赂并败坏为官风气就是默，杀人毫不忌惮就是贼。《夏书》说：‘昏、默、贼，都可杀，这是咎陶的刑法。’请照此执行。”于是就把邢侯处死，把雍子、叔鱼的尸体暴露在大街上。

孔子说：“叔向，他的正直作风是古代的遗风。整治国家，审理案件，不袒护亲人。三次说出叔鱼的罪行，不减轻他的罪恶，人们认为这是义，我说这可称作正直。平丘之会时，指出叔鱼的贪财，从而大度地免了卫国之罪，晋国就做到了不凶残。让鲁国的季孙意如回去，指出叔鱼欺诈，从而宽免了鲁国，晋国不能算是凌虐。邢侯这个案件，指出了叔鱼的贪婪，因此把他判了刑，晋国就做到了不偏颇。三次说话而除掉三次罪恶，得到三种好处。叔向处死了亲人而自己更加荣耀，这是由于做事符合道义啊！”

原文

郑有乡校[1]，乡校之士，非论[2]执政。鬷明[3]欲毁乡校。子产曰：“何以毁为？夫人朝夕退而游焉，以议执政之善否。其所善者，吾则行之；其所否者，吾则改之。若之何其毁也？我闻忠善以损怨，不闻立威以防怨。防怨犹防水也，大决所犯，伤人必多，吾弗克救也。不如小决使导之，不如吾所闻而药[4]之。”

孔子闻是言也，曰：“吾以是观之，人谓子产不仁，吾不信也。”

注释

①乡校：乡的学校，也作为获取群众议论政事的反馈信息的场所。②非论：批评，责备。③鬷明：春秋时郑大夫，字然明。④药：治疗，医治。

译文

郑国有乡校，乡校里面的人批评执政者。于是鬷明欲废除乡校。子产说：“有什么必要废除呢？人们早晚工作结束后到这里来游玩，谈论政事的好坏。他们所赞赏的，我就施行；他们所否定的，我就改正过来。像这样为什么要废除它呢？我听说忠言善言可以减少怨恨，没听说过用威权来防止怨恨。防止怨恨就如同防水一样，大水决了堤，受到伤害的人会增多，我们也无力搭救了。不如小规模地放水加以疏导，不如把我们听到的话作为治病的良药。”

孔子听到这些话，说：“如果从此事来观察，人们说子产不仁，我是不相信的。”

原文

晋平公会诸侯于平丘，齐侯及盟。郑子产争贡赋之所承[①]，曰：“昔者天子班贡[②]，轻重以列尊卑，而贡，周之制也。卑而贡重者，甸服[③]。郑伯，男[④]也，而使从公侯之贡，惧弗给也，敢以为请。”自日中争之，以至于昏。晋人许之。

孔子曰：“子产于是行也，是以为国也。《诗》云：‘乐只君子，邦家之基[⑤]。’子产，君子之于乐者[⑥]。”且曰：“合诸侯而艺贡事[⑦]，礼也。”

注释

①所承：指承担贡赋的多少。②班贡：进贡物品的次序。班，次，序。③甸服：古制称离王城五百里的区域。④男：古字亦作“南”。⑤乐只君子，邦家之基：君子的快乐，在于为国家建立根基。⑥乐者：此为追求快乐的人。王注：“能为国之本，则人乐艺也。”⑦艺贡事：分别献贡财物之事。

译文

晋平公和诸侯在平丘会盟，齐侯到了盟会。郑国的子产争论进贡物品的轻重次序，他说：“从前天子确定进贡物品的次序，轻重是根据地位决定的，地位尊贵的贡品重，这是周代的制度。地位卑微而贡品重的，那是靠近天子的地方。郑伯，是男服，而让我们进贡与公侯一样的贡赋，恐怕是不能如数供给的，谨以此作为请求。”从中午开始争论，一直争论到黄昏。晋国人终于答应了他。

孔子说："子产在这次大会的行为，是为了奠定郑国的根基。《诗经》说：'君子的快乐，是在于为国家建立根基。'子产，就是君子中追求快乐的人。"又说："与诸侯制定献纳财物的法度，就是礼。"

原文

郑子产有疾，谓子太叔[①]曰："我死，子必为政，唯有德者能以宽服民，其次莫如猛。夫火烈，民望而畏之，故鲜死焉；水濡弱[②]，民狎[③]而翫[④]之，则多死焉，故宽难。"

子产卒，子太叔为政，不忍猛而宽，郑国多掠盗。太叔悔之，曰："吾早从夫子，必不及此。"

孔子闻之曰："善哉！政宽则民慢[⑤]，慢则纠于猛。猛则民残，民残则施之以宽。宽以济猛，猛以济宽，宽猛相济，政是以和。《诗》云：'民亦劳止，汔可小康[⑥]。惠此中国，以绥[⑦]四方。'施之以宽也。'毋纵诡随，以谨无良[⑧]。式遏寇虐，惨不畏明[⑨]。'纠之以猛也。'柔远能迩，以定我王[⑩]。'平之以和也。又曰：'不竞不絿[⑪]，不刚不柔。布政优优[⑫]，百禄是遒。'和之至也。"

子产之卒也，孔子闻之，出涕曰："古之遗爱。"

注释

①子太叔：春秋时期郑国正卿。②濡弱：柔弱，懦弱。③狎：习熟。④翫：轻视。⑤慢：懒惰。⑥民亦劳止，汔可小康：民亦劳止与汔可小康都是异文同义。意思是指老百姓太劳苦，也该稍稍得到安乐了。⑦绥：安抚，安定。⑧毋纵诡随，以谨无良：意思是说骄横欺诈不放纵，不良之辈要严惩。纵，放纵。诡随，狡诈欺骗。谨，防止。⑨式遏寇虐，惨不畏明：意为制止残暴的抢夺者，他们竟然从不畏惧法度。⑩柔远能迩，以定我王：意为安抚四方，柔服近地，来使君王的地位得到稳固。⑪不竞不絿：竞，争。絿，急。意为不争不急。⑫优优：平和宽裕的样子。

译文

郑国的子产生了病，他对太叔说："我死了以后，您肯定会执政，只有有德行的人才能够用宽和的方法来使民众服从，那次一等的不如用严厉的方法。火的特点是猛烈，百姓一看见就害怕，所以很少有人死在火里；水的特点是柔弱，百姓轻视而玩弄它，有很多人便死在水里，因此运用宽和的施政方法很难。"

子产死后，子太叔执政，不忍心严厉而施行宽容，结果郑国出现很多盗贼。太叔很后悔，说："要是我早听他老人家的话，就不会到这种地步了。"

孔子听到此事后，说："是啊！政策宽容了百姓就怠慢，等怠慢了又用严厉来矫正。政策严厉了百姓就会受到摧残，受到伤害了就实施宽大。用宽大调剂严厉，用严厉调剂宽大，政事因此调和。《诗经》说：'民众辛苦又勤劳，企盼稍稍得安康。京城之中施仁政，四方诸侯能安抚。'这是施行宽容的政治。'骄横欺诈不放纵，不良之辈要严惩。制止残暴的抢夺者，他们竟然从不畏惧法度。'这要用严厉来纠正。'安抚远方，柔服近地，来安定我王。'这要用和来治理国家。又说：'不争不急，不刚不柔。施政从容不迫，百种福禄临头。'这是和谐的顶点。"

子产死后，孔子听到消息，流着泪说："子产的仁爱是古人的遗风啊！"

原文

孔子适齐，过泰山之侧，有妇人哭于野者而哀。夫子式[1]而听之，曰："此哀一似重有忧者。"使子贡往问之。而曰："昔舅死于虎[2]，吾夫又死焉，今吾子又死焉。"子贡曰："何不去乎？"妇人曰："无苛政。"子贡以告孔子。子曰："小子识之，苛政猛于暴虎。"

注释

①式：通“轼”，古代车厢前面用作扶手的横木。此处为扶轼之意。②昔舅死于虎：“昔”字原无，据《四部丛刊》本《家语》补。舅，指公公。

译文

孔子前往齐国，在泰山旁经过时，有一个妇女在野外哭泣。孔子扶着车的横木听着，说：“这个妇人如此的悲伤，好像有几重的忧伤啊！”就派子贡前去询问情况。那妇人说：“以前我的公公被老虎咬死了，后来我的丈夫也被老虎咬死了，现在我的儿子又被老虎吃了。”子贡问：“为何不离开呢？”妇人说：“这里没有苛政。”子贡把这些话告诉了孔子。孔子说：“你们记住，苛政比凶猛的老虎更可怕。”

原文

晋魏献子①为政，分祁氏及羊舌氏之田②，以赏诸大夫及其子成，皆以贤举也。又谓贾辛曰：“今汝有力于王室，吾是以举汝，行乎？敬之哉，毋堕③乃力④。”

孔子闻之，曰：“魏子之举也，近不失亲，远不失举，可谓美矣。”又闻其命贾辛，以为忠。“《诗》云：‘永言配命⑤，自求多福。’忠也。魏子之举也义，其命也忠。其长有后于晋国乎！”

注释

①魏献子：即魏舒。东周春秋后期晋国的卿。②分祁氏及羊舌氏之田：由于祁氏和羊舌氏两家叛乱，被一举诛灭，魏献子把祁氏的封地分为七个县，把羊舌氏的封地分为三个县。③堕：损坏。④力：指功劳。⑤永言配命：永远服从天命。

译文

晋国魏献子执掌国政，分割祁氏和羊舌氏的封田，赏赐给各位大夫和自己的儿子成，他们都是因贤能而被魏献子选拔任用的。他又对贾辛说："现在你对王室有功，我要提拔你，如何？你要恭敬谨慎地行事，不要损坏了你的功劳。"

孔子听到这件事，说："魏献子举拔人才，提拔近的不忘记亲族，关系远的也不会失去被举荐的机会，可谓是美德啊。"又听到他教导贾辛的话，认为他很忠诚。说："《诗经》讲：'永远合于天命，自己求取福禄。'这是忠诚。魏子的举动符合道义，教导思想又体现忠。他的后代估计也会在晋国长盛不衰吧！"

原文

赵简子[①]赋晋国一鼓[②]钟，以铸刑鼎，著范宣子[③]所为刑书。

孔子曰："晋其亡乎，失其度矣。夫晋国将守唐叔[④]之所受法度，以经纬[⑤]其民者也。卿大夫以序[⑥]守之，民是以能遵其道而守其业[⑦]。贵贱不愆，谓度也。文公是以作执秩之官，为被庐[⑧]之法，以为盟主。今弃此度也而为刑鼎，民在鼎矣，何以尊贵[⑨]？何业之守也[⑩]？贵贱无序，何以为国？且夫宣子之刑，夷之蒐也，晋国乱制[⑪]，若之何其为法乎？"

注释

①赵简子：名赵鞅，春秋时期晋国赵氏的领袖，晋国正卿。②鼓：重量单位名，当时的重量为四百八十斤。③范宣子：晋国大夫。④唐叔：晋国的始祖，周成王之弟。⑤经纬：规划治理。⑥序：王注：“序，次序也。”⑦民是以能遵其道而守其业：意为百姓才能遵守道义，保全家业。⑧被庐：地名。⑨何以尊贵：意思为贵人还用什么来显示尊贵。王注：“民将弃神而征于书，不复戴奉上也。”⑩何业之守也：靠什么来守护家业。王注：“民不奉上，则上无所守也。”⑪夷之蒐也，晋国乱制：宣子的刑书，是在夷地检阅时制定的，属于晋国的乱法。

译文

晋国的赵鞅向晋国征收了四百八十斤金属，以供铸鼎之用，并在鼎上刻下范宣子所写的刑书。

孔子说：“晋国大概是要灭亡了吧，已经失去了它的法度了。晋国应该遵守唐叔所传的法度，来治理他们的民众。卿大夫按照次序来守护它，这样百姓才能遵守道义而保全家业。地位贵贱不错乱，这就叫作度。晋文公因此设置掌管官吏职位和品级的官员，在被庐制定法律，因而成为盟主。现在晋国放弃先王的法度，而铸造刑鼎，铭文公开刻在鼎上，那么用什么来显示地位高贵者的尊贵呢？还守什么基业呢？高贵与低贱都没有了次序，还怎么治理国家？而且宣子的刑书，是在夷地检阅时制定的，这是晋国的乱法，怎么能把它当作法度呢？”

原文

楚昭王有疾，卜曰："河神为祟[①]。"王弗祭，大夫请祭诸郊。王曰："三代命祀，祭不越望[②]。江、汉、沮、漳[③]，楚之望也。祸福之至，不是过乎？不谷[④]虽不德，河非所获罪也。"遂不祭。

孔子曰："楚昭王知大道[⑤]矣，其不失国也宜哉[⑥]！《夏书》曰：'维彼陶唐，率彼天常[⑦]，在此冀方[⑧]。今失厥道（一作其行），乱其纪纲，乃灭而亡。'又曰：'允出兹在兹'，由己率常可矣[⑨]。"

注释

①河神为祟：意为黄河之神在作怪。河，黄河。祟，鬼神作怪。②祭不越望：指祭祀不超越本国的山川。望，古代祭祀山川的专名，望而祭之，故称"望"。③江、汉、沮、漳：王注："四水名也。"④不谷：古代诸侯自称的谦辞。⑤知大道：明白大道理。王注："取之于己，不越祀也。"⑥不失国也宜哉：意为不失去国家也是理所当然的。⑦维彼陶唐，率彼天常：意为那位君主陶唐，遵循天道纲常。王注："陶唐，尧。率，循天之常道。"⑧冀方：古泛指中原地区。⑨由己率常可矣：意为让自己遵循常道就可以了。王注："言善恶各有类信，出此则在此，以能循常道可也。"

译文

楚昭王有病，占卜的人说："黄河之神在作怪。"楚昭王不祭祀，大臣请求祭祀于城郊外。楚昭王说："按照三代制定的祭祀制度，诸侯祭祀不能超过本国国境。江水、汉水、沮水、漳水，是楚国的大川。祸福的发生，不应该是这几条河的河神的原因吗？我虽然在德行上不出众，但也不会招惹到遥远的黄河水神。"所以拒绝祭祀。

孔子说："楚昭王是懂得大道理的人，他的国家不会失去也是应该的啊！《夏书》说：'那位古代的君王陶唐，遵循天道纲常，坐拥中土之地。如今不走大道，法度无秩序，所以走向灭亡。'又说：'付出什么就收获什么'，让自己遵循常道就可以了。"

原文

卫孔文子[1]使太叔疾出其妻，而以其女妻之。疾诱其初妻之娣[2]，为之立宫，与文子女如二妻之礼。文子怒，将攻之。孔子舍蘧伯玉[3]之家，文子就而访焉。

孔子曰："簠簋之事[4]，则尝闻学之矣。兵甲之事，未之闻也。"退而命驾而行，曰："鸟则择木，木岂能择鸟乎？"文子遽[5]自止之，曰："圉也岂敢度[6]其私哉？亦访卫国之难也。"将止，会季康子问冉求之战，冉求既对之，又曰："夫子播之百姓，质诸鬼神，而无憾[7]，用之则有名。"康子言于哀公，以币迎孔子，曰："人之于冉求，信之矣，将大用之。"

注释

①卫孔文子：即卫国的大夫孔圉，聪明好学，又十分谦虚。②初妻之娣：指前妻的妹妹。③蘧伯玉：春秋时期卫国大夫，是孔子的朋友。④簠簋之事：指祭祀。簠簋，装祭品的容器。⑤遽：急忙。⑥度：谋取，谋求。王注："度，谋。"⑦憾：遗憾，失望。王注："恨也。"

译文

卫国的孔文子让太叔疾休弃了他的妻子，而将自己的女儿许配给他。太叔疾又引诱其前妻的妹妹，并给她修了一座宫殿，和孔文子的女儿并列，对二人都按照妻子的礼节对待。孔文子被激怒，想要举兵攻打太叔疾。孔子住在蘧伯玉的家里，孔文子就去拜访孔子。

孔子说："对于祭祀，我曾学习和了解过。但对于带兵打仗，我没有听闻过。"孔子退出来就让人驾车要走，说："鸟可以选择树木，树木难道能选择鸟吗？"文子急忙拦住他，说："我怎么敢谋求自己的私利？我是为了防止卫国发生祸乱。"孔子准备留下，碰上季康子问冉求用兵的事，冉求回答完之后，又说："老师的学说散播在百姓之中，就算是让鬼神来评判，也是无可挑剔的，运用这些学说就会使鲁国名声大振。"季康子把这事告诉了鲁哀公。鲁哀公用礼物迎接孔子，说："冉求是值得信任的，我将重用孔子。"

原文

齐陈恒弑其君简公，孔子闻之，三日沐浴而适朝，告于哀公曰："陈恒弑其君，请伐之。"公弗许。三请，公曰："鲁为齐弱久矣，子之伐也，将若之何？"

对曰："陈恒弑其君，民之不与者半，以鲁之众，加齐之半，可克①也。"公曰："子告季氏。"孔子辞②，退而告人曰："以吾从大夫之后，不敢不告也。"

注释

①克：取胜。②孔子辞：王注："不告季氏。"

译文

齐国的陈恒杀了他们的国君齐简公，孔子听说后，斋戒净浴三天后上朝见国君，对鲁哀公说："陈恒杀了他们的国君，请您去讨伐他。"鲁哀公不答应。孔子三次请求，鲁哀公说："鲁国被齐国削弱已经很久了，你要攻打他，打算怎么做呢？"

孔子回答说："陈恒杀了他们的国君，齐国的民众有一半不会支持他，凭借着鲁国的民众，再加上齐国一半百姓，就可以制服陈恒了。"哀公说："你把这事告诉季氏吧。"孔子告辞，退出告诉别人说："因为我做过大夫，所以不敢不向国君呈报。"

原文

子张问曰："《书》①云：'高宗②三年不言，言乃雍③。'有诸？"

孔子曰："胡为其不然也？古者天子崩，则世子委政于冢宰三年。成汤既没，太甲④听于伊尹；武王既丧，成王听于周公。其义一也。"

注释

①书：此指《尚书》。②高宗：指商高宗武丁。③雍：和谐欢顺的样子。王注："雍，欢声貌。"④太甲：商汤嫡长孙，太丁之子，商朝第四位君主。王注："太甲，汤孙。"

译文

子张问孔子："《尚书》说：'殷高宗为父亲守丧而三年不议论政事，服丧期满才开始议论，大家很高兴。'有这样的事情吗？"

孔子说："怎么不是这样的呢？古时候的天子驾崩，即位的长子就要把国家政事托给冢宰三年。成汤去世，太甲听命于伊尹；武王去世，成王听命于周公。这其中的道理是相同的。"

原文

卫孙桓子[1]侵齐，遇，败焉。齐人乘之，执新筑大夫仲叔于奚以其众救桓子，桓子乃免。卫人以邑赏仲叔于奚，于奚辞，请曲悬之乐[2]，繁缨[3]以朝。许之，书在三官[4]。子路仕卫，见其政，以访孔子。

孔子曰："惜也！不如多与之邑。惟器与名[5]，不可以假人，君之所司也。名以出信，信以守器，器以藏礼[6]，礼以行义，义以生利，利以平民，政之大节也。若以假人，与人政也，政亡，则国家从之，不可止也[7]。"

注释

①孙桓子：春秋卫国大臣。②曲悬之乐：诸侯坐的车三面悬挂的礼乐器。因三面悬挂，缺一面，所以称曲悬。③繁缨：指古代天子、诸侯所用马的装饰。王注："马缨当膺，以索群衔，以黄金为饰也。"④书在三官：让三官记录此事。书，书写。三官，指司徒、司马、司空。⑤器与名：礼器与名号。王注："器，礼乐之器。名，尊卑之名。"⑥器以藏礼：礼器用来体现礼制。王注："有器然后得行其礼，故曰器以藏礼。"⑦国家从之，不可止也：国家也会跟着灭亡，这种情况不可阻挡。

译文

卫国的孙桓子侵犯齐国，两军相遇，卫国的军队被打败了。齐国追击败军，新筑大夫仲叔于奚带领众人援救桓子，桓子才幸免被抓。卫国人用城池来奖励仲叔于奚，仲叔于奚推辞，请求享用曲悬之乐，驾乘繁缨装饰的马匹来朝见国君。卫君允许了，三官记录了此事。子路在卫国做官，看见这个记录，就以此事请教孔子。

孔子说："可惜啊！还不如多给他一些城池。只有礼器和名号是不能够给别人的，这两样东西应该是国君所掌握的。名号是用来显示威信的，威信用来守护礼器，礼器用来体现礼制，礼制用来推行道义，道义用来产生利益，利益可以用来安定百姓，这是为政的重要原则。如果把它借给别人，就等于把政权交给了别人，政权没了，国家也会跟着灭亡，这种情况就不可阻挡了。"

原文

公父文伯[①]之母，纺绩不解，文伯谏焉。其母曰："古者王后亲织玄紞[②]，公侯之夫人加之纮綖[③]，卿之内子[④]为大带，命妇[⑤]成祭服，列士之妻加之以朝服，自庶士已下，各衣其夫。社而赋事，烝而献功[⑥]，男女纺绩，愆则有辟[⑦]，圣王之制也。今我寡也，尔又在位，朝夕恪勤，犹恐亡先人之业，况有怠惰，其何以避辟？"

孔子闻之，曰："弟子志之，季氏之妇可谓不过矣。"

注释

①公父文伯：春秋时期鲁国三桓季悼子之孙，公父穆伯的儿子，鲁国大夫。②玄紞：古代冠冕上用来系瑱（美玉）的黑色带子。王注："紞，冠垂者。"③纮綖：冠冕两旁的带子。王注："谓之纮綖，冠之上覆也。"④卿之内子：卿的妻子。王注："卿之妻为内子。"⑤命妇：古称受有封号的妇女。⑥烝而献功：指冬祭时献谷物、布帛等实物。烝，冬祭。功，指五谷、布帛等物。⑦男女纺绩，愆则有辟：意为男女都做出了贡献，有罪的都会依法惩办。愆，过错。辟，刑、法。王注："绩，功也，辟，法也。"

译文

公父文伯的母亲，纺丝织麻没有懈怠，于是文伯劝谏她多休息。他母亲说："古代王后亲织玄统，公侯的夫人除了织玄统外还要织纮綖，卿的妻子织大带，大夫的妻子便缝纫成祭祀的礼服，列士的妻子缝制成祭服外加朝服，庶士以下人的妻子，各为她们的丈夫做衣服。春天祭祀土地神并从事农桑之事，冬天献上五谷、布帛，男女都争相创立功业，有罪就会被依法惩办，此乃圣王的制度。现在我寡居，你又在官位，日夜恭敬勤恳，还怕遗忘现在的业绩，如果做事怠慢懒惰，怎么能逃脱法律的惩罚呢？"

孔子听到这些话，说："弟子们记住，季氏的妇女可以说不会有过错了。"

原文

樊迟问于孔子曰："鲍牵[①]事齐君，执政不挠[②]，可谓忠矣。而君刖[③]之，其为至暗乎？"

孔子曰："古之士者，国有道则尽忠以辅之，国无道则退身以避之。今鲍庄子食于淫乱之朝，不量主之明暗，以受大刖，是智之不如葵[④]，葵犹能卫其足。"

注释

①鲍牵：齐国大夫。谥庄子。鲍叔牙曾孙。②挠：屈服，屈挠。③刖：古代的一种酷刑，指把脚砍掉。④葵：指葵菜，其叶子跟着太阳转动，具有很强的生命力。王注："葵倾叶随日转，故曰卫其足也。"

译文

樊迟请教孔子说："鲍牵侍奉齐国君主，执掌政事努力不懈，可以说是忠诚的了。然而齐国国君却砍掉了他的双脚，国君也太愚昧不明了吧？"

孔子说："古代的士人，如果国家政治清明就竭尽忠诚地为国出力，国家混乱黑暗就隐退不出。现在鲍牵在淫乱的朝中做官，不考虑君主是明是昏，以致遭受砍去双脚的重刑，这样的心智还不如葵菜，葵菜尚且还能保护自己的足。"

原文

季康子欲以一井田[①]出法赋焉，使访孔子。

子曰："丘弗识也。"

冉有三发，卒曰："子为国老，待子而行，若之何子之不言？"

孔子不对，而私于冉有曰："求，汝来，汝弗闻乎？先王制土，藉田以力[②]，而底[③]其远近；赋里以入，而量其有无[④]；任力以夫，而议其老幼[⑤]。于是鳏寡孤疾老者，有军旅之出则征之，无则已。其岁，收田一井，出稷秉缶米，刍藁[⑥]，不是过，先王以为足。君子之行必度于礼，施取其厚，事举其中，敛从其薄。若是其已，丘[⑦]亦足矣。不度于礼而贪冒无厌，则虽赋田，将有不足。且季孙若以行之而取法，则有周公之典在；若欲犯法，则苟[⑧]行之，又何访焉？"

注释

①井田：指古代奴隶社会的一种土地国有制度。因形如井字，故称井田。②藉田以力：按照劳力的多少来分配土地。③底：王注："底，平。平其远近，则什一而中。"④赋里以入，而量其有无：意为市镇征收赋税，要考虑到居民财产的多少。⑤任力以夫，而议其老幼：意为分派劳役按照劳动力的多

少，要考虑到年龄的老幼。王注："力作度之事，丁夫召其长幼，或重或轻。"⑥出稯秉缶米，刍藁：稯、秉、缶米，都是谷物的计量单位。刍藁，喂牲畜的干草。⑦丘：此为量词，指用田塍隔开的水田。王注："丘，十六井。"⑧苟：马虎，随便。

译文

季康子想按照一井田征收赋税，让冉有去请教孔子。

孔子说："我不懂这个。"

冉有问了三次，最后说："您是一国之元老，大家都在看您的说法，您为何不说了呢？"

孔子不当面回答，私下对冉有说："冉求，你过来，你难道不知道吗？先王制定土地制度，依据劳力的多寡配置土地，并依据地方的远近来做合理的调整；市镇征收赋税，要根据百姓收入的多少；分派劳役按照劳动力的多少，还要考虑到年龄的老幼。对于鳏寡孤疾老者，在打仗的时候向他们征税，不打仗的时候不征税。在打仗的时候，一井土地，就征收一稯禾、一秉饲料、一缶米，不会超过这些，先王认为这就够了。君子的行为必须合乎礼的要求，施予要力求丰厚，做事要适中把握分寸，赋敛要尽量微薄。如果这样，那按丘征税就足够了。不依据礼的尺度来衡量而贪婪无节制，就算按田亩征税也是不够的。而且季孙要想行事合乎法度，则有周公的典章在那里；如果想违背法度做事，那么随便马虎就好了，又何必来请教我呢？"

原文

子游问于孔子曰："夫子之极言子产之惠①也，可得闻乎？"

孔子曰："谓②在爱民而已矣。"

子游曰："爱民谓之德教，何翅③施惠哉？"

孔子曰："夫子产者，犹众人之母也，能食之，而不能教也。"

子游曰："其事可言乎？"

孔子曰："子产以所乘之车济冬涉者④，是爱而无教也。"

注释

①惠：仁爱，恩惠。②谓：此为“恩惠”之意。③何翅：岂止。④涉者：涉水过河的人。

译文

子游问孔子说：“老师您极力称赞子产对百姓有恩惠，可以说来听听吗？”

孔子说：“他的恩惠重在爱民罢了。”

子游说：“爱民可以称为德治教化，岂止是施予恩惠呢？”

孔子说：“子产这个人，就像大家的母亲，能给予他们饭食，而不能教化他们。”

子游说：“这方面的事例可以说说吗？”

孔子说：“子产把他所乘的车给冬天过河的人坐，这仅仅是爱护而不是教化。”

原文

哀公①问于孔子曰：“二三大夫皆劝寡人，使隆敬于高年②，何也？”

孔子对曰：“君之及此言也，将天下实赖③之，岂唯鲁哉！”

公曰：“何也？其义可得闻乎？”

孔子曰：“昔者有虞氏贵德而尚齿④，夏后氏贵爵而尚齿，殷人贵富而尚齿，周人贵亲而尚齿。虞、夏、殷、周，天下之盛王也，未有遗年者焉。年者，贵于天下久矣，次于事亲⑤。是故朝廷同爵而尚齿，七十杖于朝，君问则席；八十则不仕朝，君问则就之，而悌达乎朝廷矣。其行也肩而不并，不错则随，斑白之老不以其任于

路，而悌达乎道路矣。居乡以齿，而老穷不匮，强不犯弱，众不暴寡，而悌达乎州巷矣。古之道，五十不为甸役⑥，颁禽隆之长者，而悌达乎蒐狩矣。军旅伍什⑦，同列则尚齿，而悌达乎军旅矣。夫圣人之教孝悌，发诸朝廷，行于道路，至于州巷，放于蒐狩⑧，循于军旅，则众感以义，死之而弗敢犯。"

公曰："善哉，寡人虽闻之，弗能成。"

注释

①哀公：鲁定公之子，春秋时期鲁国第二十六任君主。②隆敬于高年：敬重老年人。③赖：好处。④尚齿：尊敬老年人。⑤事亲：照顾自己的双亲。⑥甸役：田猎和力役的差事。⑦伍什：古代军队的基层编制，五人为伍，二伍为什。⑧蒐狩：春猎为蒐，冬猎为狩，此指田猎。

译文

哀公向孔子请教说："几位大夫都劝我，要我很好地敬重老年人，这是为什么呢？"

孔子回答说："您能问这样的问题，那么对天下都有好处，何况是鲁国呢！"

哀公问："为什么呢？其中的道理可以说来听听吗？"

孔子说："以前有虞氏看重道德并且敬重年长的人，夏后氏看重官爵也敬重老年人，殷朝人重视富有也尊重老年人，周朝人重视亲人也尊重老年人。虞、夏、殷、周这四个朝代，是天下兴盛的王朝，没有遗忘老年人。老人，被天下的人尊敬由来已久，其重要性仅次于侍奉自己的父母。因此在朝廷中爵位相同的更尊重年长者，七十岁可以拄着拐杖上朝，国君如果有所请教就要赐以席位；八十岁可以不上朝，国君要请教就到他家里去，这样敬老之道就达到朝廷了。走路时，不要和老人并肩而行，错开或者是走在他们的后面，不要让头发花白的老人负重而行，这样敬老之道就实行在路上了。住在乡野也要按老幼分先后，如此，穷苦的老人生活就不会拮据，强不欺弱，多不欺少，那么敬老之道就贯彻到州巷之中了。古代的制度，年到五十就不再担当田猎和力役的差事，分配猎物还要优待老年人，那么敬老之道就通行到狩猎活动中了。军队里，官衔相同的更应该敬重长者，这样敬老之道就实行到军队中了。圣王提倡的孝道，起始于朝廷，实行于道路，达到于州巷，推行到田猎，务实到军队，那么百姓明白了敬老之道的必要性和重要性，就宁死也不敢去做违法的事了。”

哀公说：“好啊，我虽然听到了这个道理，但却做不到。”

原文

哀公问于孔子曰：“寡人闻东益①不祥，信有之乎？

孔子曰：“不祥有五，而东益不与焉。夫损人自益，身之不祥；弃老而取幼，家之不祥；释贤而任不肖，国之不祥；老者不教，幼者不学，俗②之不祥；圣人伏匿，愚者擅权，天下不祥。不祥有五，东益不与焉。”

注释

①东益：东房旁边增盖的房屋。②俗：风尚，风俗。

译文

鲁哀公问孔子说：“我听说在东房旁增盖房屋是不吉利的，果真如此吗？”

孔子说：“不吉利的事情有五件，而东边增盖房屋的事不在其内。损人利己，这是自身不祥；遗弃老人而只关爱子女，这是家庭的不吉利；放弃贤人而任用小人，是国家的不吉利；老人不教育后代，孩子不勤奋学习，这是风尚的不吉利；圣人退隐山林，愚蠢的人擅政专权，这是天下的不吉利。不吉利有五种，在东房旁增盖房屋不在其内。”

原文

孔子适季孙，季孙之宰①谒②曰："君使求假③于田，将与之乎？"季孙未言。

孔子曰："吾闻之：君取于臣，谓之取；与于臣，谓之赐。臣取于君，谓之假；与于君，谓之献。"

季孙色然悟曰："吾诚未达此义。"遂命其宰曰："自今已往，君有取之，一切不得复言假也。"

注释

①宰：古代贵族家中的管家或奴隶总管。②谒：拜见。③假：借。

译文

孔子到季孙那里，季孙的家臣来求见说："君王遣人来借我们的良田，要答应他吗？"季孙没有说话。

孔子说："我听说：君王从臣子这里拿东西，叫作取；把东西给自己的臣子，叫作赐。臣子从君王处拿东西，叫作借；臣子送东西给君王，叫作献。"

季孙神色醒悟地说："我确实还未懂这个道理。"于是命令他的管家说："从今以后，国君有什么东西要来拿，你们都不能再说借这个字。"

卷十

曲礼子贡问第四十二

原文

子贡问于孔子曰："晋文公[1]实[2]召[3]天子[4]，而使诸侯朝焉。夫子作《春秋》云：'天王[5]狩[6]于河阳。'何也?"

孔子曰："以臣召君，不可以训[7]，亦书其率诸侯事天子而已。"

注释

①晋文公：即重耳，春秋时期晋国国君。②实：实际。③召：召请。④天子：指周襄王。⑤天王：指周天子。⑥狩：打猎。⑦训：法，法则。

译文

子贡问孔子："晋文公在温地的会盟，实际是召请周天子，而让诸侯来朝见。老师您编写《春秋》时写道：'天子在河阳狩猎。'这是为什么呢？"

孔子说："以臣下的身份来召请国君，这是不可以效法的。所以我这样写，就是要写成晋文公率领各诸侯来朝见天子。"

原文

孔子在宋，见桓魋[①]自为石椁[②]，三年而不成，工匠皆病。夫子愀然曰："若是其靡[③]也，死不如速朽之愈。"

冉子仆，曰："礼，凶事不豫，此何谓也乎？"

夫子曰："既死而议谥[④]，谥定而卜葬[⑤]，既葬而立庙，皆臣子之事，非所豫属也，况自为之哉！"

注释

①桓魋：春秋时期宋国司马。②石椁：石制的外椁。③靡：奢靡，浪费钱财。④谥：即谥号。⑤卜葬：为死者选择葬日与葬地。

译文

孔子在宋国，看见桓魋为自己预做石椁，做了三年时间还没有做好，工匠都为此感到担忧。孔子脸上露出忧色说："如此的奢靡，死了还不如快些腐朽的好。"

冉有跟随服侍孔子，说："《礼》书说，凶险的事不可能预先知道，这是指的什么呢？”

孔子说：“人死之后再议定谥号，谥号定了以后再选择下葬的时间和地点，安葬完毕再建立庙宇，这些事都应该由做臣子的来办理，并非预先就操办好的，更何况自己为自己操办呢？”

原文

南宫敬叔[1]以富得罪于定公[2]，奔卫。卫侯请复之。载其宝以朝[3]。

夫子闻之，曰：“若是其货[4]也，丧[5]不若速贫之愈。”

子游侍，曰：“敢问何谓如此？”

孔子曰：“富而不好礼，殃也。敬叔以富丧矣，而又弗改，吾惧其将有后患也。”

敬叔闻之，骤[6]如[7]孔氏，而后循礼施散焉。

注释

①南宫敬叔：即南宫悦，鲁国大夫。②定公：鲁定公。③载其宝以朝：拿着宝物去朝见。④货：贿赂。⑤丧：丢掉了官位。⑥骤：快速，马上。⑦如：到。

译文

南公敬叔因富有而得罪了鲁定公，逃到了卫国。卫侯恳请鲁定公让敬叔官复原职。敬叔就拿着他的宝物来朝见鲁定公。

孔子听说后，说：“如此用宝物来贿赂，比起丢了官还不如迅速贫穷的好。”

子游正侍奉孔子，说：“请问为什么这么说呢？”

孔子说：“富而不好礼，肯定会招来灾祸。南宫敬叔由于富有而失去官职，却还不改正自己的错误，我怕他以后还有灾祸。”

南宫敬叔听说后，速速去见了孔子，自此之后做事遵循礼制并广施善财给百姓。

原文

孔子在齐，齐大旱，春饥。景公问于孔子曰：“如之何？”

孔子曰：“凶年则乘驽马①，力役②不兴，驰道③不修，祈以币玉④，祭祀不悬⑤，祀以下牲⑥。此贤君自贬以救民之礼也。”

注释

①驽马：指不出众的马。②力役：劳役。③驰道：古代指君王走的路。④祈以币玉：祈祷时用币和玉，而非牲畜。⑤不悬：不悬挂乐器，指不奏乐。⑥祀以下牲：祭祀时用等级较低的牲畜。下牲，指少用牲畜。

译文

孔子在齐国时，齐国发生了大干旱，春季的时候开始闹饥荒。齐景公问孔子说：“怎么办呢？”

孔子说：“在灾荒的时候出门要骑劣马，不大兴土木，不修国道，国王的祈祷用币和玉来代替牲口，祭祀时不要奏乐，祭祀的牲畜用差的。这是贤明君主自己降低等级以拯救民众的礼啊。”

原文

孔子适季氏，康子[1]昼居内寝[2]，孔子问其所疾，康子出见之。言终，孔子退。子贡问曰："季孙不疾，而问诸疾，礼与?"

孔子曰："夫礼，君子不有大故[3]，则不宿于外。非致齐[4]也，非疾也，则不昼处于内。是故，夜居外，虽吊之，可也。昼居于内，虽问其疾，可也。"

注释

①康子：即季康子，春秋时期鲁国的正卿。②昼居内寝：白天在内室睡觉。③大故：重大事故。④齐：通"斋"，斋戒。

译文

孔子到季康子家去，看到康子白天睡在内室，孔子询问他的病况，康子出来接见孔子。说完话，孔子就退了出来。子贡问孔子说："季康子并未患病，您却询问他的病情，这合乎礼吗?"

孔子说："根据礼，君子若未遭遇大的事故，则不应该睡在外室。如果不是祭祀，不是有病，白天也不在内室睡觉。因此，晚上睡在外室，去吊问，是可以的。白天睡于内室，前去询问他的病况，是可以的。"

原文

孔子为大司寇，国厩焚[1]，子退朝而之火所。乡人有自为火来者，则拜之。士一[2]，大夫再[3]。子贡曰："敢问何也?"

孔子曰："其来者，亦相吊之道也。吾为有司[4]，故拜之。"

注释

①国厩焚：指国都马房失火。②士一：对士人拜谢一次。③大夫再：对大夫拜谢两次。④有司：执事的官员。

译文

孔子担任大司寇的时候，国家的马厩失火，孔子退朝后去到发生火灾的地方。附近的人有自发来救火的，孔子都分别拜谢他们。对士拜谢一次，对大夫拜谢两次。子贡问："请问为什么这么做呢？"

孔子说："这些人来这里救火，体现了互助慰问的帮助之道。我作为执事的官员，要拜谢他们。"

原文

子贡问曰："管仲失①于奢，晏子②失于俭。与其俱失也，二者孰贤？"

孔子曰："管仲镂簋而朱纮③，旅树④而反坫⑤，山节⑥藻棁⑦。贤大夫也，而难为上。晏平仲祀其先祖而豚肩⑧不掩豆⑨，一狐裘⑩三十年。贤大夫也，而难为下。君子上不僭下，下不逼上⑪。"

注释

①失：过错，失误。②晏子：即齐国大夫晏婴，字平仲。③镂簋而朱纮：意为盛食物的器具雕刻花纹，系帽的带子使用朱红色。镂簋，在盛食物的器具簋上雕刻花纹。朱纮，朱红色的帽带。④旅树：对着门道立屏。旅，设。树，立屏。⑤反坫：指互相敬酒后，把空酒杯放还在土台上。⑥山节：指在

宫室的斗拱上画上山形和云形的图案。节，斗拱，亦称栭。⑦藻棁：画有水草花卉的梁上短柱。藻，水草。棁，楹柱。⑧豚肩：猪腿。⑨不掩豆：遮不住盛食物的器具豆。王注：“言陋小也。”⑩狐裘：狐皮制的外衣。⑪上不僭下，下不逼上：意为对上不应该僭越君上，对下不应该困逼下属。僭，超越本分。逼，逼迫。

译文

子贡问孔子说：“管仲的不足就是太奢靡，晏子的不足在于太节俭。这二人都有不足之处，比较一下谁更好呢？”

孔子说：“管仲盛东西的器物都刻有花纹图案，帽带的颜色使用朱红，大门前树立影壁，堂上两楹间设置放回酒杯的土台，宫室的斗拱上画山和云形的图案，楹柱上画有水草花卉的彩绘。他是一位贤能的大夫，但是当他的国君是为难的。晏子祭祀祖先只用了一个小猪腿，小得遮不住器具的上口，一件狐皮制的衣服穿了三十年。毫无疑问他是一位贤德的大夫，但他的做法使下属就为难了。作为君子，对上不应该僭越君上，对下不应该困逼属下。”

原文

冉求曰：“臧文仲[①]知鲁国之政，立言垂法，于今不亡，可谓知礼者矣？”

孔子曰：“昔臧文仲安知礼？夏父弗忌[②]逆祀[③]而不止，燔柴于灶以祀[④]焉。夫灶者，老妇之所祭[⑤]，盛于瓮，尊于瓶[⑥]，非所祭也。故曰礼也者，犹体也，体不备，谓之不成人[⑦]，设之不当，犹不备也。”

注释

①臧文仲：春秋时鲁国大夫。②夏父弗忌：鲁国主持礼仪的官。③逆祀：违反祭祀的礼仪。④燔柴于灶以祀：在炉灶上举行燔柴之祭。燔，焚烧。⑤老妇之所祭：意为老年妇女来祭祀的。王注："谓祭灶执其功，老妇主祭也。"⑥尊于瓶：用瓶子来当酒杯。尊，通"樽"。⑦不成人：不是完整的人。

译文

冉求说："臧文仲主持鲁国国政的时候，他所制定的礼法制度，到现在影响仍未消失，所以他可以说是懂得礼的人吧？"

孔子说："臧文仲怎能算知礼呢？礼官夏父弗忌把僖公的神主放在闵公之前来祭祀时他不制止。在炉灶上焚烧柴火祭火神时他依然不阻止。祭灶神，那是应该由年长的妇女来主祭的，祭祀时把祭品盛在瓮里，酒盛在瓶里，烧柴来祭是不对的。所以说，礼制就如同人的身体，肢体不全者，不能称为完整的人，礼制上的制定不合理，就像人没有完备的躯体一样。"

原文

子路问于孔子曰："臧武仲[①]率师与邾[②]人战于狐骀[③]，遇，败焉。师人多丧而无罚，古之道然与？"

孔子曰："凡谋人之军，师败则死之；谋人之国，邑危则亡之，古之道也。其君在焉者，有诏则无讨[④]。"

注释

①臧武仲：鲁国大夫。②邾：国名。即邹国。③狐骀：地名，在今山东滕县东南。④有诏则无讨：意为有赦免的诏书就不要讨伐了。王注：“诏，君之教也。有君教，则臣无讨。”

译文

子路问孔子说：“臧武仲率领军队与邾国人在狐骀交战，遇到邾国军队就败了。鲁军死伤惨重而臧武仲却并没有受到相应的惩处，难道这就是先人的制度吗？”

孔子说：“凡是指挥军队作战的人，若作战失败则领将当以死谢罪；掌管国家都邑的人，若都邑被置于危险中则掌管人就应该受到放逐的惩罚，此为先人的制度。如果君主在任上，有赦免的诏书就不要讨伐了。”

原文

晋将伐宋，使人觇[①]之。宋阳门[②]之介夫[③]死，司城[④]子罕[⑤]哭之哀。觇者反，言于晋侯曰：“阳门之介夫死，而子罕哭之哀。民咸悦，宋殆未可伐也。”

孔子闻之曰：“善哉！觇国乎！《诗》云：‘凡民有丧，匍匐救之。’子罕有焉。虽非晋国，其天下孰能当之！是以周任[⑥]有言曰：‘民悦其爱者，弗可敌也。’”

注释

①觇：窥探，侦察。②阳门：宋国城门。③介夫：披甲的卫士。④司城：为古代春秋官名，同司空。春秋时宋以避武公之名，改司空为司城。⑤子罕：名乐喜，宋国正卿，为官清廉。⑥周任：周时大夫。

译文

晋国要举兵攻宋，于是先遣人刺探敌情。宋国的一个守城士兵死了，宋国的执政官司城子罕哭得很伤心。刺探情报的人返回晋国，对晋侯说："宋国的一个守城士兵死了，子罕十分悲痛。百姓都很感动，现在怕不是攻打的时机。"

孔子闻知此事后说："好啊！这个探子真是善于观察敌情啊！《诗经》里说：'凡是百姓有丧亡，要尽全力去救助。'子罕就具有这种品质。如果不是晋国，天下有谁敢和宋国为仇呢！所以周任曾说过：'老百姓拥护同情爱戴他们的人，这样的人是所向无敌的。"

原文

楚伐吴，工尹[①]商阳[②]与陈弃疾[③]追吴师。及之，弃疾曰："王事也，子手弓而可。"商阳手弓。弃疾曰："子射诸。"射之，毙一人，韔[④]其弓。又及，弃疾谓之，又毙二人。每毙一人，辄掩其目，止其御曰："吾朝不坐，燕不与[⑤]，杀三人，亦足以反命[⑥]矣。"

孔子闻之曰："杀人之中，又有礼焉。"

子路怫然[⑦]进曰："人臣之节，当君大事[⑧]，唯力所及，死而后已。夫子何善此？"

子曰："然，如汝言也。吾取其有不忍杀人之心而已。"

注释

①工尹：楚国官名。②商阳：人名。③陈弃疾：楚国公子。④韔：指装弓的弓袋。⑤燕不与：指宴席不能参加。燕，通“宴”。⑥反命：复命，交差。⑦怫然：愤怒的样子。⑧当君大事：意为担当国君的大事。

译文

楚国讨伐吴国，工尹商阳和陈弃疾奉命追击吴军。追赶上了，陈弃疾说：“此为国君交予的任务，您可以拿起弓了。”商阳拿起弓。陈弃疾说：“您该射箭了。”商阳射了一箭，射杀了一名敌军，就把弓收好了。又出现了敌人，弃疾又说了同样的话，他又射死二人。每射死一人，他都把眼睛挡起来不敢直视，让驾车人停止追赶并说：“我朝见国君时无座位，举行宴会我也没有资格参加，杀了三个人，也可以回去交差了。”

孔子听到这事说：“杀人之中，也是有礼节的。”

子路生气地走上前说：“作为臣子的礼节是，当君主遇到大事，只有全力地去做，直到死才能停止。您为什么赞赏工尹商阳呢？”

孔子说：“是这样的，如你所言。我只是赞赏他有善良慈悲之心。”

原文

孔子在卫，司徒敬子[1]卒，夫子吊焉。主人不哀，夫子哭不尽声而退。

蘧伯玉请曰：“卫鄙俗不习丧礼，烦吾子辱相焉[2]。”

孔子许之，掘中溜而浴[3]，毁灶而缀足，袭于床[4]。及葬，毁宗而躐行[5]，出于大门。及墓，男子西面，妇人东面，既封而归，殷道也。孔子行之。

子游问曰："君子行礼，不求变俗⑥，夫子变之矣。"

孔子曰："非此之谓也，丧事则从其质⑦而已矣。"

注释

①司徒敬子：卫国大夫。②烦吾子辱相焉：烦劳你屈尊担当礼相之责。辱，谦辞，指使对方屈尊。相，主持礼节仪式的人。③掘中溜而浴：在室中挖坑，为死者洗浴。中溜，室中央。④袭于床：更衣于床上。⑤毁宗而躐行：意为将宗庙墙拆个口子而越行。毁宗，把宗庙墙拆个口。躐，超越。⑥变俗：改变风俗。⑦质：俭朴。

译文

孔子在卫国，司徒敬子去世，孔子去吊丧。主人并不哀伤，孔子未哭完就退下了。

蘧伯玉请教说："卫国风俗简陋粗俗且不擅于丧礼之法，劳烦你屈尊接任礼相。"

孔子答应了，他让人在室中挖一个坑，床架在上面，为死者洗浴，使水流入坑内，拆毁炉灶并用灶砖支撑并控制双脚，以便穿鞋，在床上以衣敛尸。出葬之时，毁掉宗庙门西边墙，然后灵柩越过行神之位，直接把灵车拉出大门。到了墓地，男子面向西，妇女面向东，下葬后推土成坟就返回了，此为殷朝人举办行丧礼的礼节制度。孔子按此照做了。

子游问孔子说："君子持办礼节，不要求改变习俗，而老师您却改变了习俗。"

孔子说："我做的不是你说的那个样子，操办丧事只要俭朴合乎礼节就可以了。"

原文

宣公[1]八年六月辛巳，有事于太庙，而东门襄仲[2]卒，壬午[3]犹[4]绎[5]。子游见其故，以问孔子曰：“礼与?”

孔子曰：“非礼也，卿卒不绎。”

注释

①宣公：即鲁宣公，春秋诸侯国鲁国君主之一，是鲁国第二十任君主。②东门襄仲：春秋前期鲁国公族，权倾朝野的政治家，鲁庄公之子。③壬午：壬午日，辛巳的次日。④犹：又，还。⑤绎：王注：“绎，祭之明日又祭也。”

译文

鲁宣公八年六月辛巳日，鲁宣公在太庙举行禘祭，此时东门襄仲死了，次日为壬午日，又祭一回。子游见到此事，问孔子说：“这与礼一致吗?”

孔子说：“这并不合礼节，卿死不应该再举行第二天的祭祀。”

原文

季桓子[1]丧，康子[2]练[3]而无衰[4]。子游问于孔子曰：“既服练服，可以除衰[5]乎?”

孔子曰：“无衰衣者，不以见宾，何以除焉?”

注释

①季桓子：即季孙斯，春秋时鲁国卿大夫。②康子：季桓子的儿子。③练：古丧服名，用白绢制成。④衰：同“缞”，披于胸前的麻布条。⑤除衰：脱去缞衣。

译文

季桓子的丧事期间，他的儿子季康子穿着练服而没有披粗麻布制成的缞衣。子游问孔子说：“穿了练服以后，就能脱去缞衣了吗？”

孔子说：“不披缞衣，不应该会见宾客，又怎么能脱去呢？”

原文

邾[①]人以同母异父之昆弟[②]死，将为之服[③]，因颜克[④]而问礼于孔子。

子曰：“继父同居者，则异父昆弟从为之服；不同居，继父且犹不服，况其子乎？”

注释

①邾：指邾国，周代诸侯国。②昆弟：同昆仲，指兄和弟。③服：服丧服。④颜克：孔子的一名弟子。

译文

郰国有个人因为同母异父的弟弟死了，将要为他服丧，经颜克向孔子询问这方面的礼制。

孔子说："如果和继父一起生活，则同母异父的兄弟应该跟从其亲子女一样服丧服；没有与继父共同生活，就算继父亡故也不需服丧，何况是他的儿子呢？"

原文

齐师侵鲁，公叔务人①遇人入保，负杖而息②。务人泣曰："使之虽病③，任之虽重④，君子弗能谋，士弗能死，不可也。我则既言之矣，敢不勉⑤乎！"与其邻嬖⑥童⑦汪锜⑧乘⑨，往奔敌，死焉。皆殡⑩，鲁人欲勿殇⑪童汪锜，问于孔子。

子曰："能执干戈以卫社稷，可无殇乎？"

注释

①公叔务人：指鲁昭公的儿子。②遇人入保，负杖而息：意为遇到一个人进入城内，他靠着兵杖休息。保，同"堡"，小城邑。③使之虽病：指徭役使百姓痛苦。病，疾苦，痛苦。④任之虽重：指赋税加重百姓负担。任，负担。⑤勉：努力，尽力。⑥嬖：宠幸。⑦童：少年儿童。⑧汪锜：人名。⑨乘：乘车。⑩殡：即把灵柩送往墓地。⑪殇：殇礼，指未成年人的丧礼。

译文

齐国的军队侵犯鲁国，鲁昭公的儿子公叔务人遇到一个进入城内、靠着兵杖休息的人。公叔务人流着泪对他说："虽然徭役让你们受苦，赋税繁重又加重了百姓的负担，但是士大夫不能出谋划策，士人不能效忠而死，这样做可不行啊！我既然说了这些话，自己怎么能够不去尽力呢！”公叔务人就和他喜欢的邻居少年汪锜同乘一辆战车，奔赴战场，都战死了。他们二人的灵柩出殡时，鲁国人打算不用殇礼而用成人丧礼来敛葬少年汪锜，问孔子可不可以。

孔子说：“能拿起武器保卫国家，可以不用殇礼吧！”

原文

鲁昭公夫人吴孟子①卒，不赴于诸侯②。孔子既致仕③，而往吊焉。适④于季氏，季氏不绖⑤，孔子投绖而不拜⑥。

子游问曰：“礼与？”

孔子曰：“主人未成服，则吊者不绖焉，礼也。”

注释

①吴孟子：鲁昭公夫人，孟子是其称号。②不赴于诸侯：没有向诸侯报丧。赴，同“讣”，讣告。③致仕：辞官退隐，退休。④适：到。⑤绖：古代丧服上的麻带子。系在头上叫“首绖”，系在腰上叫“腰绖”。⑥投绖而不拜：意为解下绖带而不拜。投，解下丢在地上。

译文

鲁昭公的夫人吴孟子死了，没有向诸侯发送讣告。这时孔子已经辞官隐退，还是前去吊丧。到了季氏那里，发现季康子没有系丧服该系的绖带，孔子也解下带而不拜。

子游问孔子说：“这与礼一致吗？”

孔子说：“主人没有穿好丧服系绖带，那么前去吊唁的人也不必系绖带，这是符合礼的。”

原文

公父穆伯[1]之丧，敬姜[2]昼哭。文伯[3]之丧，昼夜哭。

孔子曰："季氏之妇，可谓知礼矣。爱而无私，上下有章[4]。"

注释

①公父穆伯：公父文伯之父，姓季氏。②敬姜：公父穆伯之妻，公父文伯的母亲。③文伯：鲁国大夫。④章：区别。

译文

公父穆伯死了，敬姜就在白天哭悼。她儿子文伯死了，敬姜白天晚上都哭悼。

孔子说："季氏家的妇人，是比较知晓礼节的人啊。爱是无私的，但是对上对下是有区别的。"

原文

南宫绦[1]之妻，孔子兄之女，丧其姑。夫子诲之髽[2]曰："尔毋从从尔，毋扈扈尔[3]。盖榛以为笄[4]，长尺，而总八寸[5]。"

注释

①南宫绦：即南宫适，既是孔子的学生，又是孔子的侄婿。②诲之髽：教做丧髽的方法。诲，教导。髽，古代妇人的丧髻。以麻发合结。③毋从从尔，毋扈扈尔：意为不要做得高高的，也不要做得大大的。王注："从从，高

也；扈扈，大也。”④榛以为笄：用榛木做簪子。笄，古代的一种簪子，用来插住挽起的头发，或插住帽子。⑤总八寸：束发的带子下垂八寸。总，束发。

译文

南宫绦的妻子，是孔子哥哥的女儿，她的婆婆死了。孔子教她做丧髽时说：“你不必做得太高，也不需做得太大。用榛木做簪子，长一尺，而束发的带子下垂八寸。”

原文

子张①有父之丧，公明仪②相③焉，问稽颡④于孔子。

孔子曰：“拜而后稽颡，颓⑤乎其顺也；稽颡而后拜，颀⑥乎其至也。三年之丧，吾从其至也。”

注释

①子张：孔子弟子。②公明仪：人名。③相：礼相，主持礼仪的人。④稽颡：古代一种跪拜礼，屈膝下拜，以额触地，以示极度的虔诚。⑤颓：恭敬的样子。⑥颀：诚恳，坚毅。

译文

子张的父亲死了，公明仪为礼相，向孔子请教跪拜宾客的礼节。

孔子说：“先跪拜来宾然后磕头表达十分悲痛，这是一种恭敬而很顺便的方式；先磕头表示悲痛，而后拜谢来宾的吊问，感情恳切又极为真挚。服丧了三年，我觉得应该提倡这种真挚的跪拜礼节。”

原文

孔子在卫，卫之人有送葬者，而夫子观之。曰："善哉！为丧乎，足以为法也。小子识[①]之。"

子贡问曰："夫子何善[②]尔也？"

曰："其往也如慕，其返也如疑。"

子贡曰："岂若速返而虞[③]哉？"

子曰："此情之至者也，小子识之，我未之能也。"

注释

①识：记住。②善：赞许，称赞。③虞：古代既葬而祭之称。

译文

孔子在卫国，卫国有人送葬，孔子在旁观看。说："做得好啊！这位送丧的人，足够让人效法了。你们要好好记住。"

子贡问道："您为什么称赞他呢？"

孔子说："那孝子往墓地送灵柩时对父母如孩子般恋恋不舍；回来时又留恋父母迟迟不愿返家。"

子贡说："为什么不赶紧回家举行葬后的祭奠呢？"

孔子说："这源于他真情实意的自然反应，你们需要牢记啊，我估计也做不到呢。"

原文

卞人有母死，而孺子[1]之泣者。孔子曰："哀则哀矣，而难继也。夫礼，为可传也，为可继也，故哭踊有节[2]，而变除有期[3]。"

注释

①孺子：指小孩子。②哭踊有节：啼哭和跳脚要有节制。哭踊，跳着脚啼哭。有节，要有节制。③变除有期：丧礼中变服除丧有一定的期限。

译文

卞邑有个人死了母亲，他像个孩子一般无节制地哭泣。孔子说："悲哀是够悲哀的了，但是别人不能跟着这样学。作为礼，是要传布于众人的，是要人们都跟着做的，所以发丧时哭和顿足跳脚要有一定的节制，而改变礼仪除去丧服要有一定期限。"

原文

孟献子禫[1]，悬而不乐，可御而不处内。子游问于孔子曰："若是则过礼也?"

孔子曰："献子可谓加于人一等矣。"

注释

①禫：古代除去孝服时举行的祭祀。

译文

鲁国大夫孟献子为父亲服丧期满后举行除去丧服的禫祭，只挂起乐器而不奏乐，可以和妻妾同房共寝而不住进内室。子游问孔子说："他这样的行为是不是已经逾越了礼制呢？"

孔子说："献子可谓是超出常人一等了啊！"

原文

鲁人有朝祥[①]而暮歌者。子路笑之。

孔子曰："由，尔责于人终无已。夫三年之丧，亦以久矣。"子路出，孔子曰："又多乎哉[②]，逾月[③]则其善也。"

注释

①祥：古代丧祭名，有小祥、大祥之分。父母死后十三个月祭祀叫小祥，二十五个月祭祀叫大祥。②又多乎哉：意为也等不了多少时间。王注："又，复也。言其可以歌，不复久也。"③逾月：再过一个月。

译文

鲁国有个人早上为双亲服完祥祭，晚上就开始唱歌。子路嘲笑他。

孔子说："由！你总这样责备他人不止。他已经服丧三年，时间也够长了。"子路出去以后，孔子又说："又不用等多少时间，要是再过一个月吟唱就更好了。"

原文

子路问于孔子曰：“伤哉！贫也。生而无以供养，死则无以为礼[①]也。”

孔子曰：“啜菽饮水[②]，尽其欢心，斯谓之孝。敛手足形[③]，旋[④]葬而无椁，称其财[⑤]，斯谓之礼，贫何伤乎？”

注释

①礼：指丧礼。②啜菽饮水：吃豆粥，喝清水。形容生活清苦。③敛手足形：亲人死去以衣被敛其上身和双脚，形体不外露。敛，殡殓。④旋：不久。⑤称其财：尽了自己的财力。

译文

子路问孔子：“贫穷是最令人伤心的事啊！父母在的时候不能奉养，死了则无法拿钱给他们办丧事。”

孔子说：“父母活着的时候，尽管是吃豆粥、喝清水，只要让他们心情愉快，也可以说是孝顺。父母死后衣被可以盖住肢体而没有外露，随即加以安葬，即使没有椁，只要是尽了自己的财力，这样就可以称作礼了，贫穷又有何悲伤呢？”

原文

吴延陵季子[①]聘[②]于上国[③]，适齐，于其返也，其长子死于嬴、博[④]之间。

孔子闻之，曰：“延陵季子，吴之习于礼者也。”往而观其葬

焉。其敛，以时服[5]而已，其圹[6]掩[7]坎[8]，深不至于泉，其葬无明器[9]之赠。既葬，其封[10]广轮[11]掩坎，其高可肘隐[12]也。既封，则季子乃左袒[13]，右还[14]其封，且号者三，曰："骨肉归于土，命也。若魂气则无所不之，无所不之。"而遂行。

孔子曰："延陵季子之于礼，其合矣。"

注释

①延陵季子：即吴国公子札，居于延陵，故称"延陵季子"。②聘：访问别国。③上国：指齐国。④嬴、博：春秋时齐国的两个邑名。⑤时服：当时通行的服装。王注："随冬夏之服无所加。"⑥圹：墓穴。⑦掩：掩埋。⑧坎：坟坑。⑨明器：指的是古代人们下葬时带入地下的随葬器物，即冥器。⑩封：指坟头。⑪广轮：指土地的面积。⑫其高可肘隐：高度高过胳膊肘。指坟头比胳膊肘处稍高。⑬左袒：指古代礼仪，露出左臂。⑭还：同"环"，环绕。

译文

吴国的延陵季子到齐国去访问，在返回的途中，他的长子死在齐国的嬴、博二邑之间。

孔子听到此事，说："延陵季子是吴国研习礼的人。"于是前往观看他主持的葬礼。延陵季子装殓时，给儿子穿的仅仅是平常所穿的衣服，墓穴的坑不深，还没有挖到能见到泉水的地方，埋葬时也没有冥器。下葬之后，坟头的长宽正好盖住墓坑，高度比胳膊肘稍高。坟头做好后，延陵季子袒露左臂，从右向左绕着坟头走，并且哭喊了三次，说："骨肉回到土地里，这是天命。你的魂灵无所不在，无所不往。"说完就走了。

孔子说："延陵季子主持的葬礼，是很合乎礼制的。"

原文

子游问丧之具[1]。

孔子曰："称家之有亡[2]焉。"

子游曰："有亡恶乎齐[3]？"

孔子曰："有也，则无过礼。苟亡矣，则歛手足形，还葬[4]悬棺而封[5]，人岂有非之者哉？故夫丧礼，与其哀不足而礼有余，不若礼不足而哀有余也。祭礼，与其敬不足而礼有余，不若礼不足而敬有余也。"

注释

①丧之具：即丧具，人死后所需的棺椁、衣被之类。②称家之有亡：根据家资的丰薄。亡，同"无"。③有亡恶乎齐：富和贫的界限是什么。恶，何，什么。齐，限度。④还葬：随即安葬。⑤悬棺而封：将棺材用绳子悬起下放到坟坑中。

译文

子游问丧事该怎么操办。

孔子说："根据家庭的贫富程度来办就可以了。"

子游说："依据家资的丰薄又该怎样把握分寸呢？"

孔子说："家资丰饶，也不要超过礼仪规定。如果家资俭薄，只要装殓时衣被能够遮盖住肢体不外露就行，随即安葬时用绳子悬吊着棺木下葬，哪里会有人责备他呢？所以举办丧事，与其哀痛不足而礼仪完备，不如礼仪不足而哀痛有余。举行祭祀时，与其恭敬不足而礼仪形式完备，不如礼仪不足而恭敬有加。"

原文

伯高[1]死于卫，赴于孔子。子曰："吾恶[2]乎哭诸？兄弟，吾哭诸庙；父之友，吾哭诸庙门之外；师，吾哭之寝；朋友，吾哭之寝门之外；所知，吾哭之诸野。今于野则已疏[3]，于寝则已重。夫由赐[4]也而见我，吾哭于赐氏。"

遂命子贡为之主，曰："为尔哭也，来者汝拜之，知伯高而来者，汝勿拜。"既哭，使子张往吊焉。

未至，冉求在卫，摄[5]束帛[6]乘马[7]而以将之。孔子闻之，曰："异哉！徒使我不成礼于伯高者[8]，是冉求也。"

注释

①伯高：人名，生平不详。②恶：哪里。③疏：疏远。④赐：端木赐，子贡的名字。⑤摄：代理。⑥束帛：捆为一束的五匹帛。⑦乘马：四匹马。⑧徒使我不成礼于伯高者：意为这徒然使我对伯高的吊唁失去诚意。

译文

伯高死在卫国，家人远道向孔子报丧。孔子说："我到什么地方哭他呢？兄弟去世，可以到宗庙里哭他；若是父亲的友人，我去庙门外哭悼他；如果是老师，我到寝室里哭他；如果是好友，我到屋门外边哭悼就行；如果是一般的泛泛之交，我就到野地哭悼就行了。现在对于伯高，在野外哭他显得疏远，在屋里哭悼又显得太隆重了。他是通过端木赐结识我的，我就到端木赐家里去哭丧吧。"

于是让端木赐作为主人，说："凡是因为你的关系来哭悼的，你就要拜谢；因为知道伯高而来哭悼的，你就不必拜。"哭完之后，让子张到卫国伯高那里去吊唁。

子张还没到，冉求在卫国，于是代为准备了一捆帛和四匹马前去吊丧。孔子知道后，说："这事办得非常奇怪呀！徒然使我对伯高的吊唁失去诚意，正是冉求啊。"

原文

子路有姊之丧，可以除①之矣，而弗除。

孔子曰："何不除也？"

子路曰："吾寡兄弟，而弗忍也。"

孔子曰："行道之人皆弗忍。先王制礼，过之者俯而就之，不至者企而望之②。"

子路闻之，遂除之。

注释

①除：除去丧服。②企而望之：企望努力实现和达到。

译文

子路为姐姐服丧，已经到了能去掉丧服的时候，他还未去掉。

孔子说："为什么不去掉丧服呢？"

子路说："我兄弟姐妹少，不忍心除服啊。"

孔子说："遵循道义的人都不忍心。先王制定礼仪，就是让做得过分的人降低要求来俯就礼，对于做得不够的就要努力企望达到礼的标准。"

子路听了孔子的话，就去掉了丧服。

原文

伯鱼[①]之丧母也，期[②]而犹哭。

夫子闻之曰："谁也？"

门人曰："鲤也。"

孔子曰："嘻！其甚也，非礼[③]也。"

伯鱼闻之，遂除之。

注释

①伯鱼：即孔鲤，孔子的儿子。②期：指一周年的时间。③非礼：不合礼节。

译文

伯鱼的母亲死了，一年后他还在哭。

孔子听到哭声后问："是谁在哭啊？"

门人回答说："是孔鲤。"

孔子说："嘻！太过分了，这是不合礼的。"

伯鱼听后，就脱去了丧服不再哭悼了。

原文

卫公使其大夫求婚于季氏[①]，桓子问礼于孔子。

子曰："同姓为宗，有合族[②]之义，故系[③]之以姓而弗别，啜之以食而弗殊[④]，虽百世，婚姻不得通，周道然也。"

桓子曰："鲁卫之先虽寡兄弟，今已绝远矣。可乎？"

孔子曰："固非礼也。夫上治祖祢[5]，以尊尊之；下治子孙，以亲亲之；旁治昆弟，所以教睦也。此先王不易之教也。"

注释

①季氏：即季桓子。②合族：团结同族。③系：联结。④啜之以食而弗殊：同一个宗庙会餐而没有不同。王注："君有食族人之礼，虽亲尽，不异之族食多少也。"⑤祖祢：指先祖和先父。祢，父死以神主入庙供奉称"祢"。

译文

卫公派他的大夫向季氏求婚，季桓子向孔子请教有关礼仪。

孔子说："同姓之人同宗，这是团结同族之人的意思，所以用统一姓氏联结起来以表示无差别，在同一个宗庙会餐而没有不同，即使过一百世，也不能通婚，周朝确定的原则就是如此。"

季桓子说："鲁国和卫国的先人之间兄弟很少，距今已很长时间了。是否能通婚呢？"

孔子说："这是不合礼制的。对上祭祖先，这是用来尊重长者的；对下管教子孙，这是用来关爱子孙后代的；从旁理顺兄弟的情谊，这是为了教导他们相处应该要和谐。这是先王不可改变的制度。"

原文

有若问于孔子曰："国君之于同姓，如之何？"

孔子曰："皆有宗道焉。故虽国君之尊，犹百世不废其亲，所以崇爱也。虽于族人之亲，而不敢戚君[1]，所以谦也。"

注释

①不敢戚君：意为不敢自居是国君的亲戚。

译文

有若问孔子说："国君对于同姓的人，该如何对待呢？"

孔子说："都有宗族法则。所以即使贵为国君，百代之后仍不能废止血缘亲情，这是推崇血缘之爱的缘故。即使有同族之人，也不敢自居是国君的亲戚，这是表示谦让。"

曲礼子夏问第四十三

原文

子夏问于孔子曰："居父母之仇[①]如之何？"

孔子曰："寝苫枕干[②]，不仕，弗与共天下也。遇于朝市，不返兵而斗。"

曰："请问居昆弟之仇，如之何？"

孔子曰："仕，弗与同国，衔君命而使[③]，虽遇之，不斗。"

曰："请问从父昆弟之仇，如之何？"

曰："不为魁[④]，主人能报之，则执兵而陪其后。"

注释

①居父母之仇：对待杀害父母的仇人。②寝苫枕干：指睡在草苫上，枕着盾牌。表示时刻不忘报仇。苫，用草编成的盖东西或垫东西的器物。干，盾牌。③衔君命而使：奉君命出使。衔，原作“御”。君，原作“国”。④魁：魁首，带头的人。

译文

子夏问孔子：“应该如何对待杀害父母的仇人呢？”

孔子说：“睡在草垫上、枕着盾牌，时刻不忘记报仇，不做官，和仇人势不两立。不论是在集市还是朝堂，看到他就同他决斗，兵器时刻带在身上，不必回家去取。”

子夏又问：“请问应该怎样对待杀害亲兄弟的仇人呢？”

孔子说：“不和他在同一个国家为官，如果奉君命出使，即便相遇也不同他决斗。”

子夏又问：“请问应该怎样对待杀害叔伯兄弟的仇人呢？”

孔子说：“自己不要带头动手，如果受害人家属为他复仇，你可以拿着兵器在后面协助。”

原文

子夏问：“三年之丧既卒哭①，金革之事②无避③，礼与，初有司④为之乎？”

孔子曰：“夏后氏之丧，三年既殡，而致事⑤，殷人既葬而致事，周人既卒哭而致事。《记》曰：‘君子不夺人之亲，亦不夺故也。’”

子夏曰：“金革之事无避者，非与？”

孔子曰："吾闻老聃曰：'鲁公伯禽[6]有为为之也[7]。'今以三年之丧从利者，吾弗知也。"

注释

①卒哭：古代丧礼，百日祭后，止无时之哭，变为朝夕一哭，名为卒哭。②金革之事：当兵打仗之事。③避：避开，躲避。④有司：指官吏。⑤致事：辞官不理朝政。王注："致事，还政于君也。"⑥鲁公伯禽：周公的儿子，封于鲁。⑦有为为之也：有不得已而为之的缘由。

译文

子夏问道："为父母守丧结束后已经不会再时不时地哭泣，国家需要打仗就不要当逃兵，这是礼制规定的呢，还是当初有关官员制定的规矩呢？"

孔子说："夏后氏时代，服父母三年之丧，是在停柩在堂的时候退职守丧，殷朝的礼制是在送葬之后辞官守孝，周朝是在卒哭后辞官守孝。《记》中记载：'君子不能剥夺对亲人的亲情，也不能剥夺为父母守丧的权利。'"

子夏说："卒哭之后必须要去当兵打仗，这是错的吗？"

孔子说："我听老聃说过：'鲁公伯禽因为有不得已的情况才出征的。'如今有人刚结束三年的守丧时间，就去一味谋取自己的私利，那就不是我能知道的了。"

原文

子夏问于孔子曰："《记》云'周公相成王，教之以世子[1]之礼'，有诸？"

孔子曰："昔者成王嗣立[2]，幼未能莅阼[3]，周公摄政而治，抗

世子之法于伯禽[4]，欲王之知父子君臣之道，所以善成王也。夫知为子者，然后可以为父；知为人臣者，然后可以为人君；知事人者，然后可以使人。是故，抗世子法伯禽，使成王知父子、君臣、长幼之义焉。凡君之于世子，亲则父也，尊则君也。有父之亲，有君之尊，然后兼天下而有之，不可不慎也。行一物而三善皆得[5]，唯世子齿[6]于学之谓也。世子齿于学，则国人观之，曰：'此将君我，而与我齿让，何也？'曰：'有父在，则礼然。'然而众知父子之道矣。其二曰：'此将君我，而与我齿让，何也？'曰：'有臣在，则礼然。'然而众知君臣之义矣。其三曰：'此将君我，而与我齿让，何也？'曰：'长长也，则礼然。'然而众知长幼之节矣。故父在，斯为子；君在，则为臣。居子与臣之位，所以尊君而亲亲也。在学，学之为父子焉，学之为君臣焉，学之为长幼焉。父子、君臣、长幼之道得，而后国治。语曰：'乐正司业[7]，父师司成[8]，一有元良[9]，万国以贞[10]。'世子之谓。闻之曰：'为人臣者，曰杀其身有益于君，则为之。'况于其身[11]以善其君乎？周公优为[12]也。"

注释

①世子：古代帝王和诸侯的儿子中确定继承王位或爵位的。②嗣立：承袭君位。③莅阼：亦作"莅祚"，帝王登位执政。④抗世子之法于伯禽：把教育世子的方法用到伯禽身上。⑤行一物而三善皆得：意为做一件事情能得到三项益处。⑥齿：指年龄。⑦乐正司业：乐正负责学业。乐正，乐官之长。⑧父师司成：老师成就他们的德行。王注："师有父道，成生人者。"⑨一有元良：有位贤良的君主。元良，大善。王注："一谓天子地。大善，太子也。"⑩贞：正道，公正。⑪况于其身：指不需牺牲自己。⑫优为：做得最好。

译文

子夏问孔子："《记》上说'从前周公辅佐成王的时候，教了他做好太子的道理'，有这样的事吗？"

孔子说："从前成王刚继承王位的时候，因为年幼不能亲自处理政事，于是周公代替成王治理天下，把教育世子的方法施用到伯禽身上，想让成王知道为父为子为君为臣的道理，这是为了成王好。懂得如何为人子，才能知道为人父；懂得了如何为臣子，而后才能当好国君；知道了如何侍奉人，然后才会指使人。因此，周公把如何做太子的规矩礼仪施用到伯禽身上，让成王知道父子、君臣、长幼的道理。国君对于太子来讲，从亲缘上是父亲，从尊位上讲是君主。既有为父之亲，又有为君之尊，而后兼有天下的权势，培养和教育世子就不能不慎重。做一件事情能得到三项益处，说的正是太子在学校里与同学相处按年龄而不按尊卑这件事。世子在学校里按年龄而行礼让，国人看到了，有人就会说：'他以后是我们的国君，却与我们按年龄大小之礼恭敬谦让，为什么呢？'知礼者就会这样回答：'他的君主仍在，礼应这样。'如此一来百姓就明白父子之道了。其二，有人会问：'他以后是我们的国君，却与我们按年龄大小之礼恭敬谦让，为什么呢？'知礼者也会这样回答：'他的周围有大臣在，礼应如此。'这样一来民众就清楚君臣之义了。其三，有人问：'他以后是我们的国君，却与我们按年龄大小之礼恭敬谦让，为什么呢？'知礼者也会这样回答：'他这是尊敬长者，礼仪就是这样的。'这样一来人们就懂得长幼之序了。父亲在，他是子；君主在，他是臣。他处于儿子和臣子的角色，所以要尊敬国君热爱父母。在学校就应该学习如何为父为子，为君为臣，长幼有序的道理。掌握了父子、君臣、长幼的道理，而后国家就能够得到治理。古语说：'乐正负责学业的教习，老师掌管德行的教导，有一位贤德的天子，天下就会和谐太平。'这就是说的太子啊。我听说：'作为臣子，有益于国君的事，即使牺牲自己的性命也该去做。'何况不必杀身就有利于国君呢？周公是做得最好的。"

原文

子夏问于孔子曰："居君之母与妻之丧，如之何？"

孔子曰："居处言语饮食衎尔①，于丧所，则称其服②而已。"

"敢问伯母之丧，如之何？"

孔子曰："伯母、叔母，疏衰③期④而踊⑤不绝地，姑、姊、妹之大功⑥踊绝于地⑦。若知此者，由文⑧矣哉。"

注释

①衎尔：从容安适的样子。②称其服：合适的服装。③疏衰：即齐衰。丧服中"五服"之一。④期：一年。⑤踊：往上跳。⑥大功：丧服名。⑦踊绝于地：哭踊时脚要离地。⑧文：礼法。

译文

子夏问孔子说："对于君主母亲或君主妻子的丧事，应如何处理？"

孔子说："生活起居、言语饮食各个方面保持从容安适，去吊丧时穿的服装合适罢了。"

子夏又问："请问遇到伯母的丧事，应如何处理？"

孔子说："为伯母、叔母服丧，虽要穿衰服一周年，但哭踊时脚不能离开地面，对姑妈、姐姐、妹妹的丧事，要穿大功丧服，哭踊时脚要离地。如果懂了这些，就算是遵从礼法了。"

原文

子夏问于夫子曰："凡丧，小功已上①，虞、祔、练、祥②之祭皆沐浴。于三年之丧，子则尽其情矣。"

孔子曰："岂徒祭而已哉？三年之丧，身有疡③则浴，首有疮则沐，病则饮酒食肉。毁瘠④而病，君子不为也。毁则死者，君子为之无子⑤。且祭之沐浴，为齐洁也，非为饰也。"

注释

①小功已上：小功为服丧名，小功已上指大功、齐衰、斩衰等丧。②虞、祔、练、祥：均为祭祀名。③疡：疮、痈、疽等的通称。④毁瘠：亦作"毁胔"，因居丧过哀而极度瘦弱。⑤君子为之无子：君子认为如同父母没有这个儿子。

译文

子夏问孔子说："居丧的时候，凡是为死者服小功以上丧服的，遇到虞祭、祔祭、练祭、祥祭的时候都需要洗头净身。为父母服三年之丧，儿子则尽了孝亲之情。"

孔子说："哪里只是在祭祀的时候可以这样呢？服三年之丧的人，身上长疮就要洗澡，头上长疮需要洗头，生病了可以喝酒吃肉。因哀伤憔悴而生病，君子是不这样做的。因为伤心过度而死亡，君子认为如同父母没有这个儿子。况且在祭祀时沐浴，是为了斋戒，而不是为了外在的修饰。"

原文

子夏问于孔子曰："客至无所舍，而夫子曰：'生于我乎馆。'客死无所殡矣，夫子曰：'于我乎殡。'敢问礼与？仁者之心与？"

孔子曰："吾闻诸老聃曰：'馆人，使若有之，恶有有之而不得殡乎？'夫仁者，制礼者也。故礼者，不可不省也。礼不同不异，不丰不杀[1]，称其义以为之宜，故曰：'我战则克，祭则受福。'盖得其道矣。"

注释

①不丰不杀：古指不奢侈，也不节俭，适得其中。不丰，不奢侈。不杀，不简单、吝啬。

译文

子夏问孔子说："宾客来了没有住的地方，而您说：'住在我家里。'客人死了无处殡殓，您说：'就在我那里殡殓。'请问这究竟是按礼制而行呢？还是按您的仁爱之心而行呢？"

孔子说："我听老聃说：'招待客人，就要让他们感觉宾至如归，如果死了，哪里有住在家里却不能殡殓的道理呢？'那些仁者，是制定礼制的人。所以对于礼，不能不审查。礼应该不同不异，不能随便地更改，也不能随意地加减，只要合乎道义就是合适的，所以说：'我战无不克，祭则受福。'大概是因为符合道吧。"

原文

孔子食于季氏，食祭[①]。主人不辞[②]，不食[③]，客不饮而餐。子夏问曰："礼与?"

孔子曰："非礼也，从主人也。吾食于少施氏而饱，少施氏食我以礼。吾食祭，作而辞曰：'疏食，不足祭也。'吾餐而作辞曰：'疏食[④]，不敢以伤吾子之性。'主人不以礼，客不敢尽礼；主人尽礼，则客不敢不尽礼也。"

注释

①食祭：古礼，饮食前以少量酒食祭献先祖。②主人不辞：主人没有致辞，即没说一些谦让的话。③不食：意为不吃肉。④疏食：粗粝的饭食，糙米饭。

译文

孔子在季氏家吃饭，食前行祭礼。主人没有致辞，不食肉，客人没有喝酒就只吃饭。子夏问道："这合乎礼吗?"

孔子说："这不是礼，不过是随从主人而已。我在少施氏家里吃饭吃得很饱，少施氏以礼来招待我吃饭。我饭前食祭时，他起身辞谢说：'粗茶淡饭，不值得祭呀。'当我开始吃的时候，他又致辞说：'粗粝的饭食，不敢让它损伤了您的身体。'主人不以礼相待，客人也不敢按礼法应对；主人以礼待之，那么客人不敢不按礼来。"

原文

子夏问曰："官于大夫[①]，既[②]升[③]于公[④]，而反为之服[⑤]，礼与？"

孔子曰："管仲遇盗，取二人焉，上[⑥]之为臣。曰：'所以游辟者[⑦]，可人[⑧]也。'公许。管仲卒，桓公使为之服。官于大夫者为之服，自管仲始也。有君命焉。"

注释

①官于大夫：侍奉过大夫。②既：已经。③升：提升。④公：指公家、朝廷。⑤服：服丧，吊丧。⑥上：推荐，引荐。⑦辟者：邪恶之人。⑧可人：有才能的人。

译文

子夏问孔子说："曾经侍奉过大夫，后来被提升到朝廷做官，而后又回来给大夫服丧，这合乎礼吗？"

孔子说："管仲遇到盗贼，他又从中挑了两个，引荐给国君为臣。他说：'这二人是因为和邪恶之人往来才误入歧途，他们是可造之才。'齐桓公允许了。管仲去世，桓公让这二人为管仲服丧。做过大夫的家臣而为大夫服丧，自管仲开始的。这是有国君的命令的。"

原文

子贡问居父母丧。

孔子曰："敬为上，哀次之，瘠[①]为下。颜色称情，戚容称服。"

曰："请问居兄弟之丧？"

孔子曰："则存乎书策[②]矣。"

注释

①瘠：因哀伤憔悴而消瘦。②书筴：书策，简策。古代用竹简记事。

译文

子贡问为父母服丧的礼仪。

孔子说："敬重是首要的，其次是哀伤，再次为憔悴消瘦。脸色要与哀伤的感情相称，悲伤的表情要与丧服的等级相称。"

子贡又问："请问为兄弟服丧的礼仪？"

孔子曰："这些在书策上都有记载。"

原文

子贡问于孔子曰："殷人既窆[①]而吊于圹[②]，周人反哭[③]而吊于家，如之何？"

孔子曰："反哭之吊也，丧之至也[④]。反而亡矣，失之矣，于斯为甚，故吊之。死，人卒事也。殷以悫[⑤]，吾从周。殷人既练之明日，而祔于祖，周人既卒哭之明日，祔于祖。祔，祭神之始事也。周以戚[⑥]，吾从殷。"

注释

①窆：下葬。"窆"原作"定"。②圹：指坟墓。③反哭：返回家哭，反，同"返"。④丧之至也：孝子最哀伤的时候。丧，《礼记·檀弓上》作"哀"，较胜。⑤悫：诚实，谨慎。⑥戚：仓促。

译文

子贡问孔子说："殷人是在死者下葬后就在坟地悼念死者、慰问生者，周人则是在死者下葬后所有人返回家痛哭时才去悼念死者、慰问孝子，这两种情况怎么样呢？"

孔子说："孝子返回家哭泣时来慰问，其实这是孝子最为悲伤的时候。回家看到至亲之人不在了，从此失去了，这时是多么的痛和孤单，所以要慰问。死亡，是我们人生的最后一件事，殷人的做法太仓促俭朴了，我赞成周人的做法。殷人在练祭的第二天，在祖庙举行祔祭，周人在卒哭后的次日，在祖庙举行祔祭。祔祭，是祭神的开始。周人的做法太仓促，我赞同殷人的做法。"

原文

子贡问曰："闻诸晏子，少连、大连①善居丧，其有异称乎？"

孔子曰："父母之丧，三日不怠，三月不解，期②悲哀，三年忧。东夷③之子，达于礼者也。"

注释

①少连、大连：人名。生平不详。②期：一周年。③东夷：古代对东方少数民族的泛称。

译文

子贡问孔子说："我听晏子说，少连和大连擅于处理丧事，他们有什么不一样的地方吗？"

孔子说："为父母守丧，三天内号哭不止，停殡的三个月期间，朝夕祭祀毫不松懈，一年后仍然很哀伤，三年后还是忧愁满面。这两个东方少数民族的孩子，是懂礼的人啊。”

原文

子游问曰：“诸侯之世子[①]丧慈母[②]，如母，礼与？”

孔子曰：“非礼也。古者男子，外有傅父，内有慈母，君命所使教子者也，何服之有？昔鲁孝公少丧其母，其慈母良，及其死也，公弗忍，欲丧之。有司[③]曰：‘礼，国君慈母无服。今也君为之服，是逆古之礼而乱国法也。若终行之，则有司将书之，以示后世，无乃不可乎？’公曰：‘古者天子丧慈母，练冠以燕居[④]。’遂练冠以丧慈母。丧慈母如母，始则鲁孝公之为也。”

注释

①世子：诸侯的嫡长子。②慈母：古代称抚育自己的保姆或庶母。③有司：指官吏。④练冠以燕居：意为闲居时有戴着细白布冠的。练冠，丧服名，用细白练布做成。燕居，退朝而处，闲居。

译文

子游问道：“诸侯世子的庶母死了，他如同对自己的母亲一样为其服丧，这合乎礼吗？”

孔子说：“这不合乎礼。古代国君的儿子，在宫外有师父，在宫里有慈母，是国君派他们管教照顾儿子的，儿子哪里需要为他们穿丧服呢？从前鲁孝公少年丧母，他的庶母很善良，后来她死了，鲁孝公不忍心，打算为她穿孝服。掌管礼仪的官员说：‘根据礼，国君不能为庶母服丧。现在你要给她服丧，这是违反古礼而不遵国法的。要是你执意要这样做，那么相应的官吏就会记录下此事，以告知于后人，这恐怕不可以吧？’鲁孝公说：‘古人君主的庶母死了，闲居时有戴着细白布冠的。’于是戴着细白布冠为庶母服丧。像为自己的生母一样为庶母服丧这种情况，是从鲁孝公开始的。”

原文

孔子适卫，遇旧馆人①之丧，入而哭之哀。出，使子贡脱骖②以赠之。

子贡曰：“于所识③之丧，不能有所赠。赠于旧馆，不已多乎？”

孔子曰：“吾向入哭之，遇④一哀而出涕。吾恶⑤夫涕而无以将⑥之，小子行焉。”

注释

①旧馆人：旧时馆舍的主人。②脱骖：指解下骖马，以助治丧之用。骖，辕马两侧的马。③所识：指相识的人。④遇：触动，接触。⑤恶：讨厌，憎恨。⑥将：送。

译文

孔子到卫国去，遇到曾经住过的馆舍的主人死了，孔子进去吊丧，哭得非常伤心。出来以后，让子贡解开骖马赠给主人家里。

子贡说：“对仅仅认识的人的丧事，不需要赠送东西。把马赠给旧馆舍的主人，这礼物是不是太重了？”

孔子说：“我进去哭悼他，触哀而流下泪来。我不喜欢只哭而没有表示，你就按此做吧。”

原文

子路问于孔子曰："鲁大夫练而床[1]，礼与？"

孔子曰："吾不知也。"

子路出，谓子贡曰："吾以为夫子无所不知，夫子亦徒有所不知也。"

子贡曰："子所问何哉？"

子路曰："由问鲁大夫练而床礼邪？夫子曰：吾不知也。"

子贡曰："止，吾将为子问之。"遂趋而进，曰："练而床，礼与？"

孔子曰："非礼也。"

子贡出，谓子路曰："子谓夫子而弗知之乎？夫子徒无所不知也，子问非也。礼，居是邦则不非其大夫[2]。"

注释

①练而床：练，练祭。床，原作"杖"。②礼，居是邦则不非其大夫：意为按照礼，居住在这个国家就不应当非议这个国家的大夫。

译文

子路问孔子说："鲁国的大夫在练祭之后就睡在床上，这符合礼吗？"

孔子说："我不知道。"

子路出来后，对子贡说："我以为老师什么都知道，原来也有他不明白的事情啊。"

子贡说："你所问的是什么事呢？"

子路说："我问鲁国的大夫练祭之后就睡于床上是否符合礼。老师说：我不知道。”

子贡说：“你等一下，我去替你问问。”于是快步走了进去，说：“练祭之后就睡于床上，符合礼吗？”

孔子说：“不符合礼。”

子贡出来，对子路说：“你真的以为老师不知道吗？老师真的是无所不知啊，是你的问法有问题啊。按照礼，居住在这个国家就不应当非议这个国家的大夫。”

原文

叔孙武叔①之母死，既小敛②，举③尸者出户④。武叔从之，出户乃袒⑤，投其冠而括发⑥。子路叹之。

孔子曰：“是礼也。”

子路问曰：“将小敛则变服，今乃出户，而夫子以为知礼，何也？”

孔子曰：“汝问非也。君子不举人⑦以质事⑧。”

注释

①叔孙武叔：东周时期诸侯国鲁国司马。②小敛：旧时汉族丧礼仪式之一。指为死者穿上衣服。入棺为大敛。③举：抬着。④户：寝门。⑤袒：露出左臂。古代一种表示哀痛的礼仪。⑥括发：束发。⑦不举人：不指名道姓。⑧质事：质审事情。王注：“质犹正也。”

译文

叔孙武叔的母亲死了，小敛之后，将尸体抬出了寝门。叔孙武叔跟在后面，出了门将左袖脱去露出左臂，将素冠脱掉用麻绳束发。子路见了很感叹。

孔子说：“这符合礼。”

子路问道：“按照礼，在将要小敛时就应当袒臂束发，他们出门后才这样，而您却认为他们懂礼，这是为何？”

孔子说：“你问的不对。君子是不会举出具体人名来质审事情的。”

原文

齐晏桓子①卒，平仲②粗衰斩③，苴绖④、带⑤、杖⑥，以菅屦⑦，食粥，居傍庐⑧，寝苫⑨枕草。其老⑩曰：“非大夫丧父之礼也。”

晏子曰：“唯卿大夫。”

曾子以问孔子。

孔子曰：“晏平仲可谓能远害⑪矣。不以己之是驳人之非，逊辞以避咎⑫，义也夫。”

注释

①晏桓子：即晏弱，齐国大夫。晏婴之父。②平仲：即晏婴，字平仲。③粗衰斩：粗布做的斩衰丧服。④苴绖：指系在头上的带子。⑤带：此指系在腰上的麻带子。⑥杖：指居丧时所执的丧棒。⑦菅屦：用菅草编织的草鞋。古代服丧时着之。⑧傍庐：临时搭的草棚。⑨苫：古代居丧时，孝子睡的草垫子。⑩老：此指家臣。⑪远害：远离祸害。⑫逊辞以避咎：用谦逊的言辞来避免别人的责问。王注：“记者乃举人避害之逊以辞，而谓大夫士丧父母有异，亦怪也。”

译文

齐国的晏桓子死了，他的儿子晏婴穿着粗麻布做的斩衰丧服，头扎麻带，腰系麻绳，手拿着丧棒，脚穿草鞋，喝稀粥，住草棚，睡草垫，枕干草。他的家臣说：“这样不合大夫为父守丧的礼仪。”

晏婴说：“只有卿才是大夫。”

曾子以此事请教孔子。

孔子说："晏平仲可以说是能远离祸患的人啊。不用自己做的正确的事情来反驳别人的错误，而是用谦虚的语言来避免责难，是合乎义的啊！"

原文

季平子[①]卒，将以君之玙璠[②]敛[③]，赠以珠玉。

孔子初为中都宰，闻之，历级[④]而救焉，曰："送而以宝玉，是犹曝尸于中原[⑤]也。其示民以奸利之端[⑥]，而有害于死者，安用之？且孝子不顺情以危亲，忠臣不兆奸[⑦]以陷君。"

乃止。

注释

①季平子：即季孙意如，鲁国大夫。②玙璠：此指宝玉。③敛：殡殓。此指将宝玉作为陪葬。④历级：登阶，跨过台阶。同"历阶"。⑤中原：此为原野，野外之意。⑥奸利之端：奸利的念头。⑦兆奸：邪恶的预兆。王注："兆奸，为奸之兆成也。"

译文

季平子去世以后，将要用国君用的美玉玙璠来殉葬，同时还要用很多珠宝玉石。

此时孔子刚刚做了中都宰，听说后，快步登上台阶赶去制止，他说："送葬时用宝玉作为陪葬，这就像把死者的尸体暴露在原野一样。这样会触发百姓谋取奸利的念头，从而伤害死者，如何能用呢？况且孝子不因为顾及自己的感情而危害亲人，忠臣不能给邪恶之人制造机会来危害国君。"

于是停止了用玙璠珠玉陪葬。

原文

孔子之弟子琴张与宗鲁[①]友。卫齐豹[②]见宗鲁于公子孟絷[③]，孟絷以为参乘[④]焉。及齐豹将杀孟絷，告宗鲁，使行。宗鲁曰："吾由子而事之，今闻难而逃，是僭[⑤]子也。子行事乎，吾将死以事周[⑥]子，而归死于公孟可也。"

齐氏用戈击公孟，宗鲁以背蔽之，断肱，中公孟，宗鲁皆死。

琴张闻宗鲁死，将往吊之。

孔子曰："齐豹之盗，孟絷之贼也，汝何吊焉？君不食奸，不受乱，不为利病于回[⑦]，不以回事人，不盖[⑧]非义，不犯非礼。汝何吊焉？"

琴张乃止。

注释

①宗鲁：人名。②齐豹：齐恶之子，为卫国司寇。③孟絷：卫灵公之兄。④参乘：古代乘车，尊者在左，御者在中，一人在右陪坐，称"参乘"。⑤僭：不信。⑥周：保密。⑦不为利病于回：不为利益而容忍邪恶。回，邪恶。⑧盖：掩盖。

译文

孔子的弟子琴张和宗鲁是朋友。卫国的齐豹将宗鲁举荐给公子孟絷，孟絷让他做了参乘。齐豹将要杀孟絷时，告诉了宗鲁，让宗鲁先走。宗鲁说："我是由于您才侍奉公孟，现在他有难我却临难逃走，这是背叛您啊。您依事而行吧，我将以死来成全您，等我回到公孟那里为公孟而死就行了。"

齐氏用戈敲击公孟，宗鲁用背来保护他，折断了胳膊，戈打中了公孟，孟絷和宗鲁都死了。

琴张听到宗鲁死了，打算前往吊唁。

孔子说：“齐豹之乱和公孟之死，都是因为宗鲁，你为什么还去吊唁呢？君子不依靠奸人而活，拒绝作乱，不为利益而容忍邪恶，不用邪僻的方法待人，不遮掩不义之事，不做出非礼的行为。你为什么还要去吊唁呢？”

琴张就没去。

原文

郕[1]人子蒲[2]卒，哭之呼灭[3]。子游曰：“若哭，其野[4]哉！孔子恶野哭者。”

哭者闻之，遂改之。

注释

①郕：地名，在今山东宁阳东北。②子蒲：郕人灭的字。③哭之呼灭：哭着呼喊着灭。④野：粗野，不合礼制的。

译文

郕人的儿子子蒲死了，他的父亲哭着呼喊着“灭”。子游说：“这样哭号，实在是太粗野、太失礼了！孔子不喜欢这种粗野的哭号。”

哭者听到这话，就改正了。

原文

公父文伯[1]卒，其妻妾皆行哭失声。敬姜[2]戒之曰：“吾闻好外[3]者，士死之；好内[4]者，女死之。今吾子早夭，吾恶其以好内闻

也。二三妇人之欲供先祀者，请无瘠色，无挥涕，无拊膺⑤，无哀容，无加服，有降服⑥。从礼而静，是昭吾子也。”

孔子闻之，曰：“女智无若妇，男智莫若夫。公父氏之妇智矣！剖情损礼⑦，欲以明其子为令德也。”

注释

①公父文伯：鲁国大夫。②敬姜：公父文伯之母。③好外：指喜欢亲近和任用外人。④好内：指喜好女色。⑤无挥涕，无拊膺：不要挥泪，不要捶胸。⑥无加服，有降服：丧服不要加等，可以降等。⑦剖情损礼：意为讲明道理，减损礼仪。

译文

公父文伯去世，他的妻妾都痛哭失声。公父文伯的母亲敬姜告诫她们说：“我听说喜欢亲近和结交外人的人，士愿意为他们卖命；喜好女色的人，女人甘愿为他去死。如今我儿子过早地死去，我很厌恶他喜好女色的恶名。你们几个女人想留下来继续供奉先人祭祀的，请不要使自己面容憔悴，不要哭泣，不要捶胸哀号，不要面有哀容，丧服不要加等，可以降等。按照礼仪并保持安静，这样才是显示我儿子的德行。”

孔子听说此事，说：“幼女的智慧不如妇人，幼男的智慧不如丈夫。公父氏的妇人是非常聪明有智慧的啊！给死者的妻妾剖析人情世故并减损丧事礼仪，是为了能彰显她儿子的好名声啊。”

原文

子路与子羔①仕于卫，卫有蒯聩②之难。孔子在鲁闻之，曰：“柴也其来，由也死矣！”

既而卫使至，曰：“子路死焉。”

夫子哭之于中庭。有人吊者，而夫子拜之。已哭，进使者而问故。使者曰："醢[3]之矣。"遂令左右皆覆[4]醢，曰："吾何忍食此!"

注释

①子羔：孔子的门生。②蒯聩：卫灵公之子，春秋时期卫国第三十任国君。③醢：古代的一种酷刑，把人杀了之后剁成肉酱。④覆：倒掉。

译文

子路和子羔都在卫国为官，卫国的蒯聩为争夺君位引发了动乱。孔子在鲁国听说之后，说："高柴能平安返回，仲由会死在这次叛乱中啊!"

不久卫国的使者来了，说："子路死在这次动乱中了。"

孔子在正厅痛哭起来。有人来慰问，孔子拜谢。哭过之后，请使者进来问清具体的情况。使者说："已经被砍成肉酱了。"孔子叫人把肉酱扔掉，说："我如何能忍心吃这个啊!"

原文

季桓子[1]死，鲁大夫朝服[2]而吊。子游问于孔子曰："礼乎?"夫子不答。他日，又问。

夫子曰："始死则已，羔裘玄冠[3]者，易之而已。汝何疑焉?"

注释

①季桓子：春秋鲁国大夫。②朝服：君臣上朝时穿的礼服。③羔裘玄冠：羊羔皮做的衣服，黑色帽子。

译文

季桓子死了，鲁国大夫都穿着朝服去吊丧。子游问孔子："这符合礼吗？"孔子并未 回答。数日之后，子游又问。

孔子说："刚死的时候穿戴羔裘、玄冠这种吉服就算了，后来去吊唁时改穿素冠、深衣就行了。这有什么可怀疑的？"

原文

子罕问于孔子曰："始死之设重①也，何为？"

孔子曰："重，主道也②。殷主缀重③焉，周人彻重焉④。"

"请问丧朝⑤？"

子曰："丧之朝也，顺死者之孝心，故至于祖考，庙而后行。殷朝而后殡于祖，周朝而后遂葬。"

注释

①重：古代丧礼，安葬前设置的暂时充当神主的牌位。②重，主道也：重，和神主牌位的意思是一样的。③殷主缀重：意为殷人做了神主，还和重连缀在一起。王注："缀，连也。"④周人彻重焉：周人有了神主就撤掉重。⑤丧朝：下葬前还要去祖庙祭拜。王注："丧将葬，朝于庙而后行焉。"

译文

子罕问孔子说："人刚死要设置'重'，这是为什么呢？"

孔子说："重，和神主牌位的意思是一样的。殷人做了神主牌位后，要将之与重连缀在一起，周人则是做神主之后就将重撤掉了。"

（子罕又问：）"请问下葬前还要去祖庙祭拜是什么原因呢？"

孔子说："下葬前去祖庙祭拜，是顺从死者外出必告的孝心，所以先到祖庙去告辞，告辞后才启行。殷人在祭拜宗庙之后，还要把灵柩停放在祖庙里，周人则是在祭拜祖庙后就下葬。"

原文

孔子之守狗①死，谓子贡曰："路马②死，则藏之以帷，狗则藏之以盖③，汝往埋之。吾闻：弊帏不弃，为埋马也；弊盖不弃，为埋狗也。今吾贫无盖，于其封也与之席，无使其首陷于土焉。"

注释

①守狗：看家守门的狗。②路马：驾车的马。③盖：车盖。

译文

孔子看家的狗死了，孔子对子贡说："驾车的马死了，要用帷幔包裹后再埋葬，狗死了用车盖盖好再埋，你去把狗埋了吧。我听说：破旧的帷幔不丢弃，是因为要拿来埋马；破车盖不丢弃，是为了埋狗。现今我贫穷得连车篷盖都没有，你埋它的时候也要用张席子裹好再埋葬，不要把它的头露在土里面。"

曲礼公西赤问第四十四

原文

公西赤①问于孔子曰："大夫以罪免，卒，其葬也，如之何？"

孔子曰："大夫废其事，终身不仕，死则葬之以士礼；老而致事②者，死则从其列。"

注释

①公西赤：字子华，东周时期鲁国学者，孔子弟子。②致事：指退休。

译文

公西赤问孔子："大夫因犯罪而被罢官，这样的人死后，他的葬礼应怎样举办呢？"

孔子说："大夫被罢官之后，终身再也没有为官的，死后用士人的礼仪来安葬；因年老而退休的，死后则按照其原先的官职等级来安葬。"

原文

公仪仲子[①]嫡子死，而立其弟[②]。檀弓谓子服伯子曰："何居[③]？我未之前闻也。"

子服伯子曰："仲子亦犹行古人之道。昔者文王舍[④]伯邑考[⑤]而立武王；微子[⑥]舍其孙腯[⑦]立其弟衍[⑧]。"

子游以问诸孔子，子曰："否，周制立孙。"

注释

①公仪仲子：鲁国贵族。②而立其弟：立他的庶子为继承人。《礼记·檀弓上》作"仲子舍其孙而立其子"。其子，指仲子庶子。③何居：何故之意，意为：这是为什么。④舍：舍弃。⑤伯邑考：周文王之长子。⑥微子：商王帝乙的长子、商纣王帝辛的长兄，宋国第一位国君。⑦腯：微子孙。⑧衍：微子庶子。

译文

公仪仲子的长子死了，于是立了他的庶子为继承人。檀弓对子服伯子说："这是为什么呢？我以前没听说过这样的事啊。"

子服伯子说："仲子也是在依照古人之道。以前周文王舍弃长子伯邑考而立武王；微子舍弃孙子腯而立了庶子衍。"

子游向孔子请教此事，孔子说："不对，周朝的制度是立嫡孙。"

原文

孔子之母既丧，将合葬焉。曰：“古者不祔[①]葬，为不忍先死者之复见也。《诗》云：‘死则同穴。’自周公已来祔葬矣。故卫人之祔也，离之，有以间焉。鲁人之祔也，合之，美夫，吾从鲁。”遂合葬于防。

曰：“吾闻之：古者墓而不坟。今丘也，东西南北之人，不可以弗识也。吾见封之若堂[②]者矣，又见若坊者[③]矣，又见若覆夏屋者[④]矣，又见若斧形者矣。吾从斧者焉。”于是封之，崇四尺。

孔子先反虞[⑤]，门人后。雨甚，至墓崩，修之而归。孔子问焉，曰：“尔来何迟？”对曰：“防墓崩。”孔子不应。三云，孔子泫然而流涕，曰：“吾闻之，古不修墓。”及二十五月而大祥[⑥]，五日而弹琴不成声，十日过禫而成笙歌[⑦]。

注释

①祔：合葬。②封之若堂：把坟头筑成四方，而高像堂屋形。王注：“堂形四方若高者。”③若坊者：像堤防的样子。④若覆夏屋者：像夏代屋顶的貌式。⑤虞：古代一种祭祀名。既葬而祭叫虞，有安神之意。⑥大祥：父母死后两周年的祭礼。⑦禫而成笙歌：禫祭以后，吹笙才吹出曲调。禫，由穿丧服到换吉服之间的一个月服制叫禫。

译文

孔子的母亲死后，准备与他的父亲合葬在一起。孔子说：“古人不采取合葬，是因为不忍心再看见逝去的亲人。《诗经》上说：‘死则同穴。’从周公开始有合葬。卫国人采取的合葬方式是将夫妇的棺木分两处下葬，并且有一定的间隔。鲁国人则是将夫妇的棺木葬在一起，鲁国人的合葬做法好，我赞成鲁国人的合葬方式。”于是把父母合葬在防。

孔子说：“我听说：以前的坟地是不起坟头的。如今我是个四处漂泊的人，需要在墓地上做些标记。我见过把坟头筑成四方而高像堂屋形的，又见过下宽上窄、斜面平平而上、像堤防一样形状的，也见过上面如同盖有大殿的样子的，还见过像斧头形状的。我就按斧头形状的去做。”于是筑成斧头形坟头，高四尺。

孔子先返回去举行虞祭，门人是后回来的。这时下了一场大雨，坟墓被冲塌了，他们修好了坟地以后才回来。孔子问他们：“你们怎么回来这么晚呢?”门人回答说：“防地的坟墓塌了。”孔子没应声。门人说了三次，孔子难过地流下泪来，说：“我听说，古人是不在墓地上推土为坟的啊。”到第二十五月举行大祥祭，又过五天开始弹琴但不成声调，十天后过了禫祭，吹笙才开始形成了曲调。

原文

孔子有母之丧，既练，阳虎①吊焉，私于孔子曰：“今季氏将大飨②境内之士，子闻诸?”

孔子答曰：“丘弗闻也。若闻之，虽在衰绖③，亦欲与往。”

阳虎曰：“子谓不然乎？季氏飨士，不及子也。”

阳虎出，曾参问曰：“语之何谓也?”

孔子曰：“己则衰服，犹应其言，示所以不非④也。”

注释

①阳虎：季孙氏家臣。②飨：用酒食招待客人。③衰绖：丧服，此指服丧期间。④示所以不非：表示我没有责怪他的无理之言。不非，不责怪。

译文

孔子的母亲去世了，练祭之后，阳虎来吊丧，私下对孔子说："今天季氏将大摆酒食款待国内的士人，您听说了吗？"

孔子回答说："我并未听说。如果知道了，虽在服丧，也打算去参加。"

阳虎说："您认为不是我说的这样吗？季氏招待士人，没有通知您。"

阳虎出来后，曾参问道："您此话何意啊？"

孔子说："我正在服丧，还回答他的话，表示我不责怪他的无礼。"

原文

颜回死，鲁定公吊焉，使人访于孔子。

孔子对曰："凡在封内①，皆臣子也。礼，君吊其臣，升自东阶，向尸而哭，其恩赐之施，不有筭也②。"

注释

①封：疆界。②筭：古同"算"，计算。

译文

颜回死了，鲁定公去吊唁，遣人去询问孔子吊丧的礼仪。

孔子回答说："凡是在国君的土地范围内的，都是该国的子民。根据礼，国君吊唁臣子，从东面的台阶上去，面向尸体而哭，这样给百姓的恩惠，是不可估量的。"

原文

原思[1]言于曾子曰："夏后氏之送葬也，用明器[2]，示民无知也；殷人用祭器，示民有知也；周人兼而用之，示民疑也。"

曾子曰："其不然矣。夫以明器，鬼器也；祭器，人器也。古之人胡为而死其亲也？"

子游问于孔子。

曰："之死而致死乎，不仁，不可为也；之死而致生乎，不智，不可为也。凡为明器者，知丧道也。备物而不可用也，是故竹不成用[3]，而瓦不成膝[4]，琴瑟张而不平，笙竽备而不和，有钟磬而无簨虡[5]。其曰明器，神明之也。哀哉！死者而用生者之器，不殆[6]而用殉[7]也！"

注释

①原思：孔子弟子原宪，字子思。②明器：指古代丧葬用的礼器。③竹不成用：竹器没有编成形状，不可用于陪葬。④瓦不成膝：瓦器没有经过烧制。⑤簨虡：古代悬挂钟磬鼓的木架。⑥殆：大概，几乎。⑦殉：王注："杀人以从死谓之殉。"

译文

原思对曾子说："夏后氏送葬时，陪葬的礼器都是不能使用的明器，是让百姓知道死者是没有任何知觉的；殷人殉葬用的是生时用的祭器，是让人知道死者是有知觉的；周人把这两种情况都运用了，这表明他们对有知觉还是无知觉是疑惑的。"

曾子说："恐怕不是这样。明器，是鬼用的；祭器，是人用的。古人如何知道死者没有知觉呢？”

子游向孔子请教这个问题。

孔子说：“送走死者就认为死去的人没有知觉，此为不仁，不可以这样做；送走死去的亲人就认为死者还是有知觉的，这是不智的，也不可以这样做。凡是备了殉葬礼器的，都是明白送葬礼制的。所以，准备了相应的礼器而不能实际运用，竹器不编成形不可用，瓦器没烧制不能用，琴瑟张着弦不能弹，笙竽具备外形而不能吹，钟磬没有架子来悬挂就不能敲打。这些随葬的器物叫作明器，意思是把死者当作神明来供奉。可悲呀！死去的人竟然需要用活着的人的器物来殉葬，这就差不多是用真人来陪葬的啊！”

原文

子游问于孔子曰：“葬者涂车[①]刍灵[②]，自古有之。然今人或有偶[③]，是无益于丧。”

孔子曰：“为刍灵者，善矣；为偶者，不仁。不殆于用人乎？”

注释

①涂车：指泥车，古代送葬用的明器。②刍灵：用茅草扎成的人马，为古人送葬之物。③偶：陶土或木制的人偶。

译文

子游问孔子说：“随葬用泥做成的车和茅草扎的人马，自古就存在。然而如今用土、木制作的人偶陪葬，这对丧事无益。”

孔子说：“用茅草扎的人马来殉葬，是善良的；制作土偶、木偶的人，是不符合仁的。这不近于用真人来殉葬吗？”

原文

颜渊之丧既祥[1]，颜路[2]馈祥肉[3]于孔子。孔子自出而受之。入，弹琴以散情，而后乃食之。

注释

①既祥：祥祭之后。②颜路：即颜无繇，他是颜渊的父亲，父子俩曾先后在孔子门下求学。③祥肉：亲丧满十三月祭祀时所供之肉为祥肉。

译文

颜渊去世举行祥祭之后，颜渊的父亲颜路送祭肉给孔子。孔子亲自出门接受。回去以后，先弹琴以排遣哀伤，然后才开始吃祭肉。

原文

孔子尝[1]，奉荐而进其亲也悫[2]，其行也趋趋以数[3]。已祭，子贡问曰："夫子之言祭也，济济漆漆焉[4]。今夫子之祭，无济济漆漆，何也?"

孔子曰："济济漆漆者，容也远也。漆漆者，以自反。容以远，若容以自反，夫何神明之及交？必如此，则何济济漆漆之有？反馈乐成，进则燕俎[5]，序其礼乐[6]，备其百官[7]。于是君子致其济济漆漆焉。夫言岂一端而已哉？亦各有所当。"

注释

①尝：指秋祭。②奉荐而进其亲也悫：意为手捧祭品，神态敬谨质朴地进献给亲人。奉荐，捧着祭品进献。悫，谨慎。③趋趋以数：小步快走的样子。④济济漆漆焉：指要仪容庄严凝重的样子。济济，庄重恭敬的样子。漆漆，庄重专注的样子。⑤进则燕俎：进献宴飨用的肉俎。⑥序其礼乐：按顺序安排礼乐。⑦备其百官：备好助祭的百官。

译文

孔子为死去的父母举行秋祭，手捧着祭品进献给亲人时神态显得非常严谨，走起路来步伐急促。祭毕，子贡问道："老师您以前谈到祭祀的时候，要求祭祀时神态威仪堂堂，举止庄重恭敬。今天您祭祀的时候，没有那样庄严凝重的样子，是为什么呢？"

孔子说："所谓济济，仪容看上去是疏远的。所谓漆漆，仪容看上去是自我矜持的。以疏远的表情和自我矜持的神态，怎么能与亲人的神灵交互感应呢？如果是这样，哪里还要有威仪堂堂、庄重恭敬的仪容举止呢？天子诸侯的宗庙大祭，先在庙堂上荐血腥，向尸主献酒，返回庙室举行馈食礼，一时间，乐舞合成，接着进献宴飨用的肉俎，按顺序安排礼乐，备好助祭的百官。君子身处这种庄严隆重的场面，自然应表现出威仪堂堂、庄重恭敬的举止。那么我说的话怎么能片面地理解呢？也是各有其适当场合的。"

原文

子路为季氏宰。季氏祭，逮昏而奠[①]，终日不足，继以烛。虽有强力之容，肃敬之心，皆倦怠矣。有司跛[②]倚以临事，其为不敬也大矣。

他日祭，子路与焉，室事[③]交于户，堂事[④]当于阶[⑤]，质明[⑥]而

始行事，晏朝[7]而彻[8]。

孔子闻之，曰："以此观之，孰为由也而不知礼！"

注释

①逮昏而奠：到天黑还在祭奠。②跛：单腿站着。③室事：指在室内举行的祭祀。④堂事：殡尸于堂。尸指代死者受祭的人或神主。⑤阶：指西阶。⑥质明：指天刚亮的时候。⑦晏朝：指黄昏。⑧彻：同"撤"。

译文

子路做了季氏的家臣。从前季氏举行宗庙祭祀，到天黑还在祭祀，一整天的时间还不够，还要点上蜡烛继续进行。即使有强壮的身体，严肃恭敬的心意，也都疲倦懈怠了。办事的人都斜着身子靠着他物来应付，这是对神灵极大的不恭。

后来举行祭祀，子路参与了祭祀，室中举行正祭，室外执事人员将祭品端来，在室户交给室内执事人员，然后在正厅继续祭祀，在堂上款待尸，所需的事物在西阶之上交接，然后陈放于尸前，祭祀从早上天刚亮的时候开始，到黄昏结束。

孔子听说了这事，说："由此来看，谁能说仲由不懂礼仪呢！"

原文

卫庄公[1]之反国[2]，改旧制，变宗庙，易朝市。高子皋[3]问于孔子曰："周礼绎祭[4]于祊，祊[5]在庙门[6]之西，前朝而后市。今卫君欲其事事一更之，如之何？"

孔子曰："绎之于库门内，祊之于东市[7]，朝于西方，失之矣。"

注释

①卫庄公：卫灵公之子，名蒯聩。②反国：蒯聩由于得罪了卫灵公逃亡到晋国，卫灵公死后他回国抢夺君位。③高子皋：人名。④绎祭：正祭后，次日又祭为绎祭。⑤祊：庙门旁祭祖叫作祊。庙门也称作祊。⑥庙门：王宫最外面的大门。⑦东市：东方的意思。

译文

卫庄公返回国内，变更之前的制度，改变宗庙，改变朝廷和集市的位置。高子皋就此事问孔子说："周朝的礼仪制度，在庙门旁举行绎祭，庙门位于王宫最外面大门的西面，庙门之前是朝廷，后面是早市。现在卫国的国君要改变这一切，怎么样？"

孔子说："在王宫大门内主持绎祭，在庙门外东方祭祀，在城中西方设早市，这是不对的。"

原文

季桓子将祭，齐三日，而二日钟鼓之音不绝。冉有问于孔子。

子曰："孝子之祭也，散斋①七日，慎思其事②，三日致斋而一用之③。犹恐其不敬也，而二日伐鼓，何居焉？"

注释

①散斋：指约束生活，如不娱乐，不和女人同房等。②慎思其事：时刻思念和记着亡去之人的一切。③三日致斋而一用之：斋戒三天，自己独住一室，全心悼念逝去的亲人。

译文

季桓子将举行祭祀，斋戒三天，而有两天钟鼓之声不断。冉有就此事向孔子请教。

孔子说："孝子举行祭祀，要散斋七天，在此期间要时刻思念和记着亡去之人的一切，检束自己的行为举止；三天致斋，要独住一室，全心悼念逝去的亲人。这样还担心不够恭敬，而季桓子还有两天敲鼓享乐，这是干什么呢？"

原文

公父文伯之母，季康子之从祖母。康子往焉，侧门而与之言，内皆不逾阈①。文伯祭其祖悼子，康子与焉，进俎②而不受，彻俎③而不与燕，宗老不具④则不绎⑤，绎不尽饫⑥则退。

孔子闻之，曰："男女之别，礼之大经⑦。公父氏之妇，动中德，趋度于礼⑧矣。"

注释

①阈：指门槛。②进俎：指呈送祭品。③彻俎：指撤下祭品。④不具：不在。⑤绎：又祭。⑥绎不尽饫：绎祭的时候不等献神完毕。王注："饫，献神。不尽厌饫之礼而去也。"⑦大经：常规。⑧动中德，趋度于礼：行动符合道德，做法符合礼仪。

译文

公父文伯的母亲，是季康子的从祖母。季康子到她那里，她就在门侧和季康子谈话，身体在门内而不迈出门槛。文伯祭祀他的祖先悼子，康子也一起参加祭祀，康子呈送祭品时文伯的母亲不亲自接受，撤下祭品一起欢宴时她也不参与，主持祭祀的宗老不在则不举行第二天的绎祭，绎祭时不待献神完毕就退下了。

孔子听说了这件事，说："男女的区别，是礼的常规。公父氏的妇人，行动合乎道德，做法符合礼仪。"

原文

季康子朝，服以缟[①]。曾子问于孔子曰："礼乎？"

孔子曰："诸侯皮弁[②]以告朔[③]，然后服之以视朝[④]。若此，礼者也。"

注释

①缟：用白绢制成服装。②皮弁：用白鹿皮制作的帽子。③告朔：天子在每年的季冬把次年的历书颁发给诸侯，叫作告朔。④视朝：临朝听政。

译文

季康子上朝时，身穿白色衣服。曾子就此事向孔子请教说："这合乎礼制吗？"

孔子说："诸侯戴着鹿皮帽子参加告朔，然后穿着朝服临朝听政。这样的穿着才合乎礼制。"